ÉTUDE HISTORIQUE

REVENDICATION DES MEUBLES

EN DROIT FRANÇAIS

2127-80. — Corbeil, Typ. de Crété.

ÉTUDE HISTORIQUE

SUR LA

REVENDICATION DES MEUBLES

EN DROIT FRANÇAIS

PAR

E. JOBBÉ-DUVAL

AGRÉGÉ A LA FACULTÉ DE DROIT DE DOUAI

PARIS

L. LAROSE, LIBRAIRE-ÉDITEUR

22, RUE SOUFFLOT, 22

1880

PRÉFACE

En nous éclairant sur le milieu social dans lequel chacune de nos institutions a pris naissance, l'histoire du droit jette assurément une vive lumière sur la législation contemporaine. Indépendamment de cette utilité d'ordre technique, les études auxquelles je viens de faire allusion ont l'incomparable attrait de nous fournir de précieux documents sur les conceptions primitives de l'homme.

A ces deux points de vue, l'histoire de la procédure fort longtemps négligée apparaît aujourd'hui comme l'une des branches les plus importantes de l'histoire générale du droit.

En premier lieu, l'analyse minutieuse des sources conduit plusieurs écrivains modernes à chercher dans les particularités de la vieille procédure l'origine de certaines règles du droit privé. C'est dans cet esprit que M. Henri Brunner a écrit, cette année même, sa brochure sur les titres au porteur et, appuyé sur son autorité et sur celle d'un autre professeur éminent, M. Andreas Heusler, de Bâle, nous nous hasardons à entrer dans la même voie.

Dans ses leçons sur les anciennes coutumes irlandaises, M. Sumner Maine a enfin montré à quel point l'interprétation des textes juridiques relatifs à la procédure peut nous aider à comprendre l'état intellectuel des races, qui ne sont pas encore parvenues à la civilisation. Nul ne songera à accuser d'aridité les développements consacrés par cet auteur aux formalités de la saisie immobilière.

Dans cette monographie même nous aurons l'occasion de mettre en garde contre les raisonnements *à priori* en matière historique. Certaines idées qui nous paraissent aujourd'hui extrêmement simples et que nous serions peut-être tentés de qualifier d'« idées innées » ont été pendant de longs siècles complètement étrangères à nos praticiens et à nos magistrats; à quoi bon dès lors insister davantage sur l'intérêt de la science à laquelle est consacrée cette étude ?

La première partie de ce travail avait déjà paru dans la Nouvelle Revue historique de droit (numéros de juillet-août et de septembre-octobre 1880); nous la reproduisons ici en lui faisant subir quelques modifications d'importance secondaire. Les trois autres parties sont au contraire entièrement nouvelles; elles sont relatives au moyen âge, à l'époque de transition et enfin à la législation postérieure à la rédaction des coutumes.

Nous avions eu d'abord l'intention d'entreprendre en outre le commentaire des articles du Code civil et du Code de procédure qui sont relatifs à la revendication des meubles et de comparer les solutions de notre loi avec celles des législations étrangères snr le même sujet.

Nos recherches nous ayant amené à adopter la plupart

des opinions qui l'emportent aujourd'hui dans la doctrine, il nous a semblé préférable de renoncer à notre
projet et de renvoyer aux excellents livres qui ont été pu-
bliés sur le Code civil en général et sur l'art. 2279 de ce
Code en particulier. Si d'ailleurs il n'eût pas été sans
utilité de consacrer quelques pages à exposer la façon
dont notre problème a été compris en Angleterre, en
Allemagne, en Autriche, en Suisse et en Italie, cette
utilité n'était cependant pas assez grande pour nous conduire à sacrifier l'unité de notre étude ; nous ne sortirons
donc pas des limites de l'histoire et nous nous arrête-
rons au moment où les travaux préparatoires du Code
civil vont commencer.

Novembre 1880.

INTRODUCTION

« Il ne serait pas inexact d'affirmer qu'à un certain moment du développement des sociétés, les droits et les obligations dépendent de la procédure. La procédure n'est pas simplement une sanction des droits et des obligations. »

Sir Henry Summer Maine (1).

Les recherches des historiens modernes ont depuis longtemps démontré le caractère formaliste de la procédure primitive. Les législations de l'Europe contemporaine considèrent en lui-même le droit de chaque particulier ; le droit une fois reconnu est protégé d'une façon efficace et complète. Grâce aux travaux des légistes et à la force du pouvoir social nos codes donnent ainsi satisfaction à tous les intérêts. Les rédacteurs de nos vieilles coutumes se bornent au contraire à organiser quelques procédures fort simples, en vue de parer aux dangers les plus pressants. Le nombre des actions est très restreint ; chacune d'elles a une existence qui lui est propre ; on comprend dès lors que créer un nouvel ensemble de rites et de formules soit œuvre difficile et de longue haleine (2).

Cette prédominance de la forme sur le droit nous explique pourquoi nous ne trouvons ni dans les lois barbares ni dans les sources françaises du moyen âge rien de semblable à notre division actuelle des actions en actions réelles et en actions personnelles. Les textes mérovingiens

(1) *Lectures on the early history of institutions.* London, 1875, Lect. IX, p. 252.

(2) Relativement au caractère formaliste de la procédure française du moyen âge, on consultera avec fruit le beau travail de M. Henri Brunner :

et carlovingiens aussi bien que les chartes communales et les coutumiers des onzième et douzième siècles nous fournissent seulement des listes d'actions analogues à celle qui figure au commentaire IV de Gaius. Avec le réveil de l'esprit légiste, les classifications reparaissent au treizième siècle, mais elles sont loin de reproduire celles qui sont familières aux jurisconsultes romains. Les coutumiers normands de cette époque connaissent une double division des actions dont l'une repose sur le fondement du droit, l'autre sur des considérations formalistes (1). Le dommage peut être causé à la personne ou à la fortune. Dans le premier cas l'action porte le nom de *querelle personnelle ;* dans le second celui de *querelle de possession.* Cette dernière classe d'actions se subdivise en *querelles de meuble* et en *querelles de terre.* A côté de cette première division des actions on en trouve une autre basée sur le mode de preuve par lequel le litige sera décidé; cette dernière a laissé des traces jusque dans la pratique judiciaire du dix-huitième siècle (2). C'est au reste la classification des actions en actions *ex delicto,* actions mobilières et actions immobilières, qui est de beaucoup au moyen âge la plus générale et la plus importante (3).

Chez les Francs Saliens, la procédure *ex fide facta,* la procédure *ex re præstita* et la revendication des biens volés ou perdus rentrent seules, croyons-nous, dans la catégorie des actions mobilières. Avec le progrès de la civilisation, celles-ci se multiplièrent ; mais, même à la fin du

Das Wort und Form im altfranzösischen Prozess (Sitzungsberichte der kaiserlichen Akademie der Wissenschaften. — Philosophisch-historische Classe, t. LVII, heft 3). Vienne, 1867.

(1) *Grand Coutumier de Normandie,* ch. LXVII et ch. LXXXVII (*Coutumier général de Bourdot de Richebourg,* t. IV, p. 28 et 35). Comp. Fleta, lib. II, cap. 2, *De personalibus actionibus,* § 5 (Houard, *Coutumes anglo-normandes,* t. III, p. 140). Voyez aussi H. Brunner, *Die Entstehung der Schwurgerichte.* Berlin, 1872, p. 167 et suiv.

(2) Patou, *Commentaires sur les coutumes de la ville de Lille.* Lille, 1788. T. VIII, *Des hypothèques,* art. 25, glose un., n° 12, t. II, p. 288. « Il faut cependant avouer que nos coutumes confondent quelquefois la nature des actions et les disent ou réelles ou personnelles, selon la forme de les intenter, et que quelquefois aussi elles en parlent dans le sens du droit romain. » Comp. aussi tit. X, *Des actions,* art. 1, glose 1, n° 3, t. II, p. 368.

(3) *Anciennes constitutions du Châtelet de Paris,* art. 40 (Laurière, *Cout*

treizième siècle, le nombre de nos actions était fort limité. Jean d'Ibelin nous en cite cinq (1) ; le chapitre 87 du *Grand' Coutumier de Normandie* en contient seulement une de plus, et, au quinzième siècle, la première rédaction de la *Coutume de la ville et septène de Bourges* conserve le souvenir d'une législation encore plus ancienne (2).

Exposer d'une façon complète la théorie des actions mobilières aux époques barbare et féodale serait assurément accomplir une œuvre utile et intéressante ; mais nous avons dû borner notre tâche et nous étudierons seulement la revendication des meubles en droit français.

En entreprenant ce travail, nous poursuivons un double but. Nous comptons d'abord étudier dans tous ses détails la procédure de la revendication des meubles volés ou perdus. M. Sohm (3) a déjà mis en lumière l'intérêt tout particulier que présente cette procédure au point de vue de l'histoire générale du droit. Les règles que nous aurons à exposer nous reporteront à une antiquité fort reculée, et nos recherches nous fourniront l'occasion de pénétrer assez avant dans les mœurs primitives. Si relativement à notre question, les textes mérovingiens et carlovingiens ont déjà été analysés et commentés par d'éminents historiens, nos sources françaises du moyen âge et de l'époque coutumière ont été laissées dans l'ombre ; nous estimons cependant qu'elles sont de nature à dissiper, en partie au moins, les obscurités de la matière. Les documents que nous possédons nous font en effet assister à une longue évolution de notre droit. Commençant à la rédaction de la loi Salique, elle finit avec l'ancien régime, et porte ainsi sur treize siècles au moins. N'est-ce pas là une heureuse fortune et ne convient-il pas d'en profiter ?

Ce n'est pas tout ; nous ne trouvons ni dans la pro-

---

tume de Paris, t. III, p. 231). *Établissem. de saint Louis*, liv. I, ch. CIII ; *Beaumanoir*, ch. XI, n° 18.

(1) Ch. LXXX (Beugnot, *Assises de Jérusalem*, t. I, p .128).

(2) Art. 55 (*Coutum. général* de Bourdot de Richebourg, t. III, p. 880 : « L'on garde par coutume à Bourges, que en demande de meubles n'a seulement que quatre actions : en prest, en dépost, en despouille et en larrecin. Car combien que de droict il y ait une aultre action..... »

(3) *La Procédure de la loi Salique*, p. 73.

cédure germanique ni dans celle du moyen âge rien
de semblable à la revendication mobilière des jurisconsultes romains. La propriété des meubles est parfaitement
connue ; néanmoins si le propriétaire prête à un tiers
un objet de cette nature, il aura seulement une action en
restitution contre l'emprunteur. Le possesseur actuel ne
pourra pas être inquiété. Jusqu'à la fin du treizième siècle,
nos textes se bornent à n'accorder d'action que si le propriétaire a cessé de posséder malgré lui ; mais probablement dès
le quatorzième siècle la formule de notre principe est trouvée ; les praticiens ont enfin conscience de la lacune qui
existe dans la procédure coutumière. « Les meubles n'ont
pas de suite, » nous disent-ils. Deux cents ans plus tard
la doctrine romaine triompha complètement de la vieille
tradition germanique ; cependant, dès le dix-septième
siècle, le parlement de Paris tentait d'innover. Cette jurisprudence du parlement de Paris, basée sur des considérations d'équité, ne réussit pas à se faire admettre. Il
n'en fut pas de même des usages du Châtelet de Paris. La
maxime « En fait de meubles, possession vaut titre, » insérée par Bourjon dans son *Droit commun de la France*, fit
peu à peu fortune et, en 1789 elle était reproduite par
beaucoup de praticiens. C'est aux ouvrages des derniers jurisconsultes coutumiers que les auteurs du Code civil l'em-
pruntèrent.

Nous nous efforcerons d'établir par des textes la remarquable évolution que nous venons de décrire. Spécialement en ce qui concerne la maxime « Les meubles n'ont pas
de suite » nous chercherons à compléter la démonstration
faite en 1872 par le regretté M. Ortlieb, et à répondre aux
objections qui ont été formulées depuis. Ce qui nous
préoccupera par-dessus tout, ce sera d'expliquer historique-
ment la singulière lacune que nous venons de signaler dans
la procédure germanique et qui ne se trouve, à notre connaissance, dans aucune autre législation primitive. Le
problème est délicat et les historiens modernes ne sont
pas d'accord sur la solution qu'il convient de lui donner.
Nous rattachons quant à nous la maxime « Les meubles
n'ont pas de suite » au caractère formaliste de la procédure

germanique primitive et c'est là une pensée qui domine tout ce travail.

Notre méthode consistera à étudier successivement chacune des grandes périodes de notre histoire, la période franque du cinquième au onzième siècle, la période du moyen âge qui comprend les onzième, douzième et treizième siècles. Avec le quatorzième siècle commence une époque de transition; jusque-là soigneusement conservée, la vieille tradition germanique s'efface de plus en plus. La rédaction des coutumes marque enfin l'avènement d'une civilisation plus avancée et d'une jurisprudence qui tient compte dans une plus large mesure des considérations d'équité et des besoins du commerce. Notre étude sera donc divisée en quatre parties générales.

PREMIÈRE PARTIE

Périodes mérovingienne et carlovingienne
du Ve siècle à la fin du Xe.

CHAPITRE I

CAS OU LE PROPRIÉTAIRE A PERDU CONTRE SON GRÉ LA POSSESSION DE SON MEUBLE

Conformément aux règles de la critique moderne, nous croyons devoir étudier séparément les lois qui ont régi les diverses branches de la famille germanique. Les coutumes franques nous fourniront l'occasion d'exposer dans son ensemble une doctrine que nous ne retrouverons intégralement dans aucun autre monument. L'origine commune des Barbares qui envahirent l'empire Romain nous autorisera d'ailleurs à interpréter certains passages de la loi Salique et de la loi des Ripuaires en nous servant de textes empruntés aux autres codes des Germains. Cette première partie de notre tâche sera de beaucoup la plus importante. Nous présenterons ensuite un court résumé de la législation des Burgondes et de celle des Wisigoths, qui ont été l'une et l'autre appliquées dans notre pays ; les sources lombardes et anglo-saxonnes seront enfin l'objet de nos recherches. Ces sources sont particulièrement abondantes sur notre sujet ; ajoutons que, grâce aux formules lombardes et aux documents anglo-saxons, nous comprendrons plus aisément nos coutumes françaises du moyen âge. Les lois des Lombards et celles des Anglo-Saxons serviront donc de transition naturelle entre notre première et notre seconde période.

A. *Loi Salique et loi des Ripuaires.*

Chez les Germains, comme chez tous les peuples primitifs, l'action criminelle est, on le sait, une action privée ;

à la partie lésée et à elle seule incombe le soin de demander la réparation du préjudice causé et la punition du crime ou du délit. C'est seulement dans nos textes français du quatorzième siècle qu'apparaît nettement la distinction de l'action civile et de l'action publique. Cette première observation domine tout notre sujet.

Ajoutons que, si la propriété des meubles est parfaitement connue des Germains (1), cette propriété est en quelque sorte matérialisée et rendue visible par l'emploi général des marques de famille ou de maison (2). Pour les bestiaux, qui forment la principale richesse mobilière des peuples barbares, l'usage de ces marques de famille était commandé par la nature même des choses. Les pâturages sont en effet restés communs pendant de longs siècles. Aussi les vieilles coutumes islandaises ordonnent-elles aux propriétaires de troupeaux de marquer toutes leurs bêtes du même signe et de faire connaître ce dernier aux assemblées populaires de l'été (3). Il semble du reste que cette marque

(1) *Lex Salica*, XXXVII, « res suas... agramire. » *Lex Rip.* XXXIII, *Lex Burgondionum*, LXXXIII, 1, quodlibet suum. Liber Papiensis expositio ad. *Edict. Roth.* 232, § 7, « quod ipse caballus suus proprius est. » La doctrine est aujourd'hui unanime en ce sens. Stobbe, *Handbuch des deutschen Privatrechts*, t. II, 1876, p. 155, note 1, § 145.

(2) Comp. Homeyer, *die Haus und Hofmarken*. Berlin, 1870. *Lex Ripuariorum*, LXXII, 9. *Lex Salica*, IX, 3, addition, n° 1 et XXXIII, 2 *Lex Wisigothorum*, lib. VIII, tit. V, ch. VIII. *Edict. Rotharis*, 348. L'usage des marques de famille s'est d'ailleurs maintenu fort avant dans le moyen âge. M. Homeyer cite un très grand nombre d'exemples empruntés aux sources allemandes et scandinaves, et la tradition germanique s'est également conservée dans notre pays. *Statuts de Marseille*, de 1253 à 1255. Lib. III, cap. 5 (Pardessus, *Collection des lois maritimes*, t. IV, p. 265), « pro quo mutuo specialiter pignus a debitore sibi traditum est vel erit quod pignus suo signo signaverit..... » Lib. IV, cap. 26 (p. 279) « et quod signa quæ illi mercatores faciunt vel facient in averis suis. » *Coutume de Bergerac* (1322), art. 104 (Bourdot de Richebourg, t. IV, p. 1005) : « Possessio vero adepta dictæ rei venditæ dicitur quando mercator pecuniam exsolvit seu partem ejusdem aut *marcam suam ibidem interposuit*, aut possessionem actualem acceperit. » *Coutume de la seigneurie de Favières* (XVIᵉ siècle), art. 9 (Bouthors, *Coutumes locales du bailliage d'Amiens*, t. I, p. 487) « celuy qui ferait ladite poursuite par juste merque ou compas. » Le manuscrit des stils de Villefranche de Conflent (*Revue historique de dr. fr.*, t. VIII (1862), p. 263) est marqué du *signum* ordinaire des rois de Majorque.

(3) *Gragas. Landabrigpa-balkr*, c. 37 (édition Schlegel, avec traduction latine, Havniæ, 1829, t. II, p. 303). Celui qui ne marque pas son troupeau encourt une peine. *Gragas Kaupa-balkr*, sect. VII, t. XI (t. I, p. 414).

de famille ou de maison ait été dans une certaine mesure envisagée comme la condition nécessaire de l'appropriation individuelle. Dans la *Loi Salique* (xxxiii, 2) le cerf est considéré comme domestique, seulement s'il est marqué d'un signe, et la Gragas permet à chacun de s'emparer librement des bœufs ou des moutons qui à une certaine époque de l'année n'ont pas encore subi l'opération dont nous nous occupons (1). De nos jours encore c'est une croyance populaire dans le Tyrol qu'en transformant en la sienne une marque de propriété, on commet un vol par cela même et *de plano* (2). Nous devions insister au début de nos explications sur ce notable caractère de la propriété mobilière en droit germanique ; les développements dans lesquels nous venons d'entrer nous serviront à mettre dans leur vrai jour les règles de notre ancienne procédure.

Après ces considérations préliminaires, arrivons à la division de notre sujet. Nous nous occuperons d'abord des conditions auxquelles un propriétaire de meubles volés peut rentrer en possession de son bien ; nous décrirons ensuite l'instruction préparatoire, qui suit le vol ; nous terminerons enfin en étudiant en premier lieu la procédure suivie en cas de flagrant délit et en second lieu la procédure contradictoire.

SECTION I. — *Conditions auxquelles notre action peut être intentée.*

On sait que le délit de vol n'est pas défini de la même façon par les jurisconsultes romains de l'époque classique et par les auteurs de notre Code pénal. D'après les textes du Digeste la conception du *furtum* est fort large (3). Afin d'assurer la répression de faits qu'ils regardent comme coupa-

---

(1) *Gragas Landabrigpa-balkr*, c. 37.

(2) Homeyer, *die Haus und Hofmarken*, p. 327.

(3) M. Ubbelohde nous semble d'ailleurs avoir démontré que sous l'empire de la loi des Douze Tables l'abus de confiance n'était en aucune façon assimilé au vol (*Zur Geschichte der benannten Realcontracte auf Rückgabe derselben Species.* Marburg und Leipzig, 1870, § 21, p. 37). En ce sens, L. 67, pr. D. *De furtis*, XLVII, 2 ; L. 55, § 1, D. *De administratione tutorum*, XXVI, 7.

bles, les prudents appliquent les peines du vol dans des cas qui n'avaient pas été prévus à l'origine. Les rédacteurs des lois françaises agissaient au contraire dans la plénitude du pouvoir législatif; pour des considérations d'équité faciles à saisir, l'abus de confiance et l'escroquerie ont été nettement distingués du vol.

C'est à une doctrine intermédiaire que se rattachent sur ce point les textes mérovingiens et carlovingiens. D'une part, en effet, on définit le vol « l'enlèvement clandestin d'un meuble (1); mais, d'autre part, notre vieille législation ne prononce pas de peine contre l'abus de confiance; si le coupable restitue en définitive l'objet qui lui a été confié, il est à l'abri de toute poursuite et ne doit aucune amende (2). C'est là une remarquable solution que nous trouvons en-

(1) M. Raynauld (*op. cit.*) soutient au contraire que, d'après la législation germanique, l'abus de confiance n'est pas séparé du vol. Cet auteur part de cette affirmation pour nier l'existence de la maxime : « Les meubles n'ont pas de suite. » Nous croyons cette doctrine exacte en ce qui concerne la loi des Wisigoths. Lex Wisigoth., lib. VII, tit. VI, § 3 et § 4 et la loi des Ripuaires, LXXII, 1, « quæ eum *inlicito ordine vendidit* vel furavit. » Mais nous tenons pour certain que, d'après le pur droit germanique, le délit de vol consiste exclusivement dans l'enlèvement clandestin d'un meuble. Est-il étonnant d'abord que le besoin de répression se soit fait sentir en premier lieu pour le vol et seulement plus tard pour l'abus de confiance? nous ne le pensons pas, quant à nous. Ajoutons que d'après les germanisants le mot allemand *Dieb*, voleur, exprime exclusivement l'idée de clandestinité. Nous croyons aussi que les documents de notre époque sont en notre faveur. Grégoire de Tours, *Historia Francorum*, l. V, t. XIX (édition Guadet et Taranne. Paris, 1837, t. II, p. 242) : « Tu autem, quid nunc calumniaris, et me furti arguis, cum hæc causa non ad furtum sed ad custodiam debeat deputari ? » L'évêque Prætextatus reconnaît du reste qu'il a aliéné une partie des biens déposés chez lui. *Lex Burgondionum*, IV, 1, « quam romanus ingenuus furto auferre præsumpserit. » *Lex Salica*, XI, 5. La démonstration sera complète si nous renvoyons aux coutumiers du moyen âge, qui sont formels. Beaumanoir, XXXI, 9, *The myrror of justice*, cap. ı, sect. XI (Houard, *Coutumes Anglo-Normandes*, t. IV, p. 509). En notre sens, Wilda, *Das Strafrecht der Germanen*, p. 862, et Schmid, *Die Gesetze der Angelsachsen*, — *Antiquarisches Glossar*, vᵒ *Diebsthal*, p. 754.

(2) En ce sens. « Raisons et articles envoyés par les eschevins de la commune de Saint-Disier à très révérentes, sages et discrètes personnes les seigneurs eschevins de la ville d'Ypre, » nᵒ 82 (Olim., t. II, p. 758). Ce passage est explicite et, comme nous ne trouvons dans les lois barbares aucun tarif de composition, en matière d'abus de confiance, nous nous croyons autorisé à conclure comme nous l'avons fait. Voyez aussi le passage de Grégoire de Tours cité à la note précédente. En nous fondant sur des arguments d'analogie, nous étendrons à l'escroquerie ce que nous venons de dire à propos de l'abus de confiance.

core aujourd'hui dans le droit coutumier des Kabyles du Jurjura (1) et qui jette une vive lumière sur notre sujet.

Si le meuble a été perdu par cas fortuit, le propriétaire le revendiquera, comme s'il avait été volé ; le détenteur du bien sera traité comme voleur s'il n'a pas accompli certaines formalités qui ont varié suivant les époques. Primitivement, pensons-nous, l'État n'intervenait en aucune façon en notre matière. C'était le particulier lui-même qui prenait ses voisins à témoin avant d'introduire dans sa maison la bête égarée ou l'objet perdu (2); c'était lui encore et lui seul qui, par des moyens divers, donnait ensuite une plus grande publicité à la trouvaille qu'il avait faite (3). L'édit de Rotharis, chapitre cccxliii et la loi des Wisigoths (4) laissent à l'inventeur la faculté, ou d'avertir le juge, ou d'annoncer le fait à haute voix devant l'église, en présence de tous ; d'après l'édit de Rotharis, cette publication doit être plusieurs fois renouvelée. La loi des Ripuaires fait enfin un pas de plus (5). L'intervention de l'autorité publique devient plus directe ; le roi s'arroge la possession provisoire de l'objet. Peut-être même le meuble était-il déjà d'après le droit ripuaire acquis définitivement au roi, si le propriétaire ne se présentait pas dans un délai déterminé (6); mais nous ne

(1) Hanoteau et Le Tourneux (*La Kabylie et les Coutumes kabyles*. Paris, 1873, t. III, p. 95, 231, 258, 259). Les lois hindoues au contraire édictent certaines peines contre l'abus de confiance : mais ces peines sont moins élevées que celle du vol (Colebrooke, *Digest of hindu law*, l. II, ch. 38, 41, 42, t. I, p. 432, 436, 437).

(2) *Lois de Guillaume le Conquérant*, part. I, ch. 6 (Schmid, *Gesetze der Angelsachsen*, p. 324) : « Autersi de aveir adiré e autersi de truveure, soit mustred de treis parz del viined, qu'il ait testimonie de la truveure. »

(3) *Assises de la Cour des Bourgeois de Jérusalem* (édition Kansler, ch. 253. — Beugnot, ch. 259).

(4) Lib. VIII, t. IV, ch. 14, et lib. VIII, t. V, 36.

(5) Tit. LXXX, « de re proprisa vel secuta. Si quis caballum hominem vel quamlibet rem in via propriserit aut eum secutus fuerit, per tres marcas ipsum ostendat et sic postea ad stapplum regis ducat. »

(6) M. Sohm (*op. cit.*, p. 40, note 5) croit au contraire que la bête était conduite au tribunal du roi dans un intérêt de publicité. De cette façon, elle était montrée dans deux circonscriptions judiciaires. Pour repousser cette opinion, nous nous fondons : 1° sur notre texte même; il y a en effet opposition entre les deux derniers membres de la phrase, « per tres marcas *ostendat;* » « ad stapplum regis *ducat;* » 2° sur le ch. xlix, § 4, de la *Lex Burgondionum*.

pouvons pas affirmer qu'à cet égard la fiscalité mérovingienne ait devancé celle des temps féodaux. Tel que nous le
comprenons, le titre LXXV ordonne seulement de montrer
la bête perdue dans trois réunions successives des habitants
de la marche (1) et de la conduire ensuite au tribunal du
roi (2). On ne s'explique pas sur le sort qui lui est réservé.

Après avoir ainsi énuméré les cas dans lesquels le propriétaire dépossédé a le droit de revendiquer ses meubles, demandons-nous quelles sont les actions dont il pourra
disposer. Si la victime du vol connaît l'auteur du délit, une
action criminelle peut être directement intentée contre lui ;
on observera la procédure ordinaire *ex delicto*. Cette méthode
sera suivie, si l'objet volé n'est pas retrouvé. Si nous supposons qu'il en soit autrement, le possesseur actuel de l'animal sera, en raison même de sa détention, considéré comme
suspect et une action sera intentée contre lui. On lui donne
en général le nom de revendication mobilière (3); mais cette
expression ne figure pas dans nos textes et nous devons
prendre garde de tomber ici dans une confusion. La revendication mobilière des lois barbares a, selon nous, le caractère criminel aussi bien que l'action de vol proprement dite.
Nous ne sommes en aucune façon autorisés à la ranger
parmi les actions civiles; nous ne voyons même pas qu'il
soit exact de la qualifier d'action *mixte*. Du neuvième au
onzième siècle c'est le point de vue pénal qui domine encore ; le propriétaire se présente en se basant sur le préjudice qui lui a été causé par le vol et non pas en vertu de
son droit de propriété. Il est vrai qu'il réclame en même
temps la restitution de son bien ; mais s'il ne se borne pas

---

(1) Cette interprétation du mot « marca » prévaut aujourd'hui dans la
doctrine. Gengler, *Germanische Rechtsdenkmäler*. Erlangen, 1875. *Glossar.*,
v° *Marca*. Comp. cependant Pardessus, *Loi salique*, p. 599 et 600.

(2) Wilda (*Strafrecht*, 920, note 1) traduit ici « ad stapplum regis »
par « à l'étable du roi ». En notre faveur v. *Rip.*, XXXIII, 1 ; LXVII, 5.

(3) Indépendamment de la procédure ordinaire *ex delicto* et de la procédure spéciale que nous allons décrire, ouvre-t-on encore une autre voie de
recours à la victime du vol ? En d'autres termes, la *Schlichte Klage* du
moyen âge allemand apparaît-elle déjà dans les documents mérovingiens
et carlovingiens ? M. Budde (*op. cit.*, p. 70) et M. Zoepfl (*Deutsche Rechtsgeschichte*, § 102, t. III, p. 155) se prononcent pour l'affirmative : mais
cette opinion ne repose sur aucun texte et doit être rejetée.

à demander le châtiment du coupable, cela tient au caractère privé de l'action criminelle. Que l'objet volé soit ou non retrouvé, les conclusions du demandeur sont toujours les mêmes ; néanmoins la procédure devait nécessairement se modifier en raison des circonstances. Notre action est donc simplement une forme de l'action de vol et cela est si vrai que d'après les lois barbares la victime du délit ne serait certainement pas autorisée à intenter l'action directe de vol contre le voleur et la revendication mobilière contre le possesseur actuel (1).

Avant d'aborder l'étude de la procédure, nous devons encore nous demander qui peut intenter la revendication mobilière, et pendant combien de temps notre voie de recours est ouverte au propriétaire.

Dans les législations modernes, le commodant peut se porter partie civile, si l'objet prêté a été volé au commodataire. Nous trouvons une doctrine tout à fait différente dans les textes que nous étudions, c'est au commodataire et à lui seul qu'appartient la revendication du meuble volé (2) ; c'est à lui qu'est payée la composition. Le prêteur peut seulement exiger de l'emprunteur la réparation du préjudice causé. Nous rattachons cette curieuse règle au caractère criminel de notre action. C'est au commodataire que l'injure a été faite, c'est son domicile qui a été violé ; dans les idées

---

(1) En ce sens Gerber, *System des deutschen Privatrechts*, 12ᵉ [édition. 1875, § 102, p. 276. Mais cette opinion est bien loin d'être admise par tous les auteurs. Voyez Sohm, p. 36, note 3. Pour compléter l'énumération de Sohm, notons que Bethmann-Hollweg, § 70, p. 479, et M. Alberto del Vecchio, p. 236 et 237, considèrent notre action comme une action mixte, à la fois civile et criminelle. Nous ne pensons pas que l'opinion de ces auteurs doive être acceptée relativement à notre époque. Le demandeur sera en effet, s'il échoue, condamné à la peine du vol ; dès lors où trouver une différence de nature entre notre action et l'action de vol proprement dite ?

(2) Liutprand, 131 : « Nos ita statuimus et diffinimus ut qui res alienas commendatas susceperit et eas perdiderit, restituat ei ipsas cujus fuerant : et postea furtum ipsum si inventum fuerit, ei componat ipse fur, *de cujus casa ipsas res rapuerit aut furatus fuerit.* » *Lex Bajuwariorum*, tit. XV, cap. IV, n° 3 ; *Lex Wisigothorum*, lib. V, tit. V, ch. III. M. Pertile (*op. et loc. cit.*) estime, au contraire, que le propriétaire de l'objet prêté a la faculté d'intenter notre action ; celle-ci appartiendrait à tous ceux qui ont intérêt à l'exercer. Mais cette opinion nous semble contredite par le ch. 131 de Liutprand.

germaniques il est naturel que le droit de vengeance lui soit reconnu et à lui seul (1). Le fondement de l'action n'est pas comme chez nous le caractère réel du droit de propriété, mais bien le délit commis (2).

L'action criminelle des temps mérovingiens repose, venons-nous de dire, sur l'idée de vengeance privée; ceci nous amène à croire que les poursuites devaient nécessairement avoir lieu dans un délai fort court à partir de l'acte incriminé; nous estimons qu'après l'an et jour la revendication mobilière était impossible. Dès les premiers temps du moyen âge nous trouvons cette règle nettement établie (3), et tout nous autorise à penser qu'il en était de même sous l'empire des lois barbares (4); mais, dès l'année 569, Childebert II portait à dix ans le délai de la prescription (5).

Section II. — *Instruction préparatoire.*

C'est le propriétaire lui-même qui conduit l'instruction préparatoire; c'est à lui qu'est confié le soin de tirer vengeance de l'injure qui lui est faite; mais il peut compter sur l'appui du groupe auquel il appartient. Dès que le vol est constaté, la victime du délit avertit ses voisins et les somme de l'assister dans ses recherches. Dans les vieilles coutumes islandaises une amende est prononcée contre ceux

---

(1) Luitprand, 131 : « ... Postea ille cujus casam rupit, quæreret ei rupturam casæ suæ. »

(2) Notre action s'applique du reste à tous les meubles, quelle qu'en soit la nature. *Rip.*, LXXII, ix. Nos textes cependant font le plus souvent allusion aux esclaves, aux chevaux et aux bestiaux : et ceci se comprend à merveille, car les esclaves et les troupeaux constituent à peu près exclusivement la fortune mobilière des Germains.

(3) *Lois de Guillaume le Conquérant,* part. I, chap. iii et vi (Schmid, p. 324). Citons aussi, dès maintenant, le passage suivant du *livre de Justice et de Plet :* « De sanc, de chable l'en ne respont pas puis que la plaie est guarie et de mahing et de ceste loi qui est apelée bataille. D'autres petiz forfez, puis que li anz passe. »

(4) Chez les Kabyles contemporains, « dans tous les cas où la poursuite n'a lieu que sur la plainte de la partie lésée, il y a prescription, lorsque la dénonciation ne se produit pas à la réunion la plus prochaine de la djemaâ. » *La Kabylie et les Coutumes kabyles*, par le général Hanoteau et M. Le Tourneux, t. III, p. 323.

(5) *Childeberti II décr.*, c. iii (Pertz, *Leg.*, I, p. 9).

qui refuseraient leur concours (1) et nous croyons qu'il en
était de même chez les Francs Saliens (2). C'est là un curieux trait de mœurs, qui se rattache à la solidarité primitive des membres de la tribu. La petite troupe ainsi formée
se nomme *trustis* dans les textes mérovingiens (3) ; ceux
qui lui feraient violence seraient frappés d'une amende de
63 sous (4).

Nous devons d'ailleurs signaler sur ce point une tentative de réforme due à Clotaire II (5). Désormais le particulier
n'est pas tenu de payer lui-même de sa personne. A la tête
d'un certain nombre d'habitants de la centaine (trustis) le
centenier poursuit d'office les malfaiteurs ; s'il retrouve
l'objet, la moitié de la composition appartient à la trustis, à
titre de prime. La victime du vol n'a droit à la composition
tout entière que si elle a agi elle-même, sans avoir recours
au centenier (6). C'était là une assez grave atteinte à la
vieille tradition germanique, d'après laquelle l'action criminelle est privée. Les mœurs furent plus fortes que la loi, et le
décret de Clotaire ne paraît pas avoir été longtemps appliqué.

Nous savons ainsi par qui l'instruction sera dirigée ;
mais comment sera-t-elle faite ? Le propriétaire suit à la

---

(1) *Gragas Vigslopi*, tit. CXVIII (Schlegel, t. II, p. 193). D'après ce même
texte, la *trustis* doit se composer de 30 membres.

(2) *Decretio Chlotharii regis*, c. 17 (Behrend-Boretius, p. 105). « Si quis
ad vestigium vel latronem persequendum admonitus venire noluerit, quin-
que solidos judice condemnetur. » Ce texte est conçu de la façon la plus
générale et ne doit pas s'appliquer seulement à l'hypothèse où le centenier,
à la tête de la *trustis*, suit à la trace l'animal volé.

(3) *Trustis* exprime ici l'idée d'une troupe d'hommes libres. Les germanisants ne sont pas d'ailleurs d'accord sur l'étymologie de ce mot. En
général, on rattache *trustis* à *druct* (*populus, agmen*). M. Gengler, *Glossar
zu den Germanischen Rechsdenkmälern*, hoc verbo, a proposé récemment
le vocable gothique *trausti* (*fœdus*). Sur la *trustis*, voyez spécialement
Sohm, *Die Altdeutsche Reichs und Gerichtsverfassung*, 1871, § 8, p. 181
et suiv.

(4) Cap. add. à la *Lex Sal.*, cap. I, nº 1 (Behrend-Boretius, p. 89. —
Merkel, *Lex salica*, tit. LXVI).

(5) *Decretio Chlotharii regis* (Behrend-Boretius, p. 102).

(6) Le capitulaire de Clotaire II décide en outre que la centaine sera responsable si l'objet volé n'est pas retrouvé ; la centaine se décharge de son
obligation en montrant que les pistes conduisent sur le territoire d'une
autre centaine et ainsi de suite. C'est là une disposition curieuse, qu'il
importait de signaler ; nous la retrouverons, sous une autre forme, au
moyen âge. *Decretio Chlotharii*, c. 1.

piste l'animal ou le voleur, *vestigia minat*. Les traces jouent ici un tout autre rôle que dans nos sociétés modernes et comme les Peaux-Rouges de l'Amérique du Nord, les Germains ont dans ce mode de recherches une entière confiance (1).

Si les traces conduisent à une maison, la perquisition domiciliaire commence. Elle s'opère suivant des formes consacrées, qui ne sont pas décrites dans nos documents et qu'il faut aller chercher dans les coutumes scandinaves (2). Grimm (3) et Wilda (4) ont d'ailleurs constaté depuis longtemps une remarquable analogie entre cette vieille procédure germanique et celle dont nous parle Gaius à propos du *furtum conceptum*. A l'origine la visite était, nous semble-t-il, autorisée dans tous les cas et l'emploi de la force n'était même pas prohibé; mais, conformément à l'esprit de ce vieux droit, la peine du talion frappait le particulier qui avait imprudemment exigé une perquisition domiciliaire; si l'objet volé n'était pas découvert, le *vestigium minans* devait payer une amende. Nous trouvons cette doctrine dans la *Loi des Bavarois* (tit. X, chap. ii, § 1), et au moyen âge dans le *Coutumier du Jutland* (5) et dans certaines sources suédoises (6). Ainsi de l'issue des recherches naîtra une obligation, soit à la charge de la victime du vol, soit à celle du propriétaire de la maison. Au moyen âge on alla plus loin; un pari dut précéder la visite et le demandeur fut contraint de déposer 4 deniers sur le seuil avant de le fran-

---

(1) Il convient de citer, à côté du tit. XXXVII de la *Lex Salica* et du tit. XLVII de la *Lex Ripuar*. *De vestigio minando*, les passages des poètes latins qui sont relatifs au vol de bœufs commis par Cacus :

« Quærenti nulla ad speluncam signa ferebant. »

Virgile, *Æn.* (Benoist, VIII, 209); comp. Properce (L. Muller, 1874), lib. V, eleg. VIII, vers. 11 et 12 ; Ovide, *Fasti*, I, 550 (R. Merkel, t. III). — Sur le mythe d'Hercule et de Cacus, lisez Michel Bréal, *Mélanges de philologie et d'histoire*, 1878.

(2) *Coutumier du roi Christophe*, tit. XIV, cap. xiii (*Sveciæ regni leges provinciales* a Johanne Loccenio. Holmiæ, 1572, p. 192), *Gragas Vigslopi*, tit. CXVIII (Schlegel, tome II, p. 193). Notons seulement que la perquisition était faite en général par le propriétaire lui-même assisté de deux ou de trois compagnons pris dans la *trustis*.

(3) *Rechtsalterthümer*, p. 637 et suiv.

(4) *Das Strafrecht des Germanen*, p. 900 et suiv.

(5) *Jydske Lovbog*, l. II, cap. 97 (*Lex Cimbrica* antiqua lingua danica, autore Petro Kofod Ancher. Hafniæ, 1783, p. 171.

(6) *Coutumier du roi Christophe*, cap. 13, § 2 (édition Loccenius, p. 192).

chir. Cette règle a un caractère d'antiquité qui frappe tout d'abord ; nous croyons cependant qu'il convient d'en rapporter l'origine à une époque où la vieille institution germanique commençait déjà à être battue en brèche. La loi des Bavarois n'apporte en effet aucune entrave au droit de visite du demandeur. Celui-ci doit remettre un gage (wadium) au propriétaire de la maison et par suite s'engager solennellement vis-à-vis de lui, mais c'est seulement après que l'inutilité des recherches a été démontrée.

En commentant la *Loi des Bavarois*, nous venons de mettre en lumière l'état primitif du droit germanique sur notre question. Déjà dans la *Loi des Ripuaires* (tit. XLVII) un progrès notable avait été réalisé ; d'après ce texte, la violence est toujours interdite ; mais s'opposer à la perquisition, c'est par cela même se reconnaître auteur du vol : « Quod si in domo fuerit, et scrutinium, cujus est domus, contradixerit, ut fur habeatur. » Comme on l'a sans doute déjà remarqué, le tit. XLVII de la *Loi des Ripuaires* concorde sur ce point avec les dispositions du vieux droit romain relatives à l'*actio furti prohibiti* (1).

SECTION III. — *Procédure en cas de flagrant délit.*

Les législations criminelles des peuples modernes attachent relativement peu d'importance au point de savoir si le délit est ou non flagrant. Les règles d'instruction sont d'ailleurs simplifiées seulement si l'accusé a été arrêté au moment même où il accomplissait l'acte contraire à la loi pénale. Les rédacteurs des vieilles coutumes vivent au contraire dans un temps où l'idéal de justice n'est pas aussi élevé qu'il l'est aujourd'hui ; là où nous recherchons l'intention, c'est surtout le fait matériel qui les frappe. Aussi devons-nous nous attendre à rencontrer dans les lois barbares des solutions qui heurtent notre sentiment actuel de l'équité.

Le vieux droit germanique paraît avoir attaché certaines conséquences à ce seul fait que l'accusé a été trouvé en possession de l'objet volé. Dans ce cas la peine du vol

(1) Nous trouvons également quelque chose d'analogue à l'*actio furti oblati* dans la *Lex Salica*, XXXIV, IV.

est plus élevée qu'à l'ordinaire d'après les lois anglo-saxonnes (1). Nous verrons en outre qu'au moyen âge le haro peut être poussé même dans cette hypothèse. Mais ce serait une erreur de croire qu'il y a vraiment flagrant délit toutes les fois que la bête volée est découverte chez un tiers. D'après la *Loi Salique*, chapitre xxxvii, et la *Loi Ripuaire*, chapitre xlvii, il faut en outre que trois jours ne se soient pas encore écoulés depuis le vol (2). Dans les textes scandinaves, ce délai est réduit à deux jours (3).

Qu'arrive-t-il si, avant l'expiration des trois jours, les recherches du *vestigium minans* aboutissent à la découverte de l'objet? Les coutumes franques accordent des droits exorbitants à la victime du vol, en cas de flagrant délit, mais à une condition, c'est que les traces auront conduit chez le possesseur actuel. Le mode d'instruction est ici une garantie; il ne suffit pas que le propriétaire ait retrouvé en temps utile le meuble volé.

Quelle est la marche de la procédure dans notre hypothèse? C'est là un problème délicat que nous allons nous efforcer de résoudre.

Le tit. XXXVII de la *Loi Salique* et les tit. XLI, § 1, et XLVII de la *Loi des Ripuaires*, nous paraissent être le siège de la matière. Nous croyons au contraire que le tit. XLVII de la *Loi Salique*, les tit. XXXIII et LXXII de la *Loi des Ripuaires* doivent être laissés en dehors de notre étude,

---

(1) Withrad, 25; Aethelstan, IV, 3, 6 (Schmid, p. 19, 150, 151, et *Antiquarisches Glossar*, v° *Diebsthal*, p. 554.

(2) A l'expiration du délai de trois jours, le possesseur est considéré comme ayant acquis un certain droit sur le bien. C'est ainsi que d'après la *Lex Burgond.*, XLIX, iii, le propriétaire doit rendre à la liberté la bête, qui faisait dommage dans son champ, dans les trois jours à partir du moment où elle a été prise. Nous trouvons encore, au moyen âge et à l'époque coutumière, des traces de cette ancienne législation. D'après l'ancien *Coutumier de Bourgogne*, ch. xii (édition Marnier, p. 15), l'acheteur peut, dans les trois jours, rendre l'objet acheté, si celui-ci ne lui convient pas. La *Coutume d'Auvergne*, chap. xxvi, décide que le menu bétail pris comme épave ne peut être vendu aux enchères, avant l'expiration du délai de trois jours.

(3) *Jydske Lovbog*, liv. II, h. cv (édition Kofod Ancher, p. 179). Ce délai de deux jours sera encore réduit dans les sources allemandes et françaises du moyen âge. Nous reviendrons sur ce dernier point. Mais il convient de rapprocher des dispositions du droit germanique que nous venons de faire connaître le § 184 du commentaire III de Gaius, qui nous fait assister au développement des idées romaines en matière de flagrant délit.

lorsque le délit est flagrant ; à notre sens, la procédure décrite dans ces derniers fragments ne doit être suivie que si l'objet volé a été retrouvé après l'expiration du délai de trois jours (1). Nous nous fondons avant tout sur le tit. XLVII de la *Loi des Ripuaires*. Les mots « liceat ei absque intertiato revocare, » doivent être traduits selon nous de la façon suivante : « qu'il lui soit permis (au *vestigium minans*) de reprendre, sans entiercement, le meuble volé (2).

Entrons maintenant plus profondément dans notre sujet. La procédure débute par la constatation de l'identité de l'objet découvert avec l'objet volé. Le *vestigium minans* examine avec soin l'animal litigieux, et, s'il reconnaît

(1) *Lex Salica*, XXXVII : « … Et eum dum per vestigio sequitur consequütus invenerit at in tres noctes… » — *Lex Ripuar.*, XLVII, 1 : « Si quis animal suum per vestigium sequitur, et tertio die… »

(2) *Rip.*, XLVII, 1 : « Si quis animal suum per vestigium sequitur, et tertio die in domo cujuslibet vel in quolibet loco eum invenerit, liceat ei absque intertiato revocare. » En notre sens, Ortlieb, *op. cit.*, p. 80. Notre collègue et ami M. Esmein a enseigné la même doctrine dans le cours d'histoire du droit qu'il a professé à Douai pendant l'année 1877-1878. M. Sohm (p. 56, note 1) et M. Bethmann-Hollweg (p. 482, note 16) traduisent au contraire *absque intertiato* de la façon suivante : « Sans que le possesseur puisse s'autoriser d'un tiers, puisse appeler son auteur en garantie. » Notre savant maître de l'École des hautes études, M. Thévenin, entend le texte de la même façon, mais il en restreint l'application à l'hypothèse où le défendeur n'oppose aucune objection à l'affirmation du propriétaire dépossédé (*De la Forme dans l'ancien droit germanique, de l'Acte formel en matière de procédure et en matière de contrats. — Nouvelle Revue historique de droit français et étranger*, juillet-août 1879, p. 333 et 334). M. Hans Scherrer enfin (*Zeitschrift für Rechtsgeschichte*, t. XIII, ann. 1877, p. 267-270) croit que « absque intertiato revocare » signifie « enlever la chose au défendeur sur lequel l'entiercement a eu lieu, à l'entiercé. » Nous repoussons toutes ces manières de voir ; nous espérons démontrer que l'entiercement n'est pas ce que pensent MM. Sohm et Bethmann-Hollweg. Comme l'entend M. Thévenin, le tit. XLVII ne manquerait pas d'une certaine naïveté ; ce titre est en outre conçu d'une façon très générale et il nous semble arbitraire d'en diminuer la portée. La conjecture de M. Scherrer est plausible assurément : mais nous préférons la nôtre : 1° parce qu'elle est confirmée par les textes du moyen âge ; 2° parce que le tit. XXXIII de la *Loi des Ripuaires* et le tit. XLVII de la *Loi Salique*, relatifs à l'entiercement, supposent implicitement que l'objet a été retrouvé après l'expiration des trois jours. Les deux coutumes franques s'accordent pour ranger sous la rubrique « *De vestigio minando* » et non pas « *De intertiare* » celles de leurs dispositions qui son trelatives au flagrant délit. Nous sommes à la vérité obligé de forger un mot, le substantif « *intertiatum*, entiercement, » qui ne figure pas dans nos textes. Mais M. Scherrer n'échappe pas à cette nécessité ; car, dans nos documents, l'adjectif « *intertiatus* » se rapporte à l'esclave ou à l'animal revendiqué et non pas au défendeur.

sur la peau ou à l'oreille le signe dont il marque ses bestiaux, il le déclare à haute voix devant la trustis tout entière ou devant les membres de la trustis qui l'ont assisté dans la perquisition domiciliaire, « agnoscere dicit » (*Lex Salica*, XXXVII). « C'est bien ma bête, » ou même vraisemblablement « c'est la bête qui m'a été volée; » mais la loi n'exige de lui ni un serment ni même l'emploi d'une *ʝormule* solennelle. Observons du reste qu'à notre avis le § 9 du tit. LXXII de la *Loi des Ripuaires* ne s'applique pas dans notre hypothèse : c'est là une conséquence de la doctrine que nous avons enseignée plus haut (p. 22). Nous disons donc que le propriétaire rentrera en possession, même si l'objet revendiqué ne porte aucune marque.

Nous avons ainsi décrit la première phase de la procédure. Quels sont les droits du *vestigium minans*, qui retrouve l'objet volé avant la fin des trois jours? Avant d'examiner quelles sont les solutions del a *Loi Salique* et de la *Loi des Ripuaires* à ce sujet, nous croyons utile d'analyser deux documents qui ont, selon nous, une grande importance. L'un émane d'un vieux chroniqueur français, Raoul Glaber; nous empruntons l'autre à un coutumier danois du treizième siècle. Le procès raconté par Glaber remonte à l'année 1008. Des voleurs se sentant poursuivis confièrent à un vieillard de bonne foi les bœufs qu'ils poussaient devant eux; celui-ci ne tarda pas à être rejoint par le propriétaire des animaux et par ses compagnons. Il fut saisi, lié, conduit immédiatement au tribunal du comte de Champagne, et condamné à être pendu, sans avoir pu se défendre. Le délit était flagrant (1). Le *Jydske Lovbog* confirme de tous points le récit de Glaber (2), et de ces deux textes nous

<hr>

(1) *Glaber*, lib. III, cap. vi (André et François Duchesne, *Historiæ Francorum Scriptores*, tome IV, p. 31. Paris, 1641) : « Quod cum fecissent, statim deprehensus est senex cum bobus, trahitur, cæditur ac reorum more vincitur. Ductusque ad Principem civitatis, comitem videlicet Heribertum, vult causam discutere. Non auditur. »

(2) *Jydske Lovbog*, liv. II, cap. cvi (édition Kofod Ancher, p. 179) : « Si quis alterius equum ad stabulum vel in campo furatur, dominus si continuo de rei jactura certioratus furem persequitur, ubicumque eum invenerit, apprehendere licet. Mora autem interjecta duorum forte vel plurium dierum, si eum in equo suo offendit, fure auctorem laudante in uno pago prorsum vel in duobus retrorsum, comitetur eum dominus in pagum ubi

sommes autorisés à conclure qu'en cas de flagrant délit le poursuivant avait le droit de saisir le possesseur du meuble volé, de le lier, et de le conduire immédiatement devant le juge. En second lieu, la culpabilité du détenteur était considérée comme certaine, lorsqu'il avait été arrêté peu de temps après le vol ; le droit de se défendre lui était refusé.

Devons-nous étendre à la période franque les conclusions que nous venons de formuler ? On admet généralement aujourd'hui que, si l'objet est retrouvé dans les trois jours, le possesseur sera, quoi qu'il arrive, traité comme voleur (1). Au contraire, beaucoup d'auteurs éminents enseignent encore aujourd'hui que le *vestigia minans* n'est jamais autorisé à se remettre immédiatement en possession du bien volé. Nous allons analyser l'une après l'autre la *Loi des Ripuaires* et la *Loi Salique*. Pour la commodité de notre exposition, nous commencerons par la *Loi des Ripuaires*.

Ceci posé, commentons le tit. XLVII, de notre loi et rapprochons-le du tit. XLI, § 1. Le dernier est relatif à la punition du coupable surpris en flagrant délit, le premier à la restitution de l'objet volé. En vertu du tit. LXVII, le *vestigium minans* a la faculté de s'emparer des objets volés, s'il les découvre avant l'expiration des trois jours. « Revocare potest. » Mais il est tenu en même temps de lier le voleur et de l'amener immédiatement devant la justice ; à défaut de juge régulier, des textes du moyen âge et des documents de notre époque nous apprennent qu'un tribunal spécial pourra se constituer pour condamner le malfaiteur. Si l'accusé reconnaît les faits, aucune preuve ne sera nécessaire, mais dans le cas inverse le demandeur sera tenu d'établir que l'objet lui a été volé et qu'il l'a trouvé dans les trois

auctorem esse nominat. Auctore autem deficiente dominus furem custodiat. » Comme on le voit, le défendeur n'est autorisé à appeler son auteur en garantie que si l'objet a été découvert après l'expiration du délai de deux jours ; même dans la forme, notre passage présente une remarquable analogie avec le tit. XXXVII de la *Loi Salique*.

(1) M. Thévenin (*op. cit.*, p. 333 et 334) rejette cependant cette doctrine. Mais nous avons déjà formulé nos objections en ce qui concerne l'interprétation donnée par cet auteur au titre XLVII de la *Loi des Ripuaires*, et nous compléterons notre démonstration à propos du tit. XXXVII de la *Loi Salique*.

jours entre les mains du défendeur. La preuve sera faite par témoins ; leur nombre est fixé à 6 par le tit. XLI, § 1 (1). Après le serment des témoins le procès est gagné et la culpabilité de l'accusé hors de contestation. Celui-ci n'est pas admis à appeler son auteur en garantie ni à se défendre d'une façon quelconque. Nous avons ainsi résumé la doctrine que nous croyons devoir proposer sur ce point. Le système auquel nous nous rattachons offre cet avantage de mettre la *Loi Ripuaire* en harmonie avec les coutumes des premières années du moyen âge ; grâce à lui, nous tenons compte du tit. XLI, § 1, qui est naturellement appelé à jouer un rôle dans le débat. En dernier lieu, comment s'étonner de l'obligation imposée à la victime du vol de conduire au tribunal le voleur pris en flagrant délit, lorsque nous voyons le titre LXXIII, § 3, de la *Loi Ripuaire* lui interdire de le relâcher et le forcer à se justifier, si le malfaiteur a pris la fuite ?

Abordons maintenant le commentaire du tit. XXXVII de la *Loi Salique*. Avant l'expiration du délai de trois jours, le *vestigium minans* a retrouvé la bête volée. De deux choses l'une : ou le possesseur actuel reconnaît les faits et se déclare disposé à rendre la bête, ou au contraire il soutient qu'il a acheté ou reçu en échange l'animal dont il s'agit. Dans le premier cas, aucune preuve n'est imposée au revendiquant, car il est de principe en droit germanique que le demandeur obtient immédiatement gain de cause si l'autre partie n'oppose pas à son affirmation une affirmation contraire (2). La charge de la preuve incombe en effet au

____

(1) « Si quis ingenuus ingenuum ligaverit et ejus culpam cum sex testibus in haraho non ad probaverit, triginta solidis culpabilis judicetur. » Rapprochez de ce passage le *Pactus pro tenore pacis Childeberti et Chlotharii*, cap. II (Behrend-Boretius, p. 101) : « Si quis ingenuam personam pro furto ligaverit et negator extiterit, duodecim juratores, medios electos, dare debet quod furtum quod objicis verum sit. Et si latro redimendi se habet facultatem, se redimat : si facultas decet, tribus mallis parentibus offeratur, et si non redimitur, vita carebit. » Le § 2 du tit. XLI nous semble d'ailleurs établir nettement que, d'après la *Loi des Ripuaires*, l'accusé pris en flagrant délit n'est pas admis à se défendre.

(2) Certains textes du moyen âge mettent en pleine lumière la règle que nous venons d'énoncer. A Aix-la-Chapelle, antérieurement à un diplôme de 1166, le défendeur était condamné si, immédiatement après l'accusation, il ne ramassait pas un fétu de paille et ne le remettait pas au demandeur, à titre de gage. Le procès était perdu, s'il n'y avait pas de fétu de paille dans la salle du tribunal (Lacomblet, *Niederrheinisches Urkundenbuch,*

défendeur ; dès lors il doit être condamné à moins qu'il ne démontre l'inexactitude des allégations de son adversaire. Dans notre première hypothèse le propriétaire reprendra donc sans aucune condition l'objet volé ; la question de propriété sera tranchée d'une façon définitive.

Supposons maintenant en sens inverse que le détenteur du bien revendiqué se présente comme ayant acheté ou reçu en échange le meuble litigieux, et veuille appeler son auteur en garantie. Le défendeur ne sera pas autorisé à établir la vérité de son dire, puisque le délit est flagrant ; mais son adversaire devra jurer avec deux cojurateurs que la chose lui appartient. A cette condition l'animal sera repris par le demandeur et cela d'une façon définitive. La loi frappe d'une amende de 30 solidi le *vestigium minans* qui ne respecte pas les dispositions de la loi et enlève de force le meuble volé, sans avoir au préalable prêté le serment dont il s'agit (1).

Nous avons ainsi exposé quelles sont, à notre avis, les règles consacrées par la *Loi Salique* pour le cas du flagrant délit. Ajoutons que notre texte s'occupe seulement de la restitution du bien soustrait et ne dit pas un mot de la peine encourue par le malfaiteur. Nous pensons que d'après la coutume des Saliens comme d'après celle des Ripuaires, le voleur saisi avant l'expiration du délai de trois jours était lié et conduit immédiatement devant le juge ; mais ici nous ne

I, n° 142). Au treizième siècle encore, à Bordeaux, le demandeur obtient gain de cause s'il peut renouveler trois fois sa plainte avant que son adversaire n'ait prononcé la formule « Yo men desdic à vos senhor à la cort, et per sguart de cort et cum bon et leyau. » *Las Costumas de la vila de Bordeu*, § 72 (édition des frères Lamothe, Bordeaux, 1768, tome I, p. 49). Cette note était déjà rédigée, lorsqu'a paru dans la *Nouvelle Revue historique* de janvier-février 1880 un article de M. Thévenin, dans lequel notre savant maître (p. 91) interprète autrement que nous ne l'avons fait le passage du *Niederrheinisches Urkundenbuch* cité plus haut. Nous croyons devoir persister dans notre manière de voir, et il nous semble certain que le procès était perdu, lorsque l'accusé ne pouvait pas immédiatement promettre de se disculper. Cette solution nous semble en harmonie, soit avec l'esprit de la procédure du moyen âge, soit avec les termes mêmes du document. « *Non poterat expurgacionis sue satisdationem offerre.* » « *In penam compositionis decidit.* »

(1) *L. Sal.*, XXXVII, *De vestigio minando* : « Si quis bovem aut caballo vel qualibet animal per furtum perdiderit et eum dum per vestigio sequitur consequutus invenerit, at. in tres noctes ille qui per vestigio sequitur res suas per tercia manu agramire debet. »

trouvons aucune règle analogue à celle du titre LXXIII de la *Loi des Ripuaires* et peut-être la victime du vol pouvait-elle se contenter de reprendre son bien sans exiger une composition. Après avoir mis en lumière quels sont les résultats auxquels nous a conduit l'étude des textes, faisons connaître les raisons qui ont entraîné notre conviction.

Les difficultés du sujet se groupent d'elles-mêmes autour du sens à attribuer aux termes « agramire » et « per tertiam manum ». Nous devrons en outre nous arrêter dès maintenant sur la dernière phrase de notre titre. Nous aurons du reste l'occasion d'y revenir plus tard.

Le mot *agramire* est fort obscur, et nous croyons que nos textes ne lui assignent pas toujours le même sens ; mais le plus souvent notre terme signifie promettre au moyen de la *festuca*, *fidem facere*. C'est ainsi que nous interprétons les *placita* assez nombreux dans lesquels figure notre expression (1). Voici dans quelles circonstances l'obligation est contractée. Le défendeur est devant le juge et est en demeure de se justifier. Au lieu de le faire immédiatement, il demande un sursis, mais alors il doit s'obliger par *fides facta* à rapporter une preuve déterminée. Cette promesse de preuve s'est maintenue jusqu'à une époque avancée du moyen âge et nous estimons qu'il est fort intéressant de rapprocher des passages, auxquels nous faisons allusion, d'une part le tit. XXXIII, 4 (2) de la *Loi des Ripuaires* et de l'autre un texte français du treizième siècle le ch. 179 (3) des *Vieilles Coutumes* de Bordeaux.

Pour les motifs que nous venons de faire connaître nous nous rallions donc en principe à la doctrine exposée au dix-

----

(1) Ménard, *Histoire de Nismes*. Paris, 1744, tome I. Preuves, Charte III, p. 17. « Et arramivit jam dictus Rostagnus, qualiter sua lex est, ut super ipsas res ambulet et ipsum advocatum revestire faciat et eum intromitat : si minime facit, faciat quod lex est. » — De Rozière, Formule 479 : « Et taliter dedit in suo responso quod de patre Franco fuisset generatus et de matre Franca fuisset natus, unde tale sacramento per suam fistucam visus fuit adrhamire. » Nous nous bornons à citer ces passages, qui nous semblent parfaitement clairs.

(2) « Tunc in præsente de sacramento tibi septima manu fidem faciat. »

(3) « Et cum En Guilhem Dissans aguos arremit aver bistors que aven bist cum ed avé comprat. » Édition Lamothe, t. I, p. 107. Voyez aussi § 147, du même texte, p. 86 ; « Forma de ramidop de proar. Costuma es que si un home a arramit à proar à autre aucuna causa. »

septième siècle par Du Cange, adoptée ensuite par Pardessus et reprise enfin par M. Sohm.

Si telle est la signification la plus répandue du mot *agramire*, il semble que notre expression soit quelquefois employée dans d'autres acceptions. Dans l'*Ordonnance des Maiours* de Metz, *aramir* veut dire affirmer d'une façon solennelle en saisissant un objet avec la main (1). C'est même là, s'il faut en croire les germanisants, le sens étymologique de notre verbe ; la plupart des érudits contemporains rattachent en effet *agramire* au mot gothique *hramjan* (affirmer). Nous nous croyons enfin autorisés à proposer le sens, *affirmer avec serment, jurer;* nous pouvons citer en ce sens quelques textes du moyen âge en assez petit nombre, il est vrai (2).

Entre ces divers sens du mot *agramire* nous préférons le dernier ; lui seul, croyons-nous, permet d'expliquer notre texte. La seconde phrase du tit. XXXVII nous apporte en outre un argument, que nous considérons comme concluant. Lorsque l'objet n'a été retrouvé qu'après l'expiration du délai de trois jours, le défendeur est autorisé à appeler son auteur en garantie. « *Ipse liceat agramire.* » Or, d'après la loi des Ripuaires, nous le verrons, il doit jurer qu'il va retrouver son vendeur (3) et sur ce point les textes de l'époque carolingienne concordent avec la *Loi des Ripuaires* (4). N'est-il pas vraisemblable qu'il y a encore analogie, à cet égard, entre les deux coutumes franques ?

Arrivons maintenant à l'expression « per tertiam manum ». *Agramire per tertiam manum* doit être traduit, selon nous, par *jurer avec deux cojurateurs*, « jurer soi tiers »

(1) Prost, *Ordonnance des Majours*, étude sur les institutions judiciaires à Metz du treizième au dix-septième siècle (*Nouvelle Revue historique*, 1878, p. 220).

(2) *Établissements de saint Louis*, liv. II, ch. XXVI : « Et se il veut arramir ou jurer que il ne fit la resqueusse, il s'en passera quittes envers le serjans selonc l'usage de court laie. » Teulet. Layettes du Trésor des chartes. Tome 2, p. 161 « ante *arramationem* sacramenti.... sacramentum faciet. » En ce sens, Beugnot, *Glossaire* de Beaumanoir, v° *Arramirer*.

(3) XXXIII, 1. « Et alius juret quod ad eam manum trahat, qui ei ipsam rem dedit. »

(4) *Edictum Ottonis*, I, et *Ottonis*, II (a. 967 ; Pertz, *Lég.*, II, 33). « Et ipse warentem dare se dixerit, statim juret. »

comme le disent les sources du moyen âge. Ici les textes nous paraissent clairs et nous estimons que les mots dont nous nous occupons ne sauraient être traduits autrement (1).

Observons enfin que la dernière phrase du texte doit être rapportée à la fois aux deux hypothèses prévues par le rédacteur du passage. La loi suppose en premier lieu que le vol est flagrant; elle examine ensuite le cas où l'objet perdu n'est retrouvé qu'après l'expiration du délai de trois jours. N'est-il pas naturel de supposer que notre vieille coutume protège le possesseur actuel contre les violences illégales du « vestigium minans », quelles que soient d'ailleurs les circonstances du fait? Nous considérons comme absolument arbitraire d'enseigner que la dernière disposition du titre XXXVII vise seulement le flagrant délit; l'ordre logique des idées et la forme même du document condamnent cette manière de voir (2). C'est cependant à cette doctrine que se sont ralliés tous les auteurs, à l'exception de M. Scherrer (3).

(1) *Lex Saxonum*, tit. I, §§ 1, 6, 9. « ...Vel si negat, tertia manu juret. » *Rotharis*, 359 : « Sibi tertius jurit ad arma. » *Charte de la paix de Valenciennes* (1114). (L. Cellier, *Monuments inédits de la langue romane; Charles communales de Valenciennes*, Valenciennes, 1867, p. 48) : « Cil escuyers u sergeans se puet purger par tierce main dou claim, » p. 60, « il s'en purgera par tierce main. » *Établissements de saint Louis*, liv. I, ch. cxxii : « Que il doit prouver sa dette lui tiers. » *Coutume de Ponthieu* (1495), art. 19 (Bourdot de Richebourg, *Coutumier général*, tome I, p. 85) : « Ou par nécessité jurée et suffisamment prouvée, luy tiers de main. » Voyez encore Pardessus, *Diplomata et Chartæ*, ch. ccccxxiv (anno 692), tome II, p. 223 ; *Lex Frisionum*, tit. III, § 3 ; *Lois de Guillaume le Conquérant*, part. I, ch. xxii, xxxv, lii (Schmid, p. 324, 336, 350 et 351), etc.

(2) « Si illo vero qui per vestigio sequitur quod se agnoscere dicit illi alii reclamantem nec offerro per tertia manum voluerit nec solem secundum legem colocaverit et tulisse convincitur, MCC dinarios qui faciunt XXX solidos culpabilis judicetur. »

(3) M. Scherrer (*Zeitschrift für Rechtsgeschichte*, tome XIII, p. 267-270) croit que notre troisième phrase se rapporte exclusivement au second cas prévu par le texte. D'après lui, le sujet du verbe serait le défendeur et non pas le demandeur; le sens du passage serait le suivant : « Si le défendeur ne veut ni conserver la chose conformément à la procédure de tierce main ni fixer un jour pour le jugement conformément à la loi, alors, on considère comme démontré qu'il a volé la chose, et il est condamné à une amende de trente sous. » — Nous pouvons faire à M. Scherrer les mêmes objections qu'à la doctrine dominante. En second lieu, nous ne croyons pas qu'il soit exact de traduire « per tertia manum » par « entiercement, procédure de tierce main ». Les mots « offerre per tertia manum » nous semblent en outre correspondre évidemment à l'expression « agramire per tertia manum » qui figure dans la première phrase.

3

Voyons maintenant quelle est exactement la règle contenue dans cette troisième phrase du tit. XXXVII. Les manuscrits donnent ici des leçons assez différentes. Quelques-uns mettent *illi* ou *illo* au lieu de *ille ;* la « Lex emendata » remplace par *agramire* le mot *offerre* ou *auferre* des éditions antérieures. Nous donnons la préférence à la « Lex emendata » ; mais, quel que soit le parti auquel on se rattache, le sens sera toujours le même, et, notre théorie une fois admise, nous traduirons suivant les cas de la façon suivante : « mais si celui qui suit à la piste un animal qu'il prétend reconnaître ne veut pas jurer avec deux cojurateurs, bien que son adversaire prétende avoir acheté le bien ou l'avoir reçu en échange…. » ou bien « ne veut pas offrir de jurer avec deux cojurateurs » ou enfin « ne veut pas prêter serment avec deux cojurateurs avant de s'emparer de l'objet (1). »

Nous avons ainsi exposé d'une façon complète le système auquel nous nous sommes arrêté, en ce qui concerne l'interprétation du tit. XXXVII de la *Loi Sal.*, n°s 1 et 3 ; nous devons maintenant réfuter rapidement les doctrines opposées à la nôtre, en commençant par celles qui s'en éloignent le moins.

a. *Système de M. Tardif.* — Notre savant maître enseigne à son cours de l'École des chartes que le « vestigium minans » doit affirmer solennellement son droit de propriété en prêtant serment et en jetant la *festuca* pour donner plus de force à son dire ; il doit en outre présenter trois cojurateurs. — Nous considérons cette idée comme très ingénieuse ; mais le défendeur ne se borne pas à affirmer solennellement qu'il présentera telle ou telle preuve ; il contracte une véritable obligation. « Fidem facit », nous dit la *Loi des Ripuaires*, « de *ramidon de proar* », ajoute la *Vieille Coutume de Bordeaux*. Enfin les textes cités par nous un peu plus haut, démontrent nettement, croyons-nous, que le nombre des cojurateurs peut être réduit à deux.

(1) Comme on le voit, nous rapportons au second cas prévu par notre titre le membre de phrase « nec solem secundum legem colocaverit. » Si l'objet n'est retrouvé qu'après l'expiration du délai de trois jours, le demandeur ne pourra le reprendre que si le défendeur fait défaut au jour fixé pour le jugement. Nous reviendrons sur ce point.

b. Opinion de MM. Scherrer et Thévenin (op. et loc. cit.).
— Une doctrine nouvelle a été brillamment soutenue dans
ces derniers temps par les deux auteurs que nous venons
de nommer. D'après eux *agramire* signifierait *tirer à soi,*
saisir ; les mots « per terciam manum » correspondraient à
l'opération nommée *entiercement,* dont nous nous occuperons avec soin un peu plus tard. Si le possesseur actuel in-
voque un juste titre d'acquisition, le *vestigium minans* sera
autorisé à reprendre la bête volée, à la condition d'entiercer.
Le demandeur aura ainsi la possession intérimaire, sauf à
permettre au possesseur de citer son auteur en garantie (1).
A l'appui de sa thèse, M. Scherrer fait valoir des considérations philologiques qui tendent à rattacher *adrhamire*
à la préposition latine *ad* et au vocable gothique *rhâman*
tirer à soi. Adoptant une autre méthode, M. Thévenin dépouille avec conscience, et analyse finement les documents
de l'époque mérovingienne où se trouve le verbe *adrha-*
mire. » La conclusion est la même que celle de M. Scherrer
et il traduit lui aussi *adrhamire* par tirer à soi, saisir une
chose, invoquer un moyen de preuve.
Si M. Thévenin nous paraît avoir démontré son affirmation pour deux des textes qu'il examine (2), nous persistons
à croire qu'en général *adrhamire* veut dire « promettre. »
Car, dans la doctrine que nous combattons, l'emploi de la
festuca est inexplicable ; et cependant, il en est question dans
la plupart des passages où figure le mot *adrhamire.* Ce n'est
pas tout ; nous établirons sans tarder quel est, à notre avis,
le véritable sens d'*intertiare ; intertiare,* signifie, selon nous,
saisir. Alors même que la locution « intertiare » figurerait
dans notre texte, nous ne pourrions donc admettre le point
de vue de MM. Scherrer et Thévenin ; mais en outre les
textes n'autorisent aucunement à assimiler les expressions

(1) M. Siegel (p. 46) avait déjà traduit « adrhamire » par « saisir », mais
il entendait les mots « per tertiam manum », comme nous l'avons fait
nous-même. D'après cet auteur, le propriétaire doit, au moment de la saisie, jurer lui troisième qu'il est propriétaire de la chose. Voyez aussi Mül-
lenhoff, *Die Sprache der Lex Salica ;* à la fin de l'ouvrage de Waitz, *Das*
alte Recht der Salischen Franken, v° *Achramire.*
(2) Pardessus, *Diplomata et Chartæ,* n° 424, II, p. 223 (procès entre
l'abbé Chaino et l'abbé Ermenauld). — *Lex Francorum Chamavorum,*
XLVIII.

tertia manus et *intertiare ;* au moins faudrait-il *mittere in tertiam manum.*

c. *Doctrine de M. Sohm* (p. 56). — Le *vestigium minans,* après avoir mis la main sur la chose et l'avoir revendiquée, s'obligera, par *fides facta,* à accomplir tous les devoirs que lui impose la procédure de l'entiercement. Le possesseur actuel conserve la possession intérimaire, même en cas de flagrant délit; mais si l'animal a été retrouvé dans les trois jours, le défendeur ne peut appeler son auteur en garantie. Ce n'est pas un véritable procès qui s'engage devant le juge. La victime du vol demande seulement à être autorisée à s'emparer de la bête dont il s'agit. Le juge accorde l'autorisation sollicitée ; le possesseur est alors en demeure d'exécuter volontairement. Enfin, après un nouveau délai, le propriétaire qui a attendu inutilement devant le tribunal (*solem collocavit*) a le droit de recourir à l'exécution privée et d'enlever violemment l'objet volé.

Telle serait, d'après M. Sohm, la procédure assurément compliquée à laquelle feraient allusion les nᵒˢ 1 et 3 du titre XXXVII. En vue de justifier ses allégations, notre auteur donne à *agramire* sa signification ordinaire de promettre par *fides facta ;* puis il est contraint de modifier le texte et de lire « agramire de tertia manu, » au lieu de *agramire per tertiam manum.* A ses yeux, comme à ceux de MM. Scherrer et Thévenin, *tertia manus* équivaut à *intertiare.* Grâce à l'interprétation ainsi donnée à notre fragment, il y aurait une remarquable concordance entre la procédure de la revendication mobilière et celle de l'exécution forcée, et aux yeux de M. Sohm cette considération domine toutes les autres.

Nous n'hésitons pas, quant à nous à rejeter, la doctrine que nous venons de développer. A quoi bon exiger du *vestigium minans* une promesse par *fides facta ?* Au seizième siècle, à la vérité, nos coutumes françaises de l'ouest et du sud-ouest exigent que le revendiquant donne caution de poursuivre l'affaire ; mais c'est qu'alors le meuble est pendant le procès enlevé au détenteur actuel ; ici au contraire le défendeur ne cesse pas un instant de posséder. Et, bien loin d'exiger de lui des garanties, on contraint le demandeur à s'obliger par *fides facta.* M. Sohm à la vérité raisonne par analogie de ce qui se passe en matière d'exécution forcée : mais nous nous trouvons ici dans des circonstances tout à fait particulières. Il ne faut pas perdre de vue qu'un vol a été commis et que le défendeur a été saisi ayant en mains l'objet volé, et cela quelques instants peut-être après le vol ; nous sommes ici en matière criminelle. Comme M. Bethmann-Hollweg l'a déjà remarqué, M. Sohm devrait, pour être logique, permettre au détenteur actuel de contester le droit de son adversaire.

d. *Doctrine de M. Berthmann-Hollweg* (1) (§ 70, p. 482). — Le *vestigium minans* doit promettre par *fides facta* d'établir devant le juge la légitimité de son droit, et cela dans un délai déterminé. Le demandeur jurera avec trois témoins qu'il possédait encore la chose moins de trois jours avant le moment où elle a été retrouvée ; il en conclura que le possesseur actuel est le voleur, et celui-ci ne pourra pas se défendre. Dans l'intervalle l'objet ne changera pas de mains. La théorie de M. Bethmann-Hollweg nous semble plausible, et nous ne partageons pas à son égard l'opinion de M. Heusler (2), à laquelle s'est rallié M. del Vecchio, p. 42. Nous n'avons cependant pas été convaincu par l'argumentation de l'éminent jurisconsulte allemand. Car, indépendamment d'autres considérations, le système dont nous nous occupons conduit à modifier le texte fort légèrement, il est vrai ; il faut lire *agramire de tertia manu* ou mieux *agramire tertiam manum*. Remarquons d'ailleurs que *tertia manus* se rapporte au serment prêté par le revendiquant avec deux témoins et non pas avec trois témoins, comme le dit M. Bethmann-Hollweg.

En résumé, les doctrines que nous avons combattues présentent toutes l'inconvénient de ne pas tenir un compte suffisant du caractère criminel de notre action. Toutes aussi rapportent la troisième phrase de la *Loi Salique*, seulement à la première hypothèse prévue par le texte ou seulement à la seconde, au lieu de la rattacher à la fois aux deux dispositions précédentes. Nous maintenons donc le système que nous avons présenté, qui est, croyons-nous, conforme à

(1) En ce sens, M. Esmein à son cours.
(2) *Die Beschränkung*, p. 16.

l'esprit du droit germanique et qui s'appuie sur deux textes parfaitement clairs.

Section IV. — *Procédure contradictoire.*

Lorsque le meuble volé n'est découvert qu'après l'expiration du délai de trois jours, l'accusé est admis à présenter sa défense ; un véritable procès commence alors. Si d'ailleurs nous jetons un rapide coup d'œil sur le chemin que nous aurons à parcourir, nous constatons d'assez notables analogies entre la *legis actio sacramenti* des Romains et nos vieilles coutumes germaniques. Dans les deux législations, ce sont les parties elles-mêmes qui conduisent la procédure, et les représentants de l'État ne jouent qu'un rôle fort effacé. Dans les lois franques spécialement, des actes très importants sont accomplis hors de la présence du juge, et cette observation nous fournit une division naturelle de notre sujet.

§ 1. — *Procédure extra-judiciaire.*

Le demandeur constate d'abord l'identité de l'objet litigieux avec la chose volée ; puis il effectue la saisie ou entiercement ; vient enfin la réponse du possesseur suivie dans certains cas d'un simulacre de combat. Nous avons ainsi fait connaître quelle est, suivant nous, la marche générale de la procédure ; nous allons maintenant nous livrer à une étude détaillée de chacune de ses phases successives.

Comme dans le cas de flagrant délit, la procédure s'ouvre, disons-nous, par l'examen de l'objet trouvé en la possession de l'accusé. Le demandeur visite soigneusement l'animal, et quand il a découvert à l'oreille ou sur la peau le signe qui lui est propre, il le déclare à haute voix. « C'est bien le cheval qui m'a été volé (1). » Nous ne trouvons

______

(1) Aucun texte n'oblige le demandeur à affirmer que l'objet lui a été volé : mais cela nous paraît commandé par la nature même des choses. Dès que la constatation d'identité a eu lieu, le possesseur est accusé de vol. *Lex Sal.*, XLVII, II : « Exuit se de latronicio ; » *Lex Rip.*, XXXIII, II : « Et tunc ipse de furto securus sit. » Encore faut-il que le revendiquant se soit plaint d'avoir été volé.

d'ailleurs, dans nos textes, aucune formule consacrée, et aucun serment n'est exigé du demandeur.

Observons au surplus que la constatation d'identité a une importance toute spéciale dans notre hypothèse (1). A notre avis, en effet, le tit. LXXII § 9 de la *Loi des Ripuaires* s'applique seulement lorsque l'entiercement est pratiqué, c'est-à-dire lorsque le délit n'est pas flagrant. Or, en vertu de ce texte, notre procédure est hors de cause, si le meuble volé ne porte pas une marque individuelle (2). Dans ce dernier cas il faudrait nécessairement avoir recours à l'action de vol dans sa forme ordinaire. Le tit. LXXII § 9 contient-il une innovation de la *Loi des Ripuaires*? On serait tenté de le croire, si on s'en rapportait aux expressions dont se sert le texte, mais il vaut mieux dire qu'au septième siècle, les Ripuaires commençaient à perdre l'habitude de marquer les vêtements et autres objets mobiliers, et que le vieil usage se conservait seulement pour les bestiaux. Au surplus, déjà à cette époque, les troupeaux ne constituaient plus sans doute le seul élément important de la fortune mobilière, et cette double observation suffit pour rendre compte de notre passage.

Après la reconnaissance vient l'entiercement ou saisie. Les coutumiers scandinaves (3) du moyen âge, et les lois anglo-saxonnes (voir ci-dessous) permettent au propriétaire du meuble volé de s'en emparer, même s'il n'y a pas flagrant délit; en attendant le jugement, l'objet liti-

---

(1) *Lex Salica*, XLVII, i : « Si quis servum aut caballum vel bovem aut qualibet rem super alterum agnoverit » ; *Lex Rip.*, XXXIII, i : « Si quis rem suam cognoverit; » *Lex Burgund.*, LXXXIII, i : « Suum agnoscit; » *Lex Wisigoth.*, lib. VII, tit. II et VIII : « Quod apud eum agnoscitur; » *Edict. Roth.*, 342 : « Et dominus proprius eum cognoverit; » *Edict. Liutpr.*, 79 : « Et si aliquis postea caballum cognoverit. » L'emploi constant du même mot, « agnoscere, cognoscere, » est déjà assez remarquable. Ajoutons que la *Lex Sal.*, XLVII, i, dit « super alterum » et non pas « apud alterum »; il semble donc bien que la constatation d'identité soit le commencement des hostilités, la première phase de la procédure. Rappelons enfin la dernière phrase du tit. XXXVII de la *Loi Salique* où nous trouvons les mots « quod se agnoscere *dicit*. »

(2) « Vestimenta autem seu his similia absque probabili signo intertiare prohibemus. »

(3) *Coutumier du roi Christophe (Sveciæ regni leges provinciales* a Loccenio), cap. XVII, p. 194 : « Pro eo duo viri qui proprium fundum habent, sequestrationis fidem interponent. »

gieux sera confié à un tiers. Notons aussi que la *Loi des Burgondes*, LXXXII, I, confie au demandeur la possession intérimaire si certaines conditions se trouvent réalisées. Ce sont là des textes parfaitement clairs, et qui nous serviront à mieux comprendre l'esprit dans lequel ont été rédigées les coutumes franques.

57. D'après ces dernières, le propriétaire pratique une saisie sur l'animal qu'il prétend lui avoir été soustrait ; en agissant ainsi, il exerce de nouveau sur le meuble son droit de propriété, paralysé un instant par le vol (1).

C'est à cette main mise effectuée par la victime du vol que se rapporte, à notre sens, le mot *intertiare*, dont se sert la *Loi des Ripuaires*. La *Loi Salique* emploie indifféremment les expressions « mittere in tertiam manum » et « intertiare » (intertiata fuit, t. XLVII).

Comment s'effectue la saisie dont nous nous occupons ? Le *vestigium minans* porte effectivement la main sur l'objet marqué de son signe. Dans les idées primitives, c'est là le préambule naturel de la saisie; et nous ne devons pas nous étonner de retrouver dans les textes du moyen âge cette étroite concordance entre l'acte matériel et l'opération juridique accomplie (2). Mais il ne suffit pas que le revendiquant mette ainsi la main sur l'objet volé; celui-ci était dans l'intervalle entouré d'un fil ou d'une branche d'osier flexible destinée à rendre publique la saisie qui avait eu lieu. Nous dirions aujourd'hui que les scellés étaient apposés sur la chose.

(1) Nous croyons utile de reproduire ici, sauf à y revenir plus tard, un texte anglo-saxon qui met en pleine lumière l'esprit du droit germanique en cette matière : « Geræednes betweox Dunsetan » (*Senatusconsultum de Monticulis Walliæ*), cap. VIII (Schmid, p. 363). Le demandeur jure au moment de l'entiercement, en reprenant l'objet volé, « quod ita sibi attrahat, sicut ei furatum fuit. » Comp. MM. Hanoteau et Le Tourneux, *La Kabylie et les Coutumes kabyles*, tome III, p. 86 : « L'ousiga (réprésailles, vengeance) atteint également en droit la tribu qui s'oppose à ce que le propriétaire d'une bête volée la reprenne sur son marché. »

(2) Roisin (édition Brun-Lavainne, p. 93). « Vous aves desdit eschevins, si en maic main à vous et vos en arrieste en tiesmoign d'eschevins. » — *Li Droict et lis Coustumes de Champaigne et de Brie*, ch. XXVII (Bourdot de Richebourg, *Coutumier général*, tome III, p. 214) : « Il convient que li sergens face assavoir qu'il y ait mise la main. Car ce n'est mie requeusse sans prinse et sens main mestre n'est pas prinse. »

Reprenons l'une après l'autre chacune de nos affirmations. Nous pensons d'abord que le *vestigium minans* accomplit une véritable saisie. Tout le monde reconnaît en effet que le meuble volé est hors du commerce dans l'intervalle qui sépare le moment où il a été retrouvé et celui où le jugement intervient. Pourquoi dès lors rejeter pour l'époque barbare l'idée de saisie qui dans les âges postérieurs et jusqu'au dix-huitième siècle domine toute l'histoire de la revendication mobilière? Nous avons ajouté cependant que le détenteur était, d'après les lois franques, constitué séquestre de l'animal ; le demandeur ne rentre donc pas en possession immédiate de son bien. En ce qui concerne la *Loi Ripuaire* aucun doute ne peut exister (1). Que décider au contraire relativement à la *Loi Salique?* Cette dernière ne s'occupe pas de l'hypothèse où la bête perdue viendrait à périr chez le défendeur avant le jour fixé pour le jugement ; il faut en outre convenir que l'expression *mitterre in tertiam manum* conduirait aisément à assimiler sur ce point la *Loi Salique* aux coutumes anglo-saxonnes. Sur cette question cependant nous adoptons la doctrine courante ; pour comprendre l'intitulé même du passage (t. XLVII, *De filtortis*) que nous commentons, il faut en effet supposer, à notre avis, que le défendeur reste en possession (2).

C'est à la saisie dont nous venons de parler, que nous rattachons les termes « intertiare » et « mittere in tertiam manum. » Lisons en effet le tit. XXXIII de la *Loi des Ripuaires* « Si quis rem suam cognoverit, mittat manum super eam. Et si ille super quem intertiatur, tertiam manum quaerat. » « Si quelqu'un a reconnu la chose, qu'il mette la main sur elle. Et si celui sur lequel l'entiercement a lieu appelle son auteur en garantie..... » Rapprochons l'une de l'autre les deux phrases de ce § 1. Notre conclusion sera que l'entiercement est effectué, dès que le demandeur a mis la main

---

(1) *Rip.*, LXXII, vi : « L'accusé est en possession de la peau, si l'animal meurt dans les délais » ; LXXII, viii : « Si l'objet entiercé est volé, le défendeur doit restituer sa valeur. » Dans le même sens, *Rip.*, XXXIII, iv, au moins à notre avis. Siegel, p. 88, a le premier attiré l'attention sur les textes que nous venons de signaler.

(2) Le tit. XXXVII de la *Lex Salica* est également en ce sens, notre interprétation une fois admise.

sur l'objet ; sans cela en effet on ne comprendrait pas notre texte. Or c'est là une observation qui cadre fort bien avec notre doctrine et qui condamne au contraire, nous le verrons, les théories opposées. Consultons maintenant les sources françaises du moyen âge et de l'époque coutumière. Dès les premières années du treizième siècle, la *Coutume d'Amiens* traduit entiercer par arrêter et de siècle en siècle nous retrouvons notre terme avec la même acception (1). Tout concourt donc à justifier notre affirmation. Est-il maintenant indispensable de rechercher l'étymologie de notre mot ? Nous ne le pensons pas ; s'il le fallait cependant, nous rattacherions « intertiare » et « in tertiam manum mittere » à un état de législation antérieur à la rédaction de la *Loi Salique*. Il est en effet probable que primitivement, chez les Francs comme chez les Anglo-Saxons et les Burgondes, le demandeur enlevait, dans tous les cas, au possesseur actuel la bête qu'il avait reconnue ; celle-ci était alors confiée à un tiers, « intertiata » ou « in tertiam manum missa. »

Le sens que nous venons d'assigner au mot « intertiare » est celui auquel se ralliait Ducange au dix-septième

---

(1) *Coutume d'Amiens du treizième siècle*, art. 76 (Augustin Thierry, *Documents pour servir à l'histoire du Tiers État*, tome I, p. 146). La comparaison de l'art. 76 et de l'art. 77 fixe le sens du mot ; les expressions « XIII deniers de l'arester » correspondent en effet à la phrase « il a le sien sans païer enterchement » ; *Coutumes locales d'Amiens de l'an 1507*, art. 26 (Bouthors, *Coutumes locales du baillinge d'Amiens* (1845), tome I, p. 88). Entiercer est traduit par empêcher ; art. 379 et 380 de l'*Ancienne Coutume d'Orléans* et note de Dumoulin sur ces articles « entiercée, *id est* séquestrée et mise *in tertiam manum* » ; art. 444 et 454 de la *Nouvelle Coutume* et note d'un commentateur du dix-septième siècle, Henry Fournier, sur l'art. 454 (*Coutumes d'Orléans* avec les notes, Orléans, 1711) : « On la peut faire mettre en vertu de cette coutume en main tierce. » Pour le dix-huitième siècle, voyez Boucheul, *Coutume du Poitou*, Paris, 1727, tome II, p. 669, et Pothier, *Traité du domaine de propriété*, 2ᵉ partie, ch. I, art. 2 (Bugnet, t. IX, p. 208). Ce n'est pas seulement en France que notre terme a été employé dans le sens de saisie. Un coutumier allemand du quatorzième siècle, le *Brunner Schöffenbuch*, cap. cv, considère comme synonymes les mots « occupatus » et « intertiatus ».(Loersch und Schrœder, *Urkunden zur Geschichte des deutschen Privatrechts*, Bonn, 1874, n. 210, p. 152. Notons aussi que dans les lois anglosaxonnes nous rencontrons le verbe *befó*, qui exprime évidemment l'idée de saisie et qui est en effet traduit ainsi par M. Schmid. Or, dans la version latine de nos documents, *befó* est rendu par *intertiare. Lois d'Æthelred*, 11, cap. IX, pr., et §§ 1, 2, 3, 4 (Schmid, p. 211). Comp. enfin le *Libellus de ves bis legalibus* ch. LX (Filting, p. 203) « *concipiatur i. e. intercietur* ».

siècle *hoc verbo*. La plupart des érudits français ont suivi sur ce point l'auteur du *Glossaire de la basse latinité* (1). En Allemagne, au contraire, on enseigne généralement aujourd'hui que notre terme doit être entendu d'une tout autre façon (2). Supposons que le défendeur appelle son auteur en garantie; si celui-ci reconnaît les faits, l'acheteur lui fera livraison de la chose contre restitution du prix : « mittet rem in tertiam manum. » C'est à cette particularité de notre procédure, qu'il conviendrait de rattacher le mot « intertiare ». Entiercer, ce serait donc, à proprement parler, remettre l'objet au vendeur ou d'une façon plus large appeler son auteur en garantie ; plus tard du reste notre expression aurait été appliquée d'une façon générale à la procédure de la revendication mobilière.

Nous considérons cette doctrine comme erronée. D'après les auteurs, que nous combattons, qui donc devrait entiercer ? Ce serait le défendeur. Or d'après nos textes quel est le sujet du verbe *intertiare* ? « ille qui agnoscit ». Cette remarque est due à M. Pertile et elle nous paraît décisive. Ajoutons que la *Loi des Ripuaires* nous parle d'entiercement, alors que le défendeur ne connaît pas son vendeur et ne peut par conséquent l'appeler en garantie (3).

En résumé, l'objet volé était saisi ; mais le défendeur

---

(1) Pardessus, *Loi Salique*, note 544, p. 391 ; Augustin Thierry, *Documents pour servir à l'histoire du Tiers État*, tome I, p. 146, note 2 ; M. Tardif à son cours. Mais, à l'exception de M. Tardif, tous les auteurs que nous venons de citer enseignent que l'objet est dans l'intervalle remis à un tiers. Sur ce point, nous ne partageons pas leur opinion.

(2) Siegel, § 13, p. 88 ; Sohm, p. 43 ; Bethmann-Hollweg, § 23, p. 47, note 31 ; Gengler, *Germanische Rechtsdenkmäler, Glossar, hoc verbo* ; R. Loening, *Der Vertragsbruch im deutschen Recht.*, 1876, § 14, p. 103 ; Scherrer, *op. et loc. cit.* Dans le même sens, M. Esmein à son cours et M. Thévenin, *op. et loc. cit.*

(3) Signalons encore deux autres interprétations du mot « intertiare ». D'après Zoepfl, *Euua Chamavorum*, p. 75, « intertiare » signifie « jurare sibi tertium, jurare per tertiam manum ». Mais nous ne pensons pas que le demandeur soit tenu, dans notre hypothèse, de faire intervenir des cojurateurs ; nous repoussons donc la doctrine de M. Zoepfl. M. Pertile, enfin § 140, note 1, estime qu' « intertiare » veut dire mettre la main sur la chose en défendant expressément au possesseur de l'aliéner avant le jugement. Bien que M. Pertile ne prononce pas le mot de saisie, sa doctrine concorde, on le voit, avec la nôtre. Comp. cependant ce que nous disons plus bas relativement à l'expression « de filtortis ».

était constitué séquestre. Aucun signe extérieur ne révélait-il dans l'intervalle l'acte accompli par le revendiquant? Admettre l'affirmative serait méconnaître, croyons-nous, l'esprit de la législation germanique et vraisemblablement, selon nous, le demandeur entourait le meuble d'un fil aux nœuds compliqués et symboliques (filtortum).

Si on repousse notre conjecture, nous considérons comme fort difficile d'expliquer les expressions « de filtortis » *Lex Sal.*, XLVII, et « intertiaverit suo filtorto » (1). La *Lex Salica emendata* commente en outre les mots *de filtortis* d'une manière qui cadre parfaitement avec notre doctrine (2). Et enfin nous pouvons, au point de vue philologique, nous prévaloir de l'autorité de Jacob Grimm, qui rattache « de filtortis » à « filum tortum » (3).

En ce qui concerne la *Loi Salique*, nous ne pensons donc pas violer les règles de la critique en proposant, avec MM. Siegel (4) et Tardif (5), la solution que nous venons de faire connaître (6). Mais il en est différemment relativement

---

(1) 2e Capit. ad *Lex Sal.*, cap. i (Behrend Boretius, p. 93, édition Merkel, *Lex Sal.*, CI).

(2) « De filtortis, id est qualiter homo furatas res intertiare debet ».

(3) Vorrede zu Merkel, *Lex Sal.*, p. 8. Ajoutons qu'au seizième siècle, dans une coutume du midi de la France, notre procédure porte un nom significatif. Acs (1514), tit. XVI, art. 8, « réservé que ès choses meubles l'on pourra procéder par *séel* ou adveu. » Art. 9 : « Si celui qui est ainsi *séellé* ou *deffendu* contrevient, il encourt envers le seigneur onze sols trois deniers tournois. » Renvoyons enfin à la *Lex Alamann.*, LXXXVII : « Ille involvat fanonem et ponat sigillum. » Ce passage est relatif à la revendication immobilière ; le comte met sous scellés la motte de terre qui doit représenter en justice l'immeuble litigieux.

(4) P. 92, note 14. Mais Siegel estime que l'expression « filtortum » n'avait plus qu'un sens figuré au moment où fut rédigée la *Loi Salique*. Nous repoussons cette doctrine, en nous fondant principalement sur le 2e cap. ad *Lex Sal.*, cap. i, cité plus haut.

(5) A son cours.

(6) Plusieurs autres explications ont été présentées. Grimm, *loc. cit.*, note 3, et Zoepfl, *Euua Chamavorum*, p. 75, rapportent l'adjectif « filtortus » au défendeur. Gengler (*Germanische Rechtsdenkmäler*, *Glossar h. v.*) se rallie à cette opinion ; mais d'après les deux premiers auteurs, on avait l'habitude de lier les mains au possesseur avec un lien d'osier ou un cordon ; c'était là un symbole de l'obligation qui lui était imposée vis-à-vis du revendiquant. Le dernier écrivain estime au contraire que ce n'était plus là qu'un souvenir ; « filtortus » signifierait seulement obligé. M. Hans Scherrer (*op. cit.*, p. 271) repousse enfin l'étymologie proposée par Grimm. « Filtortus » correspondrait à « felderbgutsbesitzer », possesseur d'un bien patrimonial (fil ou feld, odere von ôd) ; notre rubrique devrait donc être

à la *Loi Ripuaire*. Nous n'osons pas en présence du § 5 du tit. LXXII, rapprocher « du filtortum » la *retorta* dont nous parle le § 1 du même titre ; nous ne nous croyons donc pas en mesure d'affirmer que sur ce point la coutume des Ripuaires consacrât les mêmes règles que celle des Francs Saliens (1).

Nous avons ainsi exposé les deux premiers actes de la procédure, la constatation d'identité et la saisie.

La plupart des auteurs modernes enseignent sur le commencement de notre procédure une doctrine sensiblement différente de la nôtre. Après la constatation d'identité à laquelle on attache moins d'importance que nous ne l'avons fait, la procédure s'ouvrirait par un acte symbolique appelé *missio manus in rem* dans les textes mérovingiens, et connu sous le nom d'*Anefang* dans les coutumes allemandes du moyen âge. Le demandeur saisit matériellement l'objet volé, en jurant qu'il lui appartient ; l'*anefang* est alors accompli. Mais quelle en est la portée ? M. Bethmann-Holweg, p. 42, voit dans l'*anefang* une action symbolique, par laquelle le revendiquant manifeste son droit et fait connaître ses soupçons. M. Sohm, p. 44, considère la

rétablie de la façon suivante : « De fildridum qui lege salica vivunt, » (ces quatre derniers mots figurent dans beaucoup de manuscrits,) « relativement aux possesseurs d'immeubles qui vivent sous la loi Salique. » Nous ne sommes pas compétent pour apprécier la valeur des arguments philologiques de M. Scherrer. Nous nous bornerons à remarquer que, dans le système de cet écrivain, notre rubrique serait singulièrement choisie. Que deviendrait en outre le commentaire de la *Lex emendata* ?

(1) Il est dès lors probable que, sous l'empire de la *Loi des Ripuaires*, le demandeur défendait formellement au possesseur actuel de disposer de la chose jusqu'au jugement. En ce sens, voyez Pertile, *op. et loc. cit.*, et comp. Jean d'Ibelin, ch. cxxxi (Beugnot, *Assises de Jérusalem*, tome I, p. 205). Nous reviendrons plus tard sur ce dernier passage. Peut-être aussi la bête litigieuse était-elle estimée en présence de témoins, au moment de l'entiercement. Le § 6 du tit. LXXII de la *Loi des Ripuaires* rend cette dernière conjecture vraisemblable : « Cum testibus *memorare* debet qualiter adpretiatum fuerit. » Mais le demandeur devait-il, déjà à cette époque, déposer quatre deniers sur la chose, au moment de l'entiercement, comme il devra le faire au moyen âge dans certaines parties de la France ? Nous ne trouvons dans les documents mérovingiens et carlovingiens aucune trace du prix auquel nous faisons allusion ; en outre, ce dépôt de quatre deniers constitue une certaine limitation à la faculté d'entiercer et, malgré le caractère archaïque de notre usage, nous croyons plus prudent d'en rapporter l'origine à une époque postérieure au dizième siècle. Il est d'ailleurs difficile d'être très affirmatif à cet égard.

saisie matérielle de l'objet jointe au serment de propriété « comme un moyen procédural de coercition. » Le *vestigium minans* met le possesseur actuel en demeure de lui rendre l'animal; si cette sommation ne produit pas d'effet, le défendeur est condamné à une amende spéciale, dite *amende d'anefang*, indépendamment des peines du vol. La *missio manus in rem* correspondrait ainsi au premier « testare » de la procédure d'exécution (1).

Nous croyons devoir rejeter la théorie que nous venons de mettre en lumière. Les textes établissent, nous l'avons vu, que la *missio manus in rem* est le premier acte de l'entiercement ou saisie (2). Ajoutons qu'aucun passage des coutumes franques n'oblige le demandeur à prêter préalablement et dans tous les cas de serment de propriété. Le tit. XXXIII, § 1 de la *Loi des Ripuaires* vise seulement l'hypothèse où le défendeur appelle son auteur en garantie; mais si le possesseur actuel avoue qu'il ne connaît pas son vendeur et renonce par suite à engager le procès sur la question de propriété, nous ne voyons nulle part qu'une revendication solennelle soit indispensable.

70. Jusqu'à ce moment, nous avons vu le demandeur agir seul. Occupons-nous maintenant de la réponse du défendeur. Celui-ci devra immédiatement prendre position, sans attendre davantage et c'est là un des traits les plus origi-

---

(1) M. A. del Vecchio, p. 39, considère l' « anefang » comme un moyen de preuve. Grâce à la « missio manus in rem », le défendeur ne pourra pas, plus tard, nier sa possession. M. Sohm cite encore d'autres conceptions à cet égard.

(2) M. Zoepfl (*Euua Chamavorum*, p. 76) enseigne que le demandeur devra en outre démontrer la vérité de ses assertions, en faisant intervenir deux cojurateurs. A l'appui de sa manière de voir, cet écrivain cite d'abord le tit. XXXVII de la *Loi Salique*. La première phrase de ce titre s'applique aux deux cas qui peuvent se présenter; cela résulte de l'ensemble du document. C'est seulement en ce qui concerne les droits du défendeur qu'il y a une différence de solution, suivant que le meuble volé a ou non été retrouvé dans les trois jours. Enfin, l'analyse minutieuse du titre XXXIII de la *Loi des Ripuaires* amène à cette conclusion que les copistes ont dû supprimer les expressions « per tertiam manum » que nous rencontrons seulement dans la *Loi Salique;* il conviendrait donc de modifier le texte dans ce sens. Nous répondrons avec M. Sohm, p. 47, que cette doctrine est en contradiction avec les principes généraux de la procédure germanique. Si en effet le demandeur avait eu le droit de fournir la preuve par serment, le défendeur n'aurait pas été admis à présenter la sienne.

naux de la vieille procédure que nous décrivons. Ce n'est pas du reste sans danger que l'accusé fera connaître ses moyens de défense ; son choix sera définitif, quelles que soient les circonstances ultérieures, et, s'il ne peut fournir la preuve dont il a parlé, il sera nécessairement condamné, sans être admis à modifier ses premières conclusions. Nous devions signaler tout d'abord ce caractère formaliste de notre procédure. Si maintenant nous rappelons ce principe du droit germanique, en vertu duquel la charge de la preuve incombe au défendeur, nous serons suffisamment préparés pour entrer dans le détail de notre sujet (1).

Lorsque le propriétaire, accompagné de la trustis, a suivi à la piste l'animal dérobé, et l'a découvert après l'expiration du délai de trois jours, le vol est-il considéré comme démontré et s'agit-il seulement de rechercher quel est le voleur ? En sens inverse le possesseur actuel serait-il autorisé à établir, au moins implicitement, que le revendiquant se trompe et que l'animal entiercé ne lui a jamais été volé? C'est à cette dernière solution que nous conduisent le raisonnement et les textes. Remarquons-le en effet, il est possible qu'aucune poursuite à la trace n'ait eu lieu, et dans ce cas il serait singulier que la simple affirmation du propriétaire suffît pour démontrer l'existence du vol. Citons aussi le capitulaire II (c. i, *ad Leg. Sal.*, Behrend-Boretius, p. 93 ; Merkel, *Leg. Sal.*, 101) qui tranche la question, croyonsnous. Ce texte permet en effet au défendeur de conserver, sous certaines conditions, le meuble revendiqué.

Nous déciderons en conséquence que le défendeur peut se laver du soupçon de vol, qui pèse sur lui, tout en consentant à restituer le meuble ou au contraire combattre d'une façon absolue les prétentions de son adversaire.

Supposons d'abord que le détenteur du bien s'en tienne au premier parti. La *Loi des Ripuaires* prévoit à cet égard deux hypothèses.

---

(1) La *Loi Salique* fait exception à cet égard ; d'après cette coutume franque, c'est au demandeur à établir l'exactitude de ses assertions. Telle est au moins la règle ; mais ici le défendeur est soupçonné de vol, par cela même qu'il a été trouvé en possession de l'objet volé ; on considère que le revendiquant a rendu son droit suffisamment vraisemblable en suivant l'animal à la piste et en constatant son identité.

a. Le possesseur répond qu'il a un juste titre d'acquisition, mais il ignore le nom de son auteur ou bien il ne sait où le retrouver. Il doit alors s'obliger par *fides facta* à attester par serment la vérité de ses allégations et à présenter six cojurateurs ; un délai de quatorze nuits lui est accordé pour préparer sa justification ; ce délai est invariable, quelles que soient les circonstances (1).

b. En vertu du tit. LXXV de la même loi, le défendeur est également autorisé à prétendre qu'il a trouvé l'objet revendiqué ou qu'il l'a enlevé à des voleurs. Il est vraisemblable que dans ce cas une promesse par *fides facta* intervenait comme dans l'hypothèse du tit. XXXIII, § 1 ; l'accusé s'engageait à établir son innocence en démontrant qu'il avait accompli ou au moins commencé à accomplir les formalités prescrites par la coutume (2).

Nous devons rapprocher des deux passages que nous venons de commenter, le ch. cı de la loi Salique considéré par Behrend et Boretius comme faisant partie d'un capitulaire mérovingien ajouté à la loi (Behrend et Boretius, capit. II, § 1, p. 93). En vertu de ce texte, le défendeur a la faculté de soutenir qu'il a trouvé le meuble dans la succes-

---

(1) « Quod si in ipsa hora, quando res intertiatur, responderit quod fordronem suum nesciat, tunc in præsente de sacramento sibi septima manu fidem faciat et super quatuordecim noctes adjurare studeat quod auctorem vel casam seu postem januæ auctoris sui nesciat et ipsam rem sine damno reddat. » (*Rip.*, XXXIII, 1.) Ainsi, il ne suffit pas au défendeur de jurer qu'il n'est pas le voleur. M. A. del Vecchio cite en sens contraire la Formule 496 de De Rozière ; mais ce texte ne vise pas l'hypothèse où l'accusé est en possession de l'objet, et est relatif à l'action de vol proprement dit. Rapprochez de notre texte *Lex Bajuw.*, IX, vii. D'après la *Lex Bajuwariorum*, le défendeur conserve la moitié de la chose après s'être justifié « cum sacramento ac testibus. »

(2) D'après le tit. XXXVII de la *Loi Salique*, tel que nous le comprenons, le demandeur rentre immédiatement en possession de l'objet si l'accusé n'oppose pas à ses allégations une contradiction absolue ; et cette solution est en harmonie parfaite avec l'esprit du droit germanique. L'*Édit de Rotharis*, 232, se prononce nettement en sens contraire : « Tunc post præstitum sacramentum reddat caballum. » Que décider en ce qui concerne la *Loi des Ripuaires* ? Il est permis d'hésiter sur ce point dans l'état actuel de nos textes ; nous croyons cependant que le § 4 du tit. XXXIII de la *Loi des Ripuaires* consacre la doctrine de l'*Édit de Rotharis* et non pas celle de la *Loi Salique*. Il y a en effet opposition entre les deux parties de la phrase, qui commencent l'une par « in præsenti, » l'autre par « super quatuordecim noctes. » C'est à cette dernière qu'appartiennent les mots « et ipsam rem sine damno reddat. »

sion de son père, mais qu'il ignore comment ce dernier l'avait acquis. De cette façon encore il se déchargera des soupçons qui pèsent sur lui.

Nous avons ainsi analysé tous les passages de nos sources, où notre première hypothèse est prévue. Conformément à la méthode adoptée, nous déciderons que les dispositions des coutumes franques ne doivent pas être interprétées restrictivement, et nous permettrons notamment au possesseur de répondre au revendiquant qu'il tient le meuble de lui-même à titre de prêt.

Supposons maintenant que l'accusé contredise d'une façon absolue les allégations du demandeur ; non seulement il entend ne pas payer la composition, mais encore il veut conserver l'animal lui-même. Les deux adversaires formulent alors leurs conclusions respectives, suivant des rites traditionnels, que le tit. XXXIII, § 1 de la *Loi des Ripuaires* nous fait connaître.

Au moment même où l'entiercement est effectué, un simulacre de combat se produit, comme dans la vieille procédure romaine. De sa main gauche chacun des plaideurs saisit l'objet litigieux (1). Mais dans les vieilles coutumes germaniques la scène est absolument extra-judiciaire et le préteur n'est pas là, pour prononcer les mots sacramentels : « mittite hominem. » Ajoutons que d'après notre titre XXXIII, § 1, chacune des parties tient des armes de la main droite, et c'est là un trait curieux qui achève de donner à ces anciennes coutumes leur véritable caractère. C'est de

---

(1) Rapprochez du tit. XXXIII, 1, de la *Loi des Ripuaires*, la loi galloise d'Hoel le Bon, qui paraît remonter au dixième siècle (*Ancient Laws and Institutes of Wales, supposed to be enacted by Howel the Good, printed by command of his late Majesty king William IV* (1841), London ; *The Venedotian Code*, book III, Proof book, n° 33, p. 121). La procédure décrite dans ce document est à peu près identique à la nôtre lorsqu'il s'agit d'une chose inanimée. Si, au contraire, le demandeur revendique un animal, il doit en outre saisir de la main gauche l'oreille droite de la bête ; son adversaire prend à son tour l'oreille gauche de la main droite. L'idée de combat fictif se dégage encore plus nettement des coutumiers allemands et scandinaves. D'après ces derniers documents, les plaideurs ne se contentent pas de saisir l'animal par les oreilles ; le propriétaire pose le pied droit sur le pied gauche de celui-ci, et le défendeur à son tour marche du pied gauche sur le pied droit de la bête (J. Grimm, *Rechtsalterthümer*, p. 589, 591).

cette main droite ainsi armée que les deux adversaires prê-
teront serment; et c'est l'objet de chacun de ces deux ser-
ments qu'il nous reste à préciser.

Le revendiquant jure qu'il met la main sur sa propre
chose. Ce serment n'est pas du reste un serment de preuve;
seulement, comme le droit du demandeur est contesté,
la loi lui impose l'obligation de l'affirmer solennellement (1). Nous ne pensons reste que le propriétaire doive
en outre jurer qu'il n'a ni vendu ni donné la chose, mais
qu'elle lui a été volée. Certaines législations primitives ont
à la vérité analysé le droit de propriété, de la curieuse façon
que nous venons de faire connaître, et nous rencontrons
notre formule dans les sources lombardes, dans les lois hindoues et dans les coutumiers du moyen âge (2). Mais la *Loi
des Ripuaires* nous dit simplement, peut-être sous l'influence du droit romain (3) : « juret quod in propriam rem

(1) En affirmant ainsi son droit de propriété, le demandeur a du reste
pour but de faire condamner l'accusé comme voleur. Le texte que nous
commentons ne contredit en aucune façon l'opinion d'après laquelle notre
action est seulement une forme de l'action de vol. Aussi ne devons-nous
pas nous étonner que le commodataire lui-même prononce cette formule,
si l'objet prêté a été volé dans sa maison. A côté de l'interprétation, que
nous croyons devoir préférer, à propos du tit. XXXIII, § 1 de la *Loi des
Ripuaires*, il convient cependant de signaler deux autres doctrines. M. Bruns
(*op. cit.*, p. 315) voit dans notre passage la confirmation formelle de l'idée
d'après laquelle le fondement de notre action doit être cherché, non pas
dans le délit de vol qui a été commis, mais bien dans le droit de propriété du poursuivant. En sens inverse, selon M. Laband (*op. cit.*, p. 108),
le *vestigium minans* jure seulement qu'il y a identité entre la bête litigieuse et celle qui lui a été volée, que c'est bien là l'animal dont il s'agit.
Nous croyons avoir démontré, au commencement de cette note, que les
mots « res suas » dont se sert notre chapitre se comprennent fort bien,
même en admettant que notre action est une action criminelle; j'ajoute
que M. Bruns est impuissant à expliquer pourquoi le commodataire est
admis à revendiquer le meuble prêté. Le système de M. Laband ne nous
satisfait pas davantage; en saisissant le meuble entiercé au moment même
où il prête serment, le plaideur manifeste clairement, selon nous, la volonté
de faire valoir ses droits sur la chose.

(2) *Liber Papiensis*, formula ad *Edict. Roth.*, 232, et *Expositio* ad h. l.,
§ 5 (Pertz. *Monum*, leg. IV, p. 358 et 359); Colebrooke, *Digest of Hindu
Law* (liv. II, sect. II, ch. XLIII, tome I, p. 496).

(3) En sens contraire, Laband (*op. cit.*, p. 111, 115) et A. del Vecchio,
p. 43. Ce dernier auteur s'appuie sur la formule n° 453 de De Rozière. Mais
la formule 453 est relative à l'action de vol proprement dite et non pas à
notre action ; dans l'hypothèse prévue par cette formule, l'objet volé n'a pas
été découvert chez le défendeur et aucun entiercement n'a eu lieu.

manum mittat, » et nous ne nous croyons pas autorisé à rien ajouter au texte.

Lorsque le demandeur a juré, le défendeur doit à son tour prêter serment, la main droite armée et la main gauche sur l'objet. En saisissant matériellement la chose litigieuse, il révèle sa volonté de la conserver et de ne pas donner satisfaction à la réclamation du *vestigium minans*. Il n'est pas d'ailleurs contraint de prononcer exactement les mêmes mots que son adversaire, ni de se prétendre expressément et formellement propriétaire de l'animal entiercé. A cet égard les coutumes germaniques se séparent nettement du droit romain primitif, tel que les monuments nous le font connaître. D'après le tit. XXXIII de la *Loi des Ripuaires* le possesseur actuel jure qu'il se met à la recherche de son auteur, « quod ad eam manum trahat, qui ei ipsam rem dedit. » Le tit. XXXVII de la *Loi Salique* permet également à l'accusé de jurer qu'il a acheté ou reçu en échange le meuble volé, si ce dernier n'a été retrouvé qu'après l'expiration du délai de trois jours. C'est au moins de cette façon que la deuxième phrase de ce tit. XXXVII nous semble s'expliquer le plus naturellement (1). Nous ne croyons pas du reste que le défendeur soit tenu de s'obliger par *fides facta* à présenter son auteur. M. Sohm et M. Bethmann-Hollweg sont naturellement conduits à adopter sur ce point une doctrine contraire à la nôtre, en raison même du sens qu'ils assignent au mot « agramire ».

Comme exemple de moyen de défense donnant lieu au simulacre de combat, la coutume des Ripuaires nous parle seulement du cas où l'accusé appelle son auteur en garantie. Le deuxième capit. ajouté à la *Loi Sal.* I (Behrend-Boretius, p. 93 ; Merkel, *Lex Salica*, ch. CI), vise une hypothèse analogue à celle que nous venons de mettre en lumière. D'après

____

(1) « Si vero jam tribus noctibus exactis qui res suas requiret eas invene-« rit, ille apud quem inveniuntur si eas emisse aut cambiasse dixerit, ipse « liceat agramire. » Mais si celui qui cherche ses biens les a trouvés après l'expiration de trois jours, et que le possesseur prétende avoir acheté ces objets ou les avoir reçus en échange, celui-ci sera admis à le jurer. » M. Sohm, p. 52, est au contraire obligé d'ajouter au texte et d'enseigner que le défendeur devra promettre (de comparaître au tribunal et d'y présenter sa défense.)

ce document le possesseur actuel a le droit de répondre qu'il a trouvé le meuble revendiqué dans la sucession de son père et qu'à son tour celui-ci l'avait légitimement acquis. Les textes ne nous disent pas d'ailleurs si la preuve de ces deux faits sera ou non promise par *fides facta*. Nous terminerons en admettant avec l'unanimité des auteurs que l'accusé peut se prévaloir d'une cause d'acquisition originaire (1). Il répondra que l'animal ou l'esclave a été élevé chez lui, qu'il a fabriqué lui-même l'objet revendiqué. La procédure extra-judiciaire étant ainsi terminée, arrivons maintenant à la procédure judiciaire.

§ 2. — *Procédure suivie devant le tribunal.*

Les recherches des historiens modernes ont démontré que l'organisation judiciaire des temps mérovingiens comporte deux degrés de juridiction. Au bas de l'échelle figure le tribunal de la centaine, le *mallus;* au-dessus de cette juridiction inférieure nous trouvons celle du roi, le *staplum regis*, qui correspond à ce que les textes du moyen âge nommeront « les plaids de la porte » (2). Était-ce au *mallus* ou au contraire au *staplum regis*, qu'était déféré le procès que nous étudions? En principe, pensons-nous, le tribunal inférieur était compétent, dans notre hypothèse (3). C'est à lui en effet que sont portées les affaires du petit criminel ; or notre action, ne l'oublions pas, est une action de vol. Mais une exception était, croyons-nous, apportée à cette règle, lorsque le délit commis était non pas le vol proprement dit, mais la spoliation, l'enlèvement avec violence. Cette conjecture nous permet d'expliquer la dernière phrase du § 1 du tit. XXXIII

---

(1) A l'appui de cette affirmation, nous ne pouvons citer aucun passage emprunté soit à la *Loi Salique;* soit à la *Loi des Ripuaires*, mais notre proposition est une conséquence nécessaire de la doctrine enseignée par nous à la p. 44. Citons aussi *Liber Papiensis*, formula ad *Roth.* 232, et *Expositio ad h. l.*, § 6 (Pertz, *Leg.*, IV, p. 358) et la *Loi Anglo-Saxonne* d'Æthelred, II, 9, § 4 (Schmid, p. 211). Voyez également en ce sens les sources françaises du moyen âge et les coutumiers scandinaves de la même époque ; *Jydske Lovbog*, liv. II, cap. cv (Kofod-Ancher, p. 179).

(2) Sur l'organisation judiciaire de l'époque mérovingienne v. Sohm, *Staats und Gerichtsverfassung*, 1871 et M. Thonissen, *Nouvelle Revue historique*. Janvier-février 1879.

(3) *Lex Ripuar.*, XXXIII, ıı; LXXII, ı, « in *haraho* conjuret. » *Lex Salica*, XVLII, ıı : « ista omnia in illo *mallo* debent fieri.... »

de la *Loi des Ripuaires* (1). La distinction que nous proposons est en outre connue au moyen âge; et c'est une observation qui a sa valeur même pour la période mérovingienne.

Nous connaissons ainsi le tribunal devant lequel la procédure va se dérouler. Cette procédure se divise naturellement en trois périodes que nous allons successivement étudier. L'instance est d'abord engagée; puis la discussion des moyens a lieu, et enfin le jugement est rendu.

I. *Comment l'instance est-elle engagée?* — La loi fixe elle-même le jour où le procès sera jugé, et nous ne voyons pas qu'aucune citation doive être faite. En ce qui concerne les délais, à l'expiration desquels les parties devront comparaître devant le tribunal, la *Loi Salique* et la *Loi des Ripuaires* consacrent chacune un système différent. D'après la *Loi Salique* (XLVII), le délai est de 40 jours si le demandeur et le défendeur résident l'un et l'autre dans le pays compris entre la Loire et la grande forêt charbonnière des Ardennes (2); il est de 80 jours, dans le cas inverse; peu importe le lieu où l'auteur cité en garantie a son domicile. La *Loi des Ripuaires* au contraire (XXXIII, 1) tient compte de ce dernier élément. Les débats s'ouvriront devant le tribunal, 14, 40 ou 80 jours après l'entiercement, suivant que le vendeur demeure dans le duché, hors du duché ou enfin hors du royaume. Si d'ailleurs le garant n'est pas un Franc libre, mais appartient à l'une ou l'autre des

(1) « Si autem extra regnum, super octuaginta ad regis stapplum vel ad eum locum ubi mallus est, auctorem suum in præsente habeat. »

(2) «...... et si citra Ligere aut Carbonariam ambo manent et qui agnoscit et apud quem cognoscitur in noctis XL placitum faciant. » Si aucune difficulté ne s'est élevée relativement à l'interprétation du mot « Carbonariam », il n'en a pas été de même en ce qui concerne l'expression « Ligere », « Legerem ». « Avant 1874 on admettait généralement que la Ligere était la Lys ou Leye, qui se jette dans l'Escaut auprès de Gand. Cette opinion avait été émise pour la première fois par Wiarda; et la plupart des érudits contemporains s'y étaient ralliés; je me borne à citer en ce sens M. Sohm, p. 68 et M. Tardif à son cours. Mais, en 1874, M. Behrend (*Lex Salica Wortregister*, v° *Ligeris*) a rompu avec la doctrine courante et a proposé de traduire Ligere par Loire; nous croyons devoir nous ranger à son avis, comme l'a déjà fait M. Scherrer (*op. cit.*, p. 263). Dans les documents de notre époque la Loire se nomme en effet « Ligeris » (Voyez entre autres textes plusieurs chartes insérées au Cartulaire de Redon. Aurélien de Courson, 1863, et la table chronologique des Diplômes (Laboulaye et Pardessus, tome VII, 1863, p. 223, n° 22). Nous ne voyons pas de raison suffisante pour ne pas assimiler à la Ligeris la Ligere de notre tit. XLVII.

trois classes dont nous parle le tit. LVIII (1), les délais seront diminués de moitié.

Notons enfin qu'en vertu de la *Loi des Ripuaires* (XXXIII, iv) les débats s'ouvriront, dans tous les cas, après l'expiration d'un délai de 14 jours si l'accusé s'est borné à affirmer son innocence, sans repousser d'une façon absolue la demande de son adversaire.

Supposons d'abord qu'au jour fixé le défendeur ne comparaisse pas; dans ce cas le demandeur prend défaut contre lui en faisant constater par trois témoins qu'il l'a attendu jusqu'au coucher du soleil, « solem collocat ». Le droit commun s'applique ensuite. D'après la *Loi Salique* le défendeur sera cité au tribunal du roi, et s'il fait de nouveau défaut, le roi le mettra hors de la loi, *extra sermonem suum*. D'après la *Loi des Ripuaires* on procédera par voie de saisie sur les biens du contumace afin de le contraindre à paraître en justice. Mais, en attendant l'issue du procès, à qui appartiendra la possession intermédiaire de l'objet litigieux? Conservera-t-on l'état de fait antérieur? Nous ne le pensons pas et nous estimons que d'après la *Loi Salique* tout au moins, le propriétaire de l'objet volé sera autorisé à reprendre le meuble jusqu'au jugement définitif. Cette solution est en harmonie avec l'ensemble de notre doctrine; car c'est seulement pendant les délais légaux que l'accusé a été constitué séquestre. Grâce à cette conjecture, nous sommes en mesure d'expliquer la dernière phrase du tit. XXXVII de la *Loi Salique*. Ce texte signifie à notre sens que si l'animal a été retrouvé après l'expiration des trois jours, le propriétaire ne sera pas autorisé à rentrer en possession, à moins qu'il n'ait couché le soleil, c'est-à-dire à moins qu'il n'ait attendu en justice jusqu'à la fin du jour et n'ait pris défaut contre le défendeur.

Occupons-nous maintenant de l'hypothèse où, à l'expiration du délai légal, le possesseur se présente au *mallus* ou au *staplum regis* avec l'objet entiercé. Le tribunal aura sous les yeux la chose même, à propos de laquelle est né le litige (2). C'est un remarquable trait de mœurs, que

(1) « Et si tabularius est vel regius seu romanus homo, qui hoc facit, super septem noctes. »

(2) La *Lex Alaman.*, LXXXVII, contient des dispositions analogues en

nous retrouvons chez beaucoup de peuples primitifs. Si la bête revendiquée ne peut pas être présentée aux juges, il ne semble pas que l'accusé soit admis à se défendre. Comment expliquer cette disposition des lois franques? Devons-nous la rattacher à un nouveau simulacre de combat qui aurait lieu en justice? Nous ne le croyons pas; car nous ne trouvons rien de semblable dans les textes mérovingiens. Remarquons-le, en outre, au moment où les plaideurs comparaissent devant le tribunal, la procédure est déjà fort avancée; pour employer des expressions modernes, les conclusions ont déjà été déposées de part et d'autre; il y a eu communication des moyens, et il reste seulement au défendeur à fournir la preuve qu'il a promise. On ne comprendrait pas dès lors le renouvellement du simulacre de combat. Nous dirons donc simplement que la présence du meuble litigieux est indispensable à la marche de la procédure. Car il faut que les cojurateurs et l'auteur appelé en garantie soient mis à même de constater l'identité de l'objet revendiqué; ce dernier doit en outre être restitué par l'ayant cause à l'auteur au moment où celui-ci se porte garant (1).

matière de revendication immobilière. L'un des deux plaideurs commence par placer des marques au point où selon lui finit son domaine, « ponat signum ubi isti voluerint terminos. » Puis les deux parties se rendent au milieu du champ litigieux et en arrachent une motte de terre qu'ils remettent au comte, après y avoir planté des branches coupées aux arbres du fonds contesté. Le comte met la motte sous scellés : « ille involvat fanonem et ponat sigillum, » et il la dépose en attendant le jour du procès entre les mains d'un tiers séquestre. La motte figurera au tribunal, et, avant de combattre, les champions la toucheront de leur épée. Il convient de rapprocher de ce curieux passage de la *Loi des Alamans* le ch. xii, § 3 et le ch. xvi, § 17 de la *Loi des Bavarois*. Citons aussi une charte empruntée au Chartrier de Saint-Nicolas d'Angers (1070 à 1080) (Paul Marchegay, *Archives d'Anjou*, 1843-1849, p. 475) : « Et sicut ei visum est, eam circumiens de locis quibus ei placuit partem terræ, prout baculo designabat collegi fecit et in chirotheca reponi; quæ usque ad præfinitam diem servata est. » M. Marchegay pense que le gant plein de terre, dont nous parle la charte, était jeté au fond de la chaudière d'eau bouillante et devait en être retiré par la partie soumise à l'épreuve. L'idée est assurément ingénieuse; cependant n'est-il pas vraisemblable que le gant jouait ici le même rôle que la motte de la loi des Alamans? En résumé la procédure de la revendication immobilière telle qu'elle est décrite par les sources des neuvième, dixième et onzième siècles, présente une frappante analogie avec l'*actio sacramenti* des Romains. Comp. MM. Hanoteau et Le Tourneux, *La Kabylie et les Coutumes kabyles*, t. III, p. 8.

(1) N'est-il pas au surplus parfaitement conforme à l'esprit de ces vieilles coutumes de donner aux débats une base matérielle et de ne pas se con-

Après avoir ainsi mis en lumière le principe dont nous venons de parler, nous allons en déduire de remarquables conséquences, en nous servant du tit. LXXII de la *Loi des Ripuaires*, qui s'occupe successivement des hypothèses où, depuis l'entiercement, l'esclave est mort, a été volé ou enfin a pris la fuite.

C'est le § 1 du tit. LXXII (1) qui est relatif au cas où l'esclave est mort par maladie. Le possesseur intérimaire doit alors en présence de six témoins l'enterrer dans un carrefour en lui attachant les pieds avec une branche d'osier flexible (*retorta*) (2). Cette branche sortira de terre et révélera ainsi d'une façon exacte le lieu de la sépulture. C'est à cet endroit même que viendra siéger le tribunal. L'accusé se rendra lui aussi sur les lieux avec les six témoins qui ont assisté à l'ensevelissement, et, ainsi que ces derniers, il jurera que l'esclave entiercé gît à cette place, qu'il n'a été tué ni par les hommes ni par les animaux, que sa mort a été naturelle et n'a pas été causée par accident ; il devra en outre affirmer par serment que la branche d'osier entoure vraiment les pieds du cadavre. Lorsque ces formalités ont été accomplies, l'esclave est considéré comme présent (3) ; grâce à la *retorta*, les plaideurs seront en communication avec lui et la procédure suivra son cours, comme s'il vivait encore (4).

tenter d'une simple description de l'objet litigieux ? Une formule anglo-normande du treizième siècle met en pleine lumière ce caractère naïvement grossier de la procédure primitive (Houard, *Coutumes anglo-normandes*, t. III, p. 645, note 1 sur le liv. V, cap. XVI de la Fleta) : « Si stuprata, lege cum illo agere velit, membro virili sinistra prehenso et dextra reliquiis sanctorum imposita, juret super illas quod is per vim se isto membro vitiaverit. » Cette observation nous explique pourquoi la présence de l'objet devant le tribunal est exigée chez les anciens Romains.

(1) Si quis hominem intertiaverit et infra placitum mortuus fuerit, in quadruvio cum retorta in pede sepeliatur.... »

(2) La *retorta*, dont nous parle le tit. LXXII est une branche d'osier flexible. *Lex Sal.*, XXXIV, I, variante 1, « vel retorta unde palum aut sepes contenetur. » Sur la *retorta* voyez l'intéressant article de Diez, *Etymologisches Wörterbuch der romanischen Sprachen*. Dritte Ausgabe, t. I (1869), p. 353, vᵒ *Ritorta*. Cet auteur rattache *retorta* à *retorquere*. Comp. aussi Pardessus, *Loi Salique*, p. 382, note 391. « Le mot *retorta* est resté dans la langue de nos campagnes où *rhotte*, *rote*, *riole* signifient des branches vertes destinées à faire des liens. »

(3) Comparez ce que nous disons plus loin, p. 75, à propos des lois anglo-saxonnes.

(4) Comp. Siegel, § 37, p. 252. Nous avons suivi, sauf une légère nuance,

Si le défendeur a tué sciemment l'animal, il aura néanmoins la faculté de se conformer aux prescriptions que nous venons de faire connaître. L'animal sera comme tout à l'heure enterré dans un carrefour avec une branche d'osier au pied, et l'accusé aura encore l'espoir de se décharger du soupçon qui pèse sur lui. *Rip.*, LXXII, III.

Il n'en sera pas de même si l'esclave entiercé a été volé ou s'est enfui. Dans la dernière hypothèse, un délai est accordé au détenteur intérimaire pour le retrouver ; mais dans les deux cas, en définitive, la culpabilité de l'accusé sera démontrée si l'objet n'est pas représenté et la peine du vol sera encourue. *Rip.*, LXXII, II, 8.

Comment expliquer la singulière doctrine que nous venons de développer ? Nous la rattachons au principe en vertu duquel l'animal revendiqué doit être amené devant le tribunal. Si cette condition ne peut être accomplie, la marche de la procédure est entravée, le défendeur ne peut fournir la preuve qu'il a promise, et dès lors il doit nécessairement être condamné.

Le capitulaire *in leg. Rib. mitt.*, c. XIII (Pertz., *Leg.*, p. 118) a du reste modifié sur ce point la législation des Ripuaires telle qu'elle résultait du ch. LXXII, n⁰ˢ 2 et 8. Désormais, si la bête entiercée a été volée dans l'intervalle, l'accusé est autorisé à prêter serment et à éviter ainsi l'obligation de payer la composition (1).

II. *Discussion des moyens.* — Étudions successivement chacune des deux hypothèses que nous avons prévues à la p. 44.

a. — Si le défendeur n'a pas contesté d'une façon absolue les allégations du demandeur* et s'est borné à répondre qu'il est innocent, l'accusé jurera avec six cojurateurs qu'il

---

la doctrine de cet auteur. M. Sohm, p. 71, note 4, comprend différemment notre passage. Notre titre signifierait seulement qu'une branche d'osier coupée sur la tombe de l'esclave tiendra lieu de ce dernier ; mais cette opinion est contredite par les termes dont se sert la loi, « cum retorta in pede *sepeliatur.* »

(1) S'il s'agit non plus d'un esclave, mais d'un animal, on ne suit pas la procédure décrite au § 1 du tit. LXXII ; la bête sera écorchée, la tête et la peau seront apportées devant le tribunal et tiendront lieu de l'objet, *Rip.*, LXXII, VI. — Rapprochez de ces passages de la *Loi des Ripuaires*, le ch. 343 de l'*Edict. Roth.*

a acheté le bien mais qu'il ne connaît pas le nom de son auteur ou qu'il ne sait où le trouver. Il sera alors absous du délit de vol; il devra néanmoins restituer l'objet, car en ce qui concerne la restitution du meuble volé, aucune contradiction n'a été opposée aux prétentions du demandeur. Si l'animal a péri dans l'intervalle, le demandeur doit rappeler avec témoins à quel prix il avait été estimé. *Rip.*, LXXII, vi. Nous avons ainsi commenté le chap. xxxiii, § 4, de la *Loi des Rip.* Cette loi est muette relativement aux autres cas, dans lesquels à notre sens l'accusé peut se justifier ; il est vraisemblable que les règles du tit. XXXIII, § 4, s'appliquent également à l'hypothèse où l'objet a été perdu fortuitement et à celle où le défendeur répond au demandeur que c'est de lui-même qu'il tient la chose.

L'accusé ne sera d'ailleurs admis à se justifier de l'accusation de vol que si au moment même de l'entiercement il a fait connaître cette intention. Si au contraire il avait d'abord juré qu'il appelait son auteur en garantie, il ne serait pas autorisé à prêter le serment de nou-culpabilité, dans le cas où il ne retrouverait pas son vendeur. Comme l'acquittement du défendeur était subordonné à une condition qui ne s'est pas réalisée, le tribunal prononcera la condamnation pour vol. C'est une remarquable conséquence du caractère formaliste de notre procédure. Signalée pour la première fois par M. Sohm, cette règle est consacrée, à notre avis, non seulement par les textes de notre époque, mais encore par les coutumiers français du moyen âge (1).

b. — Arrivons maintenant à l'hypothèse où le défendeur, en repoussant d'une façon absolue la demande de son adversaire, entend rester en possession du meuble litigieux. On sait qu'à l'appui de ses prétentions, le plaideur peut faire valoir trois moyens différents. Supposons d'abord

---

(1) *Lex Rip.*, XXXIII, 4: « Quod si in *ipsa hora*, quando res intertiatur, responderit quod fordronem suum nesciat. » *Lex Sal.*, XLVII, ii. — Le défendeur n'est acquitté que s'il a retrouvé son auteur et l'a cité à comparaître. *Los Costumas de la Vila de Bordeü*, § 15 (les frères Lamothe, *Coutumes de Bordeaux*, p. 22) : « empero, guarde se ben que no digua pas de cuy lo crompat, si no que lo poguos trobar et mostrar, quar si no lo mostrava fere tingut per layron. »

que le défendeur ait invoqué une cause d'acquisition originaire. Il doit, selon la *Loi Salique*, prouver son allégation, en faisant intervenir trois témoins. Nous croyons légitime de tirer cet arguement par analogie du cap. II, § 1
additionnel à la *Loi Salique* (Behrend-Boretius, p. 93; Merkel, *Lex Sal.*, ch. CI). La *Loi des Ripuaircs* est absolument
muette sur cette question; mais, à notre sens, il est vraisemblable que d'après cette dernière coutume la preuve
devait être faite par ordalies, par le combat judiciaire ou
par l'épreuve de la croix.

Le possesseur actuel est-il tenu de démontrer d'une
façon distincte, en premier lieu, que l'animal est né dans
son étable, et, en second lieu, que la mère lui appartenait
pour tel ou tel motif? Nous ne le croyons pas; il importe,
en effet, de ne pas oublier qu'ici encore la question de culpabilité est prédominante. En analysant les vieux textes
mérovingiens, nous ne devons pas nous laisser dominer par
nos idées modernes sur l'examen des titres des possesseurs
successifs. Les prescriptions de la loi seront dès lors respectées, si le défendeur établit que l'animal est né dans son
étable d'une mère qui était en sa possession. Il n'est pas
nécessaire de prouver qu'il a acheté cette dernière ou qu'il
l'a trouvée dans la succession de son père. Au moyen
âge, les textes scandinaves, anglais, allemands et français, s'accordent sur ce point (1); et rien dans les lois
barbares ne nous contraint à adopter une autre solution (2). Nous croyons en outre notre doctrine parfaitement conforme à l'esprit du droit germanique. Si le demandeur prétend que la mère de l'animal entiercé a été

(1) *Jydske Lovbog*, liv. II, cap. cv (Kofod Ancher, p. 179) 1 « possessor vero
negat et suum esse dicit et apud se natum. » *Loi de Guillaume le Conquérant*, part. I, ch. XXI, § 2 (Schmid, p. 336) « que ceo seit de sa nureture » (c'est-à-dire qu'il a nourri la bête. Il s'agit d'un « entercement de vif
aveir). *Miroir de Souabe* (traduction française du quatorzième siecle, édition Matile, 2e partie, règle 93, fol. 55): « ou que il les ha nouries à son
hosteil. » *Coutume d'Anjou et du Maine* (treizième siecle), (Beautemps-
Beaupré, t. I, (1877), texte B, n° 100, p. 122): « ce fut de mon euvre de
ma meson. »

(2) *Liber Papiensis*. Formula ad *Roth.* 232 : « Quod tibi pertinet? De
meo jumento natus fuit » et *Expositio ad h. l.*, § 6 : « de suo jumento natum esse, cum suis sacramentatibus juret. » (Pertz, *Mon. Leg.*, IV,
p. 358.)

volée, qu'il intente une action de vol du chef de cette dernière (1).

Supposons en second lieu que l'accusé appelle son auteur en garantie. Le procès se décompose alors de la façon suivante ; il faut d'abord se demander qui doit en définitive figurer au procès comme défendeur ; lorsque ce premier point sera résolu, il conviendra d'examiner si les prétentions du revendiquant sont fondées.

D'après les coutumes franques, l'accusé doit présenter son auteur au tribunal du lieu où l'entiercement a été effectué (2). Au contraire, selon plusieurs lois barbares (3) et chez les anciens Russes (4), la victime du vol accompagne le détenteur actuel dans ses recherches ; celui-ci se joint au *vestigium minans* et à sa *trustis* et on suit de nouveau la piste de l'animal, si la demeure du vendeur n'est pas connue d'une façon certaine ; le procès s'ouvre au domicile du garant. Quelle est la plus ancienne de ces deux solutions ? Dans son état actuel la question nous paraît délicate : si, d'une part, la règle des lois franques nous reporte à un état de législation dans lequel le demandeur n'a aucunement l'initiative, dans lequel le fardeau de la preuve incombe d'une façon complète au défendeur, d'autre part, nous ne saurions méconnaître le caractère archaïque de la poursuite entreprise ainsi par la victime du vol et le détenteur actuel. Cependant, en nous basant sur l'évolution des lois anglo-saxonnes, telle qu'elle est décrite par la *Loi d'Athelred*, l. II, cap. ix, pr. et § 1 (Schmid, p. 211), nous inclinerions à

(1) En sens contraire, Bruns, p. 289, et A. del Vecchio, p. 252. Ces auteurs citent en faveur de leur doctrine les textes suivants : *Lex Bajuwar.*, XVI, xi : « Mancipii mei ex propria mea materia laboraverunt et fecerunt aut fabri ; » XVI, xiv : « In propria domo enutrivi eum de proprio meo mancipio natum ; *Liber Papiensis* » Formula ad *Roth.*, 231 : « Ipsa fuit nata de mea ancilla et mater michi pertinuit de parte miei patris. » Les deux premiers textes ne prouveraient rien contre nous ; et d'ailleurs aucun de ces deux fragments n'est relatif à notre action. Enfin la Form. ad. *Roth.*, 231 (Pertz, *Leg.*, IV, p. 357), ne nous semble pas suffisante à elle seule pour nous contraindre à abandonner notre manière de voir.

(2) *Lex Sal.*, XLVII, ii : « Ista omnia in illo mallo debent fieri ubi ille est gamallus super quem res illa primitus fuit agnita aut intertiata. »

(3) Voyez ci-dessous, p. 71 et p. 75.

(4) Ewers, *Das älteste Recht der Russen in seiner geschichtlichen Entwickelung dargestellt.* Dorpat, 1826, p. 280. — Il en est de même chez les Scandinaves, *Jydske Lovbog*, liv. II, cap. cv. (Kofod Ancher, p. 179.)

penser qu'à l'origine le revendiquant accompagnait l'accusé chez l'auteur de celui-ci.

D'après les coutumes franques, les seules dont nous devions nous occuper pour le moment, l'accusé cite son auteur suivant les formes de la citation ordinaire ou *mannitio* (1), mais cette *mannitio* sera faite en présence des témoins, qui ont assisté à la vente (2). Le vendeur peut à son tour citer son auteur pour le jour fixé et ainsi de suite ; dans l'intervalle, l'accusé conserve la possession.

a. — Supposons d'abord que l'assignation reste inefficace et que le défendeur comparaisse seul devant le tribunal. D'après la *Loi Salique*, XLVII, ii, ce dernier peut même dans ce cas se justifier de l'accusation portée contre lui ; mais il faut que trois témoins viennent jurer que telle personne a été en réalité appelée en garantie, et que trois autres affirment de même que l'accusé a vraiment acquis le meuble de celui qu'il a nommé. Lorsque cette preuve aura été fournie, le garant sera condamné par contumace à la peine du vol. Le demandeur sera immédiatement autorisé à exiger de lui le payement de la composition, et le défendeur rendra, sans plus attendre, l'objet litigieux, sauf à réclamer au vendeur le remboursement du prix de vente.

Nous trouvons dans la *Loi des Ripuaires*, XXXIII, ii (3), un système différent de celui de la *Loi Salique* D'après la *Loi des Ripuaires*, l'accusé doit jurer avec six co-

---

(1) *Lex Sal.*, XLVII, i et ii ; *Lex Ripuar.*, XXXIII, ii : « Quod eum ibidem legibus mannitum habuisset. »

(2) Si l'auteur est mort, ses héritiers ne succèdent pas à son obligation de garantie ; nous ne trouvons pas en effet dans les coutumes franques notre idée de la succession à titre universel. Mais pendant combien de temps l'acheteur pourra-t-il appeler son vendeur en garantie ? Les coutumiers du moyen âge décident expressément, nous le verrons, que l'obligation de garantie dure seulement l'an et jour. Cette règle existait-elle déjà aux époques mérovingienne et carlovingienne ? Nous le croyons vraisemblable. En sens contraire : Löning, *Der Vertragsbruch im deutschen Recht*. 1876, p. 103, note 3.

(3) « Quod si eum ibidem habere non potuerit, sibi septimus in haraho conjuret, quod eum ibidem legibus mannitum habuisset, et sibi ab alio homine ipsa res tradita non fuisset. Sic ei placitum super quatordecim seu super quadraginta vel octuaginta noctes detur, ut cine werduniam suam in præsentia testium recipiat, ut et qui rem suam intertiavit, probabiliter ostendat. Et tunc ipse de furto securus sit, et ille qui intertiavit, furtum et delaturam ab eo requirat, qui solvere cœpit. »

jurateurs « quod eum legibus mannitum habuisset et sibi ab alio homine ipsa res tradita non fuisset. » Lorsque ce serment est prêté, l'animal entiercé doit être rendu au revendiquant, mais la condamnation à l'amende n'est pas immédiatement prononcée contre le défendeur. Un nouveau délai lui est accordé; si dans ce délai le vendeur reconnaît les faits et lui restitue le prix de vente devant témoins, alors, mais alors seulement, son innocence sera proclamée d'une façon définitive. En résumé, le tit. XXXIII, § 2 de la *Loi des Ripuaires* exige que l'auteur se porte volontairement garant; néanmoins si celui-ci n'a pas comparu à la première sommation, on accorde un délai de grâce à l'acccusé pour se procurer l'aveu nécessaire (1).

b. — La personne citée se présente devant le tribunal,

(1) M. Siegel estime que l'auteur sera cité à comparaître dans le second délai dont nous parle le texte; si cette fois encore il fait défaut, le défendeur sera condamné comme voleur, pourvu cependant que le demandeur rende sa prétention vraisemblable. M. Sohm, pages 69 et 70, pense que le tribunal est dessaisi dès que le serment a été prêté; le défendeur est acquitté, mais à la condition de désigner son vendeur à la victime du vol; c'est dans ce but que le délai est accordé. Le possesseur recevra le prix de vente devant témoins, puis il se rendra chez le revendiquant et il établira devant lui le fait de la restitution du prix. Celui qui a commencé à payer sera alors considéré comme voleur, et le propriétaire sera autorisé à lui réclamer immédiatement la composition. M. Sohm ne s'explique pas, du reste, sur le point de savoir si le défendeur est ou non autorisé à contraindre judiciairement son auteur à reconnaître son obligation de garantie. Le texte condamne absolument la doctrine de M. Siegel « ei qui solvere cœpit ». Et on conservera encore moins de doutes à cet égard si on compare à la leçon de F. Walter celle qui a été préférée par M. Gengler dans ses *Germanische Rechtsdenkmäler*, p. 315 : « et ei qui rem suam intertiavit probabiliter ostendat, » nous dit un manuscrit. Aussi avons-nous adopté dans ses grandes lignes la théorie de M. Sohm, mais en la modifiant à deux points de vue. Nous croyons d'abord qu'après avoir obtenu la restitution du prix, l'accusé doit revenir devant le tribunal; la preuve sera faite devant ce dernier, et c'est un véritable jugement qui condamnera le vendeur. Nous nous appuyons en premier lieu sur les mots « sic ei *placitum* detur » qui nous semblent formels. Ne serait-il pas étrange au surplus que le possesseur fût ainsi acquitté sous condition, et n'est-il pas plus naturel de penser que le vendeur était condamné d'une façon directe et formelle lorsque l'acheteur avait complètement réussi à se disculper? Nous croyons enfin que, si l'auteur ne consentait pas à se porter garant, le défendeur était condamné. Le titre XXXIII, § 2, ne nous parle en effet d'aucun jugement sur lequel le premier tribunal s'appuierait pour condamner le défaillant; » qui solvere cœpit, » porte le texte. Citons en ce sens la *Cout. de Bordeaux* du treizième siècle, § 18 (édition des frères Lamothe, t. I, p. 22) : « Si no que lo poguos trobar et *mostrar*, quar si no lo *mostrava* fere tingut per layron. »

mais elle ne consent pas à accorder sa garantie ; elle nie avoir jamais aliéné l'animal volé. Quelles vont être les conséquences de ce refus ? Bien que la *Loi Salique* ne réponde pas expressément à cette question, nous considérons cependant comme parfaitement légitime d'étendre à notre hypothèse la solution donnée par le tit. XLVII, § 2, pour le cas où il y a contumace. Le possesseur est donc autorisé, selon nous, à faire intervenir trois témoins pour démontrer l'existence de la *mannitio*, et trois autres pour établir celle de l'acquisition en public. Que devons-nous décider relativement à la *Loi des Ripuaires* ? A notre avis, le procès est perdu, si l'auteur, tout en comparaissant devant le tribunal, ne veut pas reconnaître son obligation de garantie. Dans ce cas le possesseur est condamné comme voleur ; son acquittement était en effet subordonné à une condition qui ne s'est pas réalisée. Il est singulier, nous l'avouons, de constater qu'au point de vue qui nous occupe, la législation des Francs Saliens était plus avancée que celle des Ripuaires ; néanmoins le § 3 du tit. XXXIII de la *Loi des Rip.* est conçu d'une façon tellement nette, qu'aucune hésitation n'est possible (1). Notre conviction se fortifiera encore, si nous rapprochons du § 3, le § 2, que nous venons de commenter ; notre doctrine admise, il y a une harmonie parfaite entre toutes les dispositions contenues dans notre titre (2).

(1) « Quod si auctor suus venerit et rem intertiatam recipere noluerit, tunc ille super quem intertiata est, capitale et delatruram atque furtum solvere studeat. »

(2) On enseigne en général que l'accusé démontrera l'obligation de garantie de son auteur en jurant, lui septième, qu'il a réellement acheté la chose de l'homme qui paraît devant le tribunal. M. Pertile pense au contraire que, conformément au droit commun, la charge de la preuve incombera au prétendu garant ; celui-ci établira son innocence soit par serment, soit par jugement de Dieu. Nous croyons devoir repousser tous ces systèmes ; d'une part, le texte nous paraît clair et, d'autre part, nous retrouvons notre solution, si étrange qu'elle puisse paraître, dans les sources françaises du moyen âge. *Très ancien Coutumier de Normandie*, édition Marnier, 1839, p. 70, *Du garant :* « Se il le doit garantir, il est tenuz à délivrer li ; et se il s'en défaut, cil qui la trest a garant pert la possession, et l'on doit enquerre sanz délai, se il li a failli à droit ou à tort. Se il li a failli à tort, il est tenuz à randre li son damage. » *Stylus curiæ Parlamenti*, de Dubreuil, ch. xII, *De dilatione garendi*, § 2 (Dumoulin, *Opera*, t. II, p. 419), « Alias si habeat dilationem et non fecerit protestationem et garendisator in aliqua de tribus dilationibus non comparuerit, vel comparens recusaverit garendiam accipere, reus ipse causam amittit. » Les

Nous considérons du reste comme vraisemblable qu'après avoir payé la composition, le défendeur pouvait recourir contre son auteur, lorsque celui-ci avait fait défaut ou lorsque, s'étant présenté devant le tribunal, il avait refusé de reconnaître son obligation de garantie.

Nous avons ainsi commenté le § 3 du tit. XXXIII de la *Loi des Ripuaires*. Le capitul. *in leg. Rip. mitt.* (a. 803), c. VIII (Pertz, *Leg.*, I, p. 118), a modifié à cet égard les dispositions de notre loi ; si le prétendu auteur ne reconnaît pas son obligation de garantie, la difficulté sera tranchée par l'ordalie de la croix ou par celle du duel.

c. — Si le vendeur consent à se porter garant, sa volonté se manifestera d'une façon matérielle. Le défendeur lui remettra la chose litigieuse devant le tribunal, et, en la recevant, il s'engagera à se substituer au lieu et place de l'acheteur ; nous ne trouvons d'ailleurs dans les coutumes franques aucun passage duquel nous puissions conclure que le garant doive prononcer une formule solennelle.

Les effets de la garantie sont tout à fait différents de ce qu'ils sont aujourd'hui, d'après nos codes modernes. D'après notre droit civil contemporain, l'acheteur a la faculté ou bien de soutenir seul le procès, sauf à intenter, après l'éviction, une action en garantie contre son auteur, ou bien de mettre son garant en cause ; mais, dans ce dernier cas, le défendeur n'en reste pas moins lié à l'instance et, en cas d'insolvabilité du vendeur, il sera exposé à payer des dommages-intérêts. Nous trouvons dans les lois barbares un principe fort différent qui s'est maintenu du reste au moyen âge et pendant la période coutumière. Dès que l'animal volé a passé des mains du détenteur originaire dans celles du vendeur, le premier est mis absolument hors de cause ; le procès s'engage exclusivement entre le demandeur et le garant (1).

Coutumes de Bordeaux du treizième siècle semblent également conçues en ce sens. On prévoit seulement le cas où le prétendu vendeur reconnaît son obligation de garantie : « essi pot mostrar aquet de cuy lo crompet et l'en avoa ed s'en va ab lo cabat et lo garen demorera » (§ 18, édition des frères Lamothe, t. I, p. 22). Si notre opinion était reconnue inexacte, nous nous rangerions de préférence à l'avis de M. Pertile, la théorie dominante nous paraissant tout à fait inacceptable en présence des §§ 2 et 3 de notre tit.

(1) De nombreux documents du moyen âge mettent hors de doute l'exis-

Quelle est l'origine de la remarquable théorie dont nous venons de parler? Nous la rattacherons, quant à nous, au caractère criminel de notre action. C'est une accusation de vol qui est formulée contre celui qui est saisi ayant en main l'objet volé. L'accusation de vol tombant dès que le fait de l'acquisition en public est établi, le défendeur doit nécessairement être absous et mis hors de cause (1).

Après s'être porté garant, le vendeur peut à son tour appeler son auteur en garantie, et il en est de même pour ce dernier. A cet égard, les coutumes franques ne limitent, en aucune façon, le droit accordé aux détenteurs successifs. L'accusé dirige l'instruction comme il l'entend. Le nombre des garants est indéfini (2); à ce point de vue la législation franque se sépare nettement des coutumes du moyen âge et même des lois lombardes et anglo-saxonnes. Nous en cherchons l'explication dans ce fait que, d'après la *Loi Salique* (3) et la *Loi Ripuaire*, la charge de la preuve incombe au défendeur, et que le demandeur n'est même pas tenu de rendre sa prétention vraisemblable; c'est donc afin d'assurer la liberté de la défense que nos textes ne limitent pas le nombre des garants.

La procédure est d'ailleurs très simple à notre époque, et nous ne trouvons ici rien de semblable aux jours de garant de la procédure du moyen âge. Tous les vendeurs successifs comparaissent en même temps devant le

---

tence de cette règle, qui a subsisté en France jusqu'à la fin du dix-huitième siècle. Nous considérons comme non moins certain qu'elle était déjà connue à l'époque dont nous nous occupons. *Liber Papiensis, Expositio ad Oth.*, VII, § 1 (Pertz. *Leg.*, IV, p. 578): « Tunc ipse super quem equus repertus fuerit domo revertatur si voluerit. » *Lex Ripuar.*, XXXIII, iii « et rem intertiatam *recipere* noluerit; » LXXII, i, « semper de manu in manum ambulare debet. » *Æthelred*, II, cap. viii, § 2 (Schmid, p. 211).

(1) En ce sens Siegel, § 37, p. 274. Au témoignage de M. Garnier (*Thèse de doctorat sur la garantie*. Toulouse, 1877, p. 76), M. de Ginoulhiac professe une autre doctrine dans son cours d'histoire de droit. D'après lui, le vendeur conserve la saisine de la chose jusqu'à ce que l'acheteur l'ait acquise par an et jour vis-à-vis des tiers; il est dès lors tout naturel qu'une fois les faits établis, le défendeur soit complètement mis hors de cause. C'est là une ingénieuse conception; mais elle nous paraît insuffisante pour expliquer les §§ 6 et 7 du tit. LXXII de la *Loi des Ripuaires*.

(2) *Lex Sal.*, XLVII, i; *Lex Ripuar.*, LXXII, i.

(3) Comp., p. 44, note 1.

tribunal (1), et l'objet litigieux passera immédiatement de main en main, jusqu'à ce que l'on arrive au vendeur, qui n'est couvert par personne; celui-ci devra jouer le rôle de défendeur.

Nous nous sommes borné jusqu'à présent à étudier les rapports du demandeur et du garant. Quelles seront les obligations de ce dernier vis-à-vis du défendeur? C'est là la question qui s'impose maintenant à notre examen. Les législations modernes s'efforcent d'éviter toute perte à l'acheteur évincé; aussi mettent-elles les risques à la charge du vendeur; la valeur de l'objet a-t-elle diminué dans l'intervalle, la vente est considérée comme non avenue, et il n'en est pas de même si en sens inverse une plus-value s'est produite (comp. C. civ., art. 1632, 1637). Les vieilles coutumes franques s'appliquaient à une société fort différente de la nôtre; aussi ne devons-nous pas nous étonner qu'elles aient donné à notre problème une solution opposée à celle qui a prévalu aujourd'hui. Si l'animal entiercé est mort dans l'intervalle, le garant devra seulement un sou pour la peau (*Lex Rip.*, LXXII, vi). Si la bête est affaiblie ou amaigrie (*Lex Rip.*, LXXII, vii), c'est sa valeur actuelle qui sera remboursée. Il eût en effet été trop subtil de remettre les choses au même état que si la vente n'avait pas eu lieu; c'était là une conception qui ne pouvait se présenter à l'esprit des rédacteurs de la *Loi des Ripuaires*. A la fin du sixième siècle il paraissait suffisant de maintenir l'état de fait existant, et de contraindre seulement le vendeur à prendre la place de l'acheteur dans le procès. Ce point de départ admis, il eût été logique d'accorder à ce dernier le droit de réclamer, à l'occasion, une somme supérieure au prix de vente, mais c'est ce que n'a pas fait notre texte (2). Pour le comprendre, il faut se rappeler qu'il s'agira le plus souvent de bestiaux ou

---

(1) *Lex Sal.*, XLVII, i: « Omnes intro placito isto communiantur, hoc est ut unus quisque cum negotiatoribus alter alterum admoneat. » *Lex Ripuar.*, LXXII, i : « et per ipsam retortam super ipso sepulchro, semper de manu in manum ambulare debet. »

(2) En sens contr. Siegel, § 37, p. 254. Citons en notre faveur *Lex Bajuw.*, XVI, xii; *Roth.*, 231. En ce qui concerne la *Loi des Ripuaires*, la controverse repose sur le sens qu'il convient de donner au mot « cinewerdunia ». M. Siegel estime que « cinewerdunia » représente la valeur de l'objet; nous croyons au contraire que ce mot exprime l'idée de prix. En vertu de la

d'esclaves, que l'éviction suivra la vente d'assez près et qu'enfin les Germains n'avaient évidemment pas à tenir compte de la hausse et de la baisse des marchandises (1).

d. — Le défendeur répond qu'il a trouvé le meuble entiercé dans la succession de son père. Il peut alors présenter trois témoins pour établir que l'animal figurait en réalité dans l'hérédité paternelle, comme il le prétend, et trois autres témoins pour démontrer que son auteur l'avait lui-même acquis d'une façon régulière (2). Lorsque cette double preuve aura été fournie, le demandeur sera débouté de ses prétentions et la chose litigieuse adjugée au possesseur actuel ; mais est-il nécessaire que le défunt ait été

Lex Ripuar., LXXII, vii, le vendeur restitue en effet une partie de la « cinewerdunia » et le texte continue ainsi : « Si autem sanum vel immaculatum restituerit, tunc omne pretium suum recipiat. » Ajoutons que les §§ 6 et 7, prévoyant le cas où l'animal est mort et celui où il est affaibli et amaigri, nous apprennent que l'acheteur sera seulement autorisé à réclamer une partie de la « cinewerdunia ». La *cinewerdunia* n'est donc pas la valeur actuelle de l'objet. En ce sens, Grimm., *Vorrede zu Merkel, Lex Salica,* LXXVII ; Sohm, p. 69 ; Gengler, *Germanische Rechtsdenkmäler* note 57, sur le tit. XXXV de la *Lex Sal.*, et A. del Vecchio, p. 274.

(1) M. R. Löning, *Der Vertragsbruch im deutschen Recht*, 1876, p. 107, estime que le vendeur devait, en cas d'éviction, restituer à l'acheteur le double du prix de vente. La *stipulatio duplæ* aurait donc été en usage non seulement chez les Bavarois (*Lex Bajuw.*, XVI, 5 et 12), mais encore chez les Francs. A l'appui de son affirmation, M. Löning cite deux passages empruntés l'un à la *Loi Salique*, l'autre à la *Loi des Ripuaires*. *Lex Sal.*, XLVII, 2 : « et pretium ei reddatur et omnia secundum legem componat cum quo negotiavit. » *Lex Rip.*, LIX, 6 : « aut multam incurrere. » Nous ne considérons pas ces textes comme suffisants pour entraîner notre conviction. En ce qui concerne le tit XLVII de la *Loi Salique*, notre réponse sera celle-ci : aucun manuscrit ne donne la phrase sur laquelle s'appuie M. Löning ; ce dernier s'est borné à emprunter la leçon d'Herold ; mais l'autorité de cet éditeur de la *Loi Salique* ne peut évidemment nous lier et nous devons rétablir le fragment de la façon suivante : « et precium reddat illi qui cum illo negociavit, et ille secundum legem componat illi qui res suas agnoscit. » Enfin la disposition du tit. LIX, § 6 de la *Loi des Rip.* se rattache, croyons-nous, au caractère spécial de la procédure, dont il est question dans ce titre. La loi se borne du reste à prohoncer une amende contre le vendeur qui ne comparaîtrait pas devant le tribunal ; il n'y a là rien d'analogue à la *stipulatio duplæ* des Romains.

(2) 2ᵉ capitul., add. à la *Lex Sal.*, ch. 1 (Behrend-Boretius, p. 93 ; Merkel, *Lex Salica*, ch. ci) : « Si quis super alterum de rebus in alode patris inventas intertiaverit, debet ille super quem intertiavit, tres testimonia mittere quod in alode patris hoc invenisset ; et altera trea, qualiter pater ipsas invenisset. Hoc si ficeret, poteriem intertiata vindicare. »

propriétaire à titre originaire? Suffit-il au contraire qu'il ait acheté ou reçu en échange le bien revendiqué? Nous nous prononcerons pour cette dernière solution, nous séparant ainsi de la doctrine enseignée par tous les auteurs (1). Nous nous appuyons avant tout sur les termes mêmes du capitulaire « et altera trea, qualiter pater ipsas invenisset .» Il faut que le mode d'acquisition soit connu ; mais cela semble devoir suffire. Ajoutons que l'héritier serait en général dans l'impossibilité de présenter l'auteur du défunt ; aussi ne l'y oblige-t-on pas. Les rédacteurs de ces vieilles coutumes n'ont pas sur la preuve du droit de propriété des conceptions aussi raffinées que les nôtres. Ils ne jugent pas indispensable de remonter de titre en titre assez loin pour établir la prescription ; imposant au défendeur la charge de la preuve, les lois barbares restreignent dans des limites raisonnables les obligations de ce dernier.

III. *Du jugement.* — Arrivons maintenant au jugement de l'affaire, et supposons d'abord que le défendeur soit condamné ; nous examinerons ensuite avec soin le cas inverse, celui où le tribunal prononce l'acquittement. Le défendeur peut être convaincu de vol, mais il est possible également qu'absous sur le chef du délit, il soit au contraire tenu de rendre l'objet. Occupons-nous d'abord de la première hypothèse. Le voleur doit en premier lieu restituer la chose ou sa valeur (*capitale, haubitgeld*), avec une amende pour le retard éprouvé par le demandeur, en raison du procès (*dilatura, virdhrium*) (2) ; il acquittera en outre l'amende du

---

(1) M. von Bar (*Das Beweisurtheil des germanischen Prozesses*, 1866, p. 161) enseigne cependant notre doctrine, en ce qui concerne le droit allemand du moyen âge.

(2) Grimm (*Vorrede zu Merkel, Lex Sal.*, p. 85) a le premier proposé de traduire *dilatura* par « quod pro mora datur », intérêts moratoires. La *Decretio Chlotarii* (Behrend., capitul. IV, § 16) conduirait à penser que la *dilatura* n'est pas due dans tous les cas, « vel dilatura si fuerit, de facultate latronis ei qui damnum pertulit, sarciatur ; » « vel quicquid dispendii fuerit. » Nous donnerons cependant une solution opposée. Les philologues germanisants ont en effet établi la similitude de notre mot « dilatura » et du vieux vocable haut allemand « wirdriâ, wirdriûn ». Or la *Loi des Francs Chamaves*, XXV et XXVII (édition Gaupp) nous parle avec quelques détails de la *wirdrid* ou *wirdira ;* cette amende est due dans tous les cas et on nous fait connaître comment elle sera calculée : « De quicquid in casa furaverit, in wirdirâ solidos septem... de servo, solidos septem... de jumento

vol, qui dans la *Loi Salique* varie, suivant la nature de la chose, de 1 sou jusqu'à 62 sous et demi, y compris le *fredus* payé au roi. Nous ne voyons pas du reste que le défendeur soit spécialement puni d'avoir résisté à la prétendue mise en demeure solennelle du demandeur ; c'est seulement dans les sources allemandes du moyen âge que nous rencontrons l'amende d'*Anefang* ; à notre époque elle eût fait double emploi avec la *dilatura* (1).

Que décider en sens inverse, si le tribunal prononce l'acquittement du prévenu? Le demandeur sera alors condamné à la peine qui eût été infligée à l'accusé reconnu coupable ; la loi du talion sera appliquée (2). C'est là un curieux principe qui se retrouve dans d'autres législations primitives (3), et qui met en pleine lumière le caractère particulier de cette ancienne procédure.

Nous avons ainsi exposé complètement, à propos des coutumes franques, la théorie générale du droit germanique sur notre question. Avant de terminer notre premier

---

solidos quatuor... etc. » ; le tit. XXVII de la même loi sépare nettement le *geldus* (wergeld), la *wirdirá* et le *fredus*. Sur la *dilatura*, voyez tout spécialement, Behrend, *Lex Salica, Wortregister, h. v.*

(1) En sens contraire, Sohm., p. 46, note 1. — Cet auteur cite les passages suivants : *Lex Alamann. (Clotharii)*, lib. II, 88, 90 ; *Decr. Tassil.*, IV, 13. Ces textes ne nous paraissent pas décisifs ; le § 88 du lib. II de la *Lex Alamann.* prononce une amende de 40 sous contre celui qui retient chez lui un esclave fugitif malgré les réclamations du propriétaire ; mais c'est là une amende de vol. Le § 90 du lib. II de la même loi n'est pas relatif à notre action ; il ne peut être ici question d'objets volés ; une amende de 12 sous, voilà en effet la seule peine qui atteigne le défendeur en cas de condamnation. Enfin le *Decr. Tassil.*, lib. IV, III, prévoit l'hypothèse où le possesseur actuel s'oppose à l'entiercement ; le décret réprime immédiatement cette violence, et le coupable est traité comme voleur, sans autre forme de procès.

(2) *Lex Bajuwar.* Textus Legis primus IX, 18 : « Si quis contra caput alterius falsa suggesserit, vel pro quacumque invidia, de injusta accusatione commoverit, ipse penam vel damnum quod alteri intulit, excipiat. » *Lex Rip.*, XXXVIII : « Si quis hominem innocentem ad regem accusaverit, sexaginta solidis culpabilis judicetur. » Ces deux passages ont une portée générale. Les deux textes suivants s'appliquent, au contraire, d'une façon spéciale à notre action. *Lois d'Æthelred*, II, cap. IX, § 1 (Schmid, p. 211) : « et caveat ne injuste interciet, ne per hoc disturbetur, sicut alium disturbare cogitaverat... » *Lex Burgund.*, LXXXIII, 2.

(3) Colebrooke. *Digest of hindu Law*, liv. II, sect. II, ch. XLIV et XLV, tome I, p. 497 et 498). *Diodore de Sicile*, liv. I, ch. LXXVII ; *Jydske Lovbog*, liv. II, cap. CIX (*Kofod Ancher*, p. 183).

chapitre, nous analyserons, comme nous l'avons annoncé, quelques autres lois barbares qui présentent, à notre point de vue, le plus grand intérêt.

B. — *Loi des Burgondes.*

La législation burgonde se caractérise par le rôle important attribué à l'État et par de nombreux emprunts aux idées romaines. Ce serait cependant une erreur de croire qu'il n'existe aucune ressemblance entre les coutumes des Burgondes et celles des Francs Saliens et Ripuaires ; ici encore la victime du vol recherche elle-même l'animal qui lui a été dérobé, et le suit à la trace (1). La perquisition domiciliaire est autorisée (2) ; mais une sorte de veilleur ou agent de police, le *veius*, est chargé de mettre le propriétaire sur la bonne piste. Ce service doit être d'ailleurs rémunéré au moyen d'honoraires dus par le particulier (veiatura) (3). Lorsque le meuble volé est découvert, il semble qu'il faille distinguer si le délit est ou non flagrant ; dans le premier cas le possesseur du bien serait immédiatement lié et conduit au tribunal ; si le titre XXXII rend cette conjecture vraisemblable, nous ne pouvons cependant rien affirmer sur ce point. Lorsqu'un certain temps s'est déjà écoulé depuis le vol, le défendeur conserve l'objet litigieux jusqu'au jugement, à la condition de fournir une caution au demandeur (4) ; le fidéjusseur sera poursuivi, si au jour fixé l'objet n'est pas représenté au tribunal. Si l'accusé ne satisfait pas aux prescriptions de la loi, le revendiquant se saisira de la chose et la gardera provisoirement. Nous trouverons plus tard une solution identique dans certaines coutumes françaises du seizième siècle et dans les livres des

---

(1) Tit. XVI, *De investigandis animalibus.*

(2) Tit. CIII, § 6.

(3) Tit. XIX, § 2. « Veius vel vegius indicandis pecudum vestigiis operam dabat ; veiatura indicii pretium erat. » Comp. tit. XCV *De veialoribus.*

(4) Tit. LXXXIII, 1 : « De his qui apud alios res suas agnoscunt. Quicunque res aut mancipium aut quodlibet suum agnoscit, à possidente aut fidejussorem idoneum accipiat, aut si fidejussorem petitum non accipit, res quas agnoscit praesumendi habeat potestatem. » Ce texte est parfaitement clair et il a une portée générale. Comp. au contraire, *Lex Romana Burgundionum seu Papianus*, tit. XXXIV, *De rebus agnitis.*

praticiens du dix-septième et du dix-huitième siècle, et il n'était pas sans intérêt de constater qu'à dix siècles de distance notre jurisprudence a combiné de la même façon les traditions germaniques et les principes du droit romain. C'est au contraire dans un sentiment précoce des nécessités commerciales que les rédacteurs de la *Loi des Burgondes* protègent l'acquéreur de bonne foi d'un meuble enlevé par l'ennemi. Si les faits sont établis par le témoignage de deux personnes dignes de confiance, l'ancien propriétaire devra restituer au possesseur actuel le prix par lui payé (1).

Nous aurons achevé de donner à la législation burgonde sa véritable physionomie, si nous signalons le tit. CVIII, en vertu duquel les comtes sont autorisés à poursuivre d'office les malfaiteurs. L'Ordonnance de Gondebaud introduit ainsi une procédure criminelle nouvelle, tout en laissant subsister les anciennes coutumes; celles-ci étaient dès lors mises en péril, par la nature même des choses.

C. — *Loi des Wisigoths.*

C'est peut-être dans la *Loi des Wisigoths* que le vieux droit a laissé le moins de traces. Quand un vol a été commis, la victime du délit doit immédiatement avertir le juge (2); à la vérité, une composition sera encore payée au particulier, et, au point de vue du châtiment infligé aux voleurs, notre loi est identique à la majorité des codes d'origine germanique (3); mais au lieu de la poursuite à la trace et de la perquisition domiciliaire faite par un simple citoyen nous voyons apparaître la torture (4), comme moyen d'arriver à la découverte de la vérité. On ne saurait s'attendre à trouver dans une pareille législation rien de semblable à la revendication mobilière des coutumes franques; aussi le livre V, tit. IV, § 8, reproduit-il la théorie romaine, relativement à l'obligation de garantie imposée au vendeur (5), et nous voyons dans

______

(1) Tit. CVII, viii.

(2) Lib. VII, tit. II, § 1.

(3) Lib. VII, tit. II, § 14. Le voleur devra restituer neuf fois la valeur de l'objet volé.

(4) Lib. VI, tit. II.

(5) Le possesseur a d'ailleurs, pour présenter son garant, un délai qui est

le livre VII, tit. II et VIII, que l'accusé a encore la faculté de
se défendre sur le chef du vol, même si, après avoir nommé
un garant, il ne peut pas le présenter (1). Enfin, en ce qui
concerne les acquéreurs de bonne foi, la *Loi des Wisigoths*
consacre la même doctrine que la *Loi des Burgondes* (2).

D. — *Droit des Lombards.*

L'évolution historique à laquelle nous font assister les
textes lombards porte sur plusieurs siècles et présente
pour nous un vif intérêt. L'étude, que nous entreprenons,
est du reste assez dangereuse; car nous courons le risque
d'attribuer une antiquité trop reculée à des institutions décrites principalement par les jurisconsultes de Pavie, qui au
onzième siècle composèrent le *Liber Papiensis*. Nous nous
efforcerons de distinguer les époques aussi nettement que
nous le pourrons, tout en constatant dès maintenant qu'en
Italie, au onzième siècle, la vieille procédure germanique était
déjà à peu près complètement tombée en désuétude (3), et que
les formules du *Liber Papiensis* doivent dès lors être rap-
portées à une époque antérieure à celle où elles furent
réunies.

Le chapitre ccviii de l'*Édit de Rotharis* nous montre
qu'au septième siècle, la poursuite à la trace et la perquisition domiciliaire étaient encore en usage chez les Lombards (4). Nous concluons également du même passage,
que la victime du vol était autorisée à se remettre immédiatement en possession, en cas de flagrant délit (5). Dans

fixé par le juge et qui varie suivant les circonstances. C'est déjà le « jour
de garant du moyen âge ».

(1) Si le défendeur prouve son innocence, le propriétaire doit lui restituer la moitié du prix.

(2) Lib. V, tit. IV, § 21.

(3) Formula ad *Edict. Roth.*, 231 : « Ita sit appellatio secundum asinos.
Sed ita esse debet. » Form. ad *Edict. Roth.*, 232 : « Sed tota hæc alter-
catio nichil valet : debet enim esse ut legitur in Romana lege. » Form.
ad cap. vii, *Ott.* 1 : « Hoc omne fit secundum quosdam vanos. » (Pertz, *Mon.
Leg.*, IV, p. 578.)

(4) Il n'en est plus de même au xie siècle; à cette époque, l'*actio ad exhibendum* a remplacé l'ancienne perquisition domiciliaire. *Liber Papiensis*,
Formula ad *Roth.*, 229 (Pertz, *Mon. Leg.*, IV, p. 356) : « et tu eam sibi con-
tendis facta prius actione ad exhibendum. »

(5) « Si quis rapuerit haldiam alienam et in curte alterius duxerit et

l'hypothèse inverse, quelle procédure devait-on suivre ? C'est seulement la glose sur le chapitre ccxxxii de *Rotharis*, qui nous donne des détails à ce sujet (1). L'entiercement était effectué en présence de trois hommes libres et d'un représentant du comte ; le propriétaire du meuble le saisissait, en le revendiquant et en affirmant qu'il lui avait été soustrait (2). Ici encore le détenteur actuel était constitué séquestre, mais il ne semble pas que l'objet fût mis sous les scellés. L'existence de la saisie se révélait donc exclusivement par ce fait que pendant le procès le défendeur ne pouvait aliéner la chose (3). Au septième siècle, l'accusé prenait immédiatement position (4) ; mais, au onzième siècle, la procédure extrajudiciaire avait perdu une grande partie de son importance, et c'était seulement devant le juge que le défendeur faisait valoir ses moyens de défense (5). Ces moyens de défense peuvent d'ailleurs être de deux sortes (6) : tantôt il se bornera à plaider qu'il est innocent, tantôt au contraire il opposera une dénégation absolue aux allégations de son adversaire. Dans le premier cas, il prêtera le serment

sequens dominus aut parentes ejus : et cui curtis fuerit, antesterit et non permiserit *vindicare aut foris extrahere*, componat solidos quadragenta medietatem regi et medietatem cui aldia fuerit. » Comme on le voit, le *vestigium minans* aura tantôt le droit de « foris extrahere », tantôt seulement celui de « vindicare ». Or c'est évidemment dans le cas de flagrant délit que les prérogatives les plus étendues doivent être accordées à la victime du vol.

(1) « Cum homo vult interciare caballum, vindicat cum misso comitis et cum tribus hominibus liberis par usum tractum a salica lege. ». (Pertz, *Mon. Leg.*, IV, p. 358.)

(2) *Liber Papiensis*, Expositio ad cap. 232 *Roth.*, § 5 (Pertz, *Leg.*, IV, p. 358) : « Mos est ut qui caballum intertiat juret caballum suum proprium neque ulla alienatione qua eum carere debeat esse alienatum. » Comp. § 7.

(3) Il est du reste vraisemblable qu'au moment de l'entiercement, l'objet entiercé était estimé chez les Lombards comme chez les Ripuaires. *Liber Papiensis*, Formula ad *Edict. Roth.*, 232 : « Petre te appellat Martinus, quod ipse interciavit tibi unum caballum qui valebat solidos 100. »

(4) *Roth.*, 231 : « revertant pariter ad auctorem. »

(5) Formula ad *Roth.*, 232 : « Si dixerit, interciasti michi ipsum caballum et ecce caballus. — Quod tibi pertinet ? de meo jumento natus fuit. »

(6) Si le défendeur nie l'entiercement, la charge de la preuve incombe au demandeur. Si les preuves font défaut, le possesseur obtient gain de cause en prêtant serment (*Liber Papiensis Ottonis* I, ch. vii). (Pertz, *Monum. Leg.*, IV, p. 578.)

de non-culpabilité, sans avoir besoin d'être assisté par des cojurateurs; l'accusé jurera le plus souvent qu'il a acheté le meuble entiercé, et qu'il n'est ni l'auteur du vol ni le complice du voleur (1). Le tribunal prononcera alors son acquittement et adjugera au demandeur l'animal litigieux, à la condition néanmoins que le revendiquant restitue neuf fois la valeur de la chose, si le défendeur vient à découvrir son garant et que celui-ci établisse son droit de propriété (2). C'est là une dérogation encore timide au vieux principe germanique, en vertu duquel on considère comme fondée la prétention du demandeur lorsqu'elle n'est pas contredite d'une façon directe et formelle (3).

Supposons maintenant que le détenteur se donne comme propriétaire de l'objet à titre originaire. Nous trouvons pour cette hypothèse une curieuse solution dans les formules lombardes du onzième siècle. Le défendeur doit établir par témoins que l'animal entiercé est né dans son étable d'une bête à lui appartenant; s'il ne peut fournir cette preuve, le revendiquant est alors admis à démontrer son droit de propriété; et enfin, comme dernière ressource, l'accusé jurera avec des cojurateurs que l'origine de sa possession est bien celle qu'il lui attribue (4).

C'est surtout en matière de garantie que la législation lombarde a une véritable originalité. D'après l'*Édit de Rotharis*, le détenteur doit après l'entiercement conduire sans aucun délai son adversaire chez son auteur (5); celui-ci désignera le sien et ainsi de suite. Fort différentes à d'autres points de vue, les coutumes franques et les lois lombardes du septième siècle s'accordent, on le voit, pour

(1) *Edict. Roth.*, 232 : « Praebeat sacramentum emptor quia nec fur sit nec collega furoni, nisi simpliciter cum praetium suum comparassit. »

(2) *Edict. Roth.*, 232 : « Ille autem qui se proprio domino dicit esse, sub tali titulo eum tollat ut si cognitum fuerit, quod malo ordine vindicassit, et alter certus auctor venerit, qui suum ficerit, ipse caballus sibi nonus reddatur. » Comp. dans le *Liber Papiensis* la *formula* au ch. 232.

(3) Rapprochez du ch. 232 *Edict. Roth.*, le ch. 79 de Liutprand, et le *Liber Papiensis, Expositio*, sur ce dernier passage, § 2.

(4) *Liber Papiensis.* Expositio ad cap. 232 *Roth.*, § 6 (Pertz *Mon. Leg.*, IV, p. 358 .

(5) *Edict. Roth.*, 231 : « Si quis comparaverit ancillam et postea venerit alter homo qui eam suam dicat esse, revertant pariter ad auctorem. »

n'entraver la défense à aucun degré. Au onzième siècle, le défendeur jure devant le tribunal qu'il conduira le revendiquant chez une personne déterminée, de laquelle il tient la chose. Pendant le délai, l'accusé se rendra chez son auteur; si ce dernier se refuse à reconnaître son obligation de garantie, un procès s'engagera immédiatement entre le prétendu vendeur et le prétendu acheteur. Le combat judiciaire mettra fin à ce litige accessoire, et à l'expiration du délai l'instance principale pourra continuer (1). C'est là une innovation qu'il était bon de signaler. Ajoutons qu'en vertu d'une constitution d'Othon Ier (2), le défendeur ne peut pas appeler son auteur en garantie s'il demeure trop loin du lieu où l'entiercement a été effectué ; le propriétaire de l'objet volé est tenu de suivre l'accusé à travers trois comtés, mais non au delà. Ce n'est pas tout; en vertu de la même constitution d'Othon Ier, si le premier et le deuxième garants ont la faculté d'appeler en cause leur auteur, il n'en est pas de même du troisième (3). Celui-ci peut d'abord soutenir qu'il a acquis la chose à titre originaire. Si, au contraire, il prétend avoir acheté l'animal entiercé, le demandeur doit jurer que la bête lui appartient, qu'il ne l'a ni aliénée ni donnée, mais qu'elle lui a été volée ; le troisième garant prêtera alors le serment de non-culpabilité et rendra la chose litigieuse au revendiquant (4). Sur quels

---

(1) *Liber Papiensis*. Formul. ad *Roth.*, 232 : « Quid tibi pertinet? Ego comparavi de Dominico de tali loco. Juret quod ad certum warentem eum conducat. — Vendidisti tu michi ipsum caballum? Non feci. — Vis ei ardire? Volo. — Et tu vis te defendere? Volo. — Wadiate pugnam. Si dixerit : vendidi et volo stare in auctoritatem, det wadia quod stet in auctorem et ipse det wadia de contradictore, et reddat precium et recipiat caballum. » Quelle signification convient-il de donner à l'expression « wadia » qui figure dans ce passage et dans plusieurs autres formules lombardes? La plupart des écrivains contemporains assimilent à la *festuca* le *wadium* dont il est souvent question dans les textes francs. Et M. Val de Lièvre (*Launegild und Wadia, eine Studie aus dem langobardischem Rechte*, Innsbrück, 1877) a étendu la même doctrine à la législation lombarde. M. Marcel Thévenin (*Nouv. Revue histor.*, janvier-février 1880) traduit au contraire *wadium* par gage et assigne à la *festuca* un tout autre rôle qu'au wadium. Il ne rentre pas dans notre programme d'étudier cette controverse avec le soin qu'elle mériterait.

(2) *Liber Papiensis Othonis*, I, ch. vii (Pertz., *Leg.*, IV, p. 578).

(3) « Et super tertium warentem et tertium comitatum non procedat. »

(4) « Tunc appellator juret quod suus proprius est, nec vendidit nec donavit quod per legem perdere debeat, sed furtive ei abstractus est. Tunc

motifs repose la réforme d'Othon Ier ? Assurément des raisons d'équité entrèrent ici en ligne de compte, peut-être aussi est-il possible de faire valoir une autre considération. Tant que la charge de la preuve incomba exclusivement au défendeur, on ne songea pas à entraver sa justification ; en sens inverse, il n'était plus indispensable de permettre d'une façon indéfinie la mise en cause des garants, lorsque, la tradition germanique s'étant affaiblie, on imposa au demandeur l'obligation de rendre au moins son droit vraisemblable. Cette interprétation cadre fort bien avec les dispositions des lois lombardes, car la glose n'exige du demandeur le serment dont nous avons parlé que si les accusés successifs ont à trois reprises appelé leur auteur en garantie. Nous verrons que l'idée à laquelle nous nous sommes arrêté est également en harmonie parfaite avec les sources anglo-saxonnes.

Terminons en observant que, si le vendeur est mort, les héritiers seront obligés de défendre l'acheteur ; à la différence des coutumes franques, les lois lombardes admettent en effet la transmission à titre universel des droits et des obligations. Si telle est la règle générale, le ch. ccxxxi de *Rotharis* nous fait connaître une curieuse exception. Lorsque le fisc s'empare d'un patrimoine à titre de déshérence, il conserve les biens, et ne supporte pas les dettes (1) ; aussi l'accusé pourra-t-il répondre à la plainte du demandeur en objectant qu'il a acheté de telle personne dont la succession est actuellement entre les mains du fisc ; le revendiquant perdra alors toute voie de recours et sera dépouillé de ses droits.

Si maintenant nous voulons mettre en lumière les traits principaux de la législation lombarde, nous rappellerons que le particulier lésé ne conduit plus seul la procédure ; le représentant de l'État assiste à l'entiercement. Ajoutons que le rôle du défendeur en matière de preuve commence à être plus effacé, à la vérité dans une très légère mesure.

tertius warens juret quod nec latro fuit nec collega latronis, sed cum suo proprio comparavit et reddat rem. »

(1) Comp. Miller, *Das langobardische Erbrecht* (*Zeitschrift für Rechtsgeschichte*, XIII, p. 77, 79).

A ces deux points de vue, la pratique judiciaire des Lombards tient le milieu entre les lois franques, d'une part, et les coutumes du moyen âge, d'autre part.

E. — *Lois anglo-saxonnes.*

Les coutumes anglo-saxonnes ont été rédigées au neuvième et au dixième siècle ; aussi ne devons-nous pas être surpris de trouver dans les textes réunis par M. Schmid des règles relativement modernes et de constater de notables analogies entre la législation lombarde et la législation anglo-saxonne.

A l'époque dont nous nous occupons, la poursuite à la trace était pratiquée dans la Grande-Bretagne comme en France et en Italie (1) ; mais la loi d'Edgar (2) exige la présence du centenier. Notons aussi que, si l'animal n'est pas retrouvé, le roi en rembourse la valeur au propriétaire (3). En matière de revendication mobilière la procédure extrajudiciaire a du reste une réelle importance chez les Anglo-Saxons comme chez les Francs. Le propriétaire du meuble volé s'en empare et jure avec six cojurateurs qu'il reprend la chose comme elle lui a été volée (4). Le possesseur actuel doit immédiatement répondre aux allégations de son adversaire et, s'il y a lieu, lui opposer une dénégation absolue ; dans ce dernier cas, l'accusé affirme par serment qu'il va retrouver son auteur (5), et, en attendant le jugement, l'objet litigieux est séquestré entre les mains d'un tiers (6).

(1) Æthelstan, V, II (Schmid, p. 155) ; Edmund, III, 6 pr. §§ 1 et 2.

(2) I, v (Schmid, p. 185).

(3) Æthelstan, VI, §§ 7 et 8 (Schmid, p. 167).

(4) Gerædnes betweox Dunsetan (Senatusconsultum de monticolis Walliæ), cap. VIII (Schmid, p. 333). Peut-être d'ailleurs le demandeur n'était-il pas obligé dans tous les cas de faire intervenir six cojurateurs. Notre document règle des rapports internationaux ; on comprendrait qu'il multipliât les précautions, afin d'empêcher les entiercements mal fondés.

(5) Même passage qu'à la note 4 : « Et qui advocat, unus et solus juret, quod ad manum illam vocat, quæ vendidit ei. » Ce texte rappelle d'une façon frappante la *lex Rip.*, XXXIII, I, et montre de plus en plus que, d'après le droit commun germanique, l'accusé ne promettait pas par *fides facta* de présenter son auteur au tribunal, mais se bornait à prêter serment. C'est une présomption d'une certaine valeur en faveur du sens que nous avons attribué au mot *adrhamire.*

(6) Æthelred, II, VIII pr. (Schmid, p. 211) et *Lois de Guillaume le Conqué-*

Si le défendeur répond qu'il a acheté l'animal en plein marché et que néanmoins il ne connaît pas son vendeur, le revendiquant doit, d'après les lois de Hlothar et de Cadric (1), restituer à l'acheteur le prix par lui payé; mais cette disposition ne semble pas s'être conservée dans la législation postérieure.

Supposons maintenant que l'accusé appelle un auteur en garantie. Nos textes permettent de conjecturer qu'à l'origine le demandeur suivait immédiatement son adversaire chez le vendeur; cependant la loi d'Æthelred (2) ne nous reporte pas à une époque aussi éloignée, et nous voyons dans ce passage que l'on commençait par citer trois garants au tribunal dans la circonscription duquel l'entiercement avait eu lieu; c'est seulement ensuite que les plaideurs étaient contraints de se déplacer et de suivre le procès au domicile du quatrième garant. Un peu plus tard cette atténuation ne fut plus considérée comme suffisante ; on renversa le principe lui-même et on en vint à adopter une doctrine semblable à celles des coutumes franques. Enfin dans une dernière phase de leur développement, les lois anglo-saxonnes restreignent à trois le nombre des auteurs successifs qui peuvent être mis en cause (3). C'est là, on en conviendra, une intéressante évolution; elle confirme, à notre sens, les idées que nous avons précédemment émises soit à la p. 57 soit à la p. 73 (4).

Si le vendeur appelé en garantie est mort dans l'intervalle, l'accusé citera ses héritiers en son lieu et place. S'il ne peut les trouver, le tribunal se réunira à l'endroit même où est enterré le défunt, et le défendeur assisté de

rant, part. I, ch. xxi § 1 (Schmid, p. 336) : « En Dene-laghe mettrad l'om l'aveir en vele main (in manu equali) de ici qu'il seit derehned. » Le Conquérant se borne évidemment ici à constater une vieille coutume; la forme du texte ne peut laisser aucun doute sur ce point. Comp. Schmid, *Antiquarisches Glossar*, v° *Team.*

(1) Art. 16, § 2 (Schmid, p. 15).

(2) II, cap. ix pr. et § 1 (Schmid, p. 211).

(3) Cnut. II, cap. xxiv, § 2 (Schmid, p. 285).

(4) Notons aussi que si le prétendu vendeur nie son obligation de garantie, l'acheteur doit établir par serment la vérité de son dire. Or l'acheteur joue ici le rôle de demandeur (Ine, cap. xxv, § 1, cap. liii, cap. lxxv (Schmid, p. 47).

cojurateurs jurera sur le tombeau qu'il a vraiment acheté l'animal entiercé de l'homme qui gît à cette place ; à cette condition, il sera acquitté du chef du vol (1).

Nous avons ainsi étudié d'une façon complète la procédure de la revendication mobilière en supposant que le meuble dont il s'agit a été volé ou perdu. Nous devons maintenant aborder le chapitre II.

CHAPITRE II

CAS OU LE MEUBLE N'A ÉTÉ NI VOLÉ NI PERDU PAR CAS FORTUIT.

Si un propriétaire a prêté un objet qui lui appartient ou l'a déposé chez un tiers, et que le possesseur à titre précaire l'ait aliéné, le prêteur ou le déposant sera-t-il autorisé à intenter contre l'acquéreur une action en revendication ? La question paraît d'abord singulière ; et *à priori* il semble absurde qu'une législation tout en reconnaissant la propriété mobilière, ne la protège pas d'une façon efficace et ne permette pas au titulaire du droit de la faire respecter par tous. Aussi ne sommes-nous pas étonné de trouver notre action en revendication non seulement dans les monuments les plus anciens de la jurisprudence romaine, mais encore dans les lois de Manou et dans les coutumes des Kabyles contemporains (2).

(1) Ine, cap. LIII (Schmid, p. 47).

(2) MM. Hanoteau et Le Tourneux, *La Kabylie et les Coutumes kabyles*, tome II, p. 223. Les vieux livres hindous contiennent des dispositions analogues à celles des art. 2279 et 2280 de notre C. civ.. Manou (traduction Loiseleur) ; Delongchamps, liv. VIII, sl. 201 : « Celui qui en plein marché devant un grand nombre de personnes achète un bien quelconque, en acquiert à juste titre la propriété en payant le prix de ce bien, même si le vendeur n'est pas propriétaire ; » sl. 202 : « Mais, si le vendeur qui n'était pas propriétaire ne peut pas être produit, l'acheteur qui prouve que le marché a été conclu publiquement est renvoyé sans dépens par le roi, et l'ancien possesseur qui avait perdu le bien le reprend, en payant à l'acheteur la moitié de sa valeur. » Dans le même sens le Yanawalcya (Colebrooke, *Digest of Hindu Law*, liv. II, sect. I, ch. XXXVII (tome I, p. 489). En sens contraire, Catayayana (Colebrooke, livre II, sect. I, ch. XXV (tome I, p. 474). D'après ce dernier texte le possesseur de bonne foi semble tenu de restituer le bien au véritable propriétaire, mais contre remboursement du prix.

La législation germanique consacre cependant une doctrine tout opposée, et dans l'hypothèse que nous avons prévue le propriétaire aura seulement un recours contre le commodataire ou le déposant infidèle; l'acquéreur sera à l'abri de toute poursuite. En d'autres termes, les sources juridiques de notre époque ne connaissent pas la revendication mobilière dans le sens moderne du mot. « Les meubles n'ont pas de suite, » comme on le dira plus tard (1).

Eichorn en Allemagne (2) et M. Raynauld (3) en France ont contesté d'une façon absolue la proposition que nous venons de formuler. Tout en reconnaissant l'existence de notre maxime dans les documents allemands et français du moyen âge, M. Pertile (*op*. et *loc*. *cit*.) se refuse à admettre notre solution, en ce qui concerne les époques mérovingienne et carlovingienne (4).

Nous n'hésitons pas au contraire à nous ranger à l'avis, qui domine aujourd'hui parmi les historiens du droit. Si, à notre sentiment, l'influence romaine avait déjà effacé la vieille tradition germanique chez les Wisigoths (5), chez les

(1) Il importe peu d'ailleurs que le possesseur actuel soit de bonne ou de mauvaise foi ; car le délit d'abus de confiance n'a été admis dans notre législation pénale qu'à une époque relativement récente. Par suite, d'après nos vieilles coutumes, aucune action criminelle ne peut être intentée contre celui qui a acheté sciemment le meuble d'autrui, et le motif, sur lequel repose, à notre avis, la maxime « Les meubles n'ont pas de suite » nous conduit à décider que le propriétaire n'était pas davantage autorisé à agir en matière civile. Ce serait donc une erreur de croire que la pratique judiciaire du dix-huitième siècle a ressuscité les anciennes traditions germaniques; la jurisprudence du Châtelet de Paris repose sur des considérations tout à fait étrangères au moyen âge et à la période mérovingienne.

(2) *Deutsche Rechtsgeschichte*, § 261.

(3) *Op*. et *loc*. *cit*.

(4) M. Gerber (*System des Deutschen Privatrechts*, § 102, note 3, p. 277 et 278) pense que notre maxime s'applique seulement en matière de prêt ; la revendication mobilière existerait au profit du déposant, du bailleur, du propriétaire qui a confié un meuble à un artisan ou à un domestique. J'observe d'abord qu'il n'y a dans les textes de notre époque aucune trace de cette distinction ; en outre les arguments que nous employons pour démontrer notre principe nous interdisent d'admettre cette atténuation (v. ci. dessous, p. 79).

(5) *Lex Wisigoth.*, lib. V, tit. IV, § 8 (*Antiqua Reccaredi*, 289), *De his qui aliena vendere vel donare præsumpserint* : « Sed ille, qui alienam fortasse rem vendere aut donare præsumpserit, duplum rei domino cogatur exsolvere. Emptori tamen precium quod accepit redditurus, et pœnam quam scriptura continet impleturus. » Cette dernière phrase montre que

Burgondes (1) et chez les Ripuaires (2) au moment où leurs lois furent rédigées, nous estimons qu'il n'en était pas de même chez les Francs Saliens. Les coutumes lombardes (3) et anglo-saxonnes nous paraissent également concorder sur ce point avec la *Loi Salique*.

Nous emploierons une double méthode de démonstration. Nous nous appuierons d'abord sur les pièces nombreuses qui, relativement au moyen âge, établissent l'exactitude de nos assertions. Si, comme nous espérons le prouver plus tard, la maxime « Les meubles n'ont pas de suite » a été appliquée en France pendant les douzième, treizième, quatorzième et quinzième siècles, quelle origine pourrions-nous lui assigner, sinon une origine germanique ? Le système de M. Pertile rend absolument inexplicable la vieille législation

l'acheteur est privé de la chose, qu'il y a éviction. M. Ortlieb (p. 77) cite cependant notre texte comme décisif en faveur de sa doctrine, qui est, comme on sait, la nôtre. Il se fonde sur les mots « nullum emptori præjudicium fieri, » mais ce membre de phrase signifie simplement que l'acheteur ne sera pas poursuivi criminellement comme complice de l'abus de confiance commis par le vendeur.

(1) *Lex Burgond.*, LXXXIII, 1 : « Quicunque res aut mancipium aut quod libet suum agnoscit.... » Ce texte est conçu d'une façon générale et ne s'applique pas seulement aux meubles volés. La *Loi des Bavarois* et la *Loi des Alamans* nous paraissent d'ailleurs conçues dans le même sens que la *Loi des Wisigoths* et la *Loi des Burgondes*. *Lex Bajuw.*, XVI, IV : « et domino is qui alienam vendere præsumpsit, duplum cogatur exsolvere, nihilominus emptori, qui accepit, pretium redditurus.» *Lex Alamann.*, XC : « Si quis res suas post alium hominem invenerit, mancipia aut pecus aut aurum aut argentum et ille reddere noluerit et contradixerit et post hæc convictus est ante judicem, aut similem aut ipsum reddat et 12 sol. componat, quare quia proprietatem alterius apud se habens contradixit. » L'amende de 12 sol. est sensiblement inférieure à l'amende de vol et cette observation met notre texte dans son vrai jour.

(2) *Lex Rip.*, LXXII, 1 : « quæ eum inlicito ordine vendidit vel furavit. »

(3) M. Pertile est d'un avis contraire et il s'appuie sur le *Liber Papiensis*, Expositio ad *Edict. Roth.*, 232, § 5 « neque ulla alienatione qua eum carere debent, esse alienatum. » Si le meuble a été prêté et non pas aliéné, le demandeur doit donc obtenir gain de cause. Nous répondons que le § 5 de l'Expositio doit simplement être considéré comme un abrégé du § 7, « quod ipse caballus suus proprius est, nec eum vendidit vel donavit, ut justa lege perdere debeat, sed *furtive* ei *abstractus* fuerit. » Le commentateur de cette formule insiste en outre sur la différence qui existe à ce point de vue entre le droit romain et la tradition lombarde, et il résulte implicitement du texte que cette différence consiste précisément en ce que d'après la coutume germanique la revendication est impossible si le bien n'a pas été volé. Le jurisconsulte de Pavie se prononce du reste en faveur du droit romain.

coutumière. Nous nous appuyons aussi sur un examen général de la procédure germanique. Nous rencontrons dans nos documents l'action de vol, dont nous nous sommes occupé, mais nous ne voyons rien de semblable à cette action en revendication, qui appartiendrait au propriétaire des meubles en raison même de son droit et tendrait à la restitution du bien, quel que fût le possesseur actuel ; or, comme nous l'avons dit au début de ce travail, on ne saurait suppléer, à ce point de vue, au silence des textes (1). Dans notre procédure chaque action a en effet une très grande importance, et le nombre en est restreint. Si du reste les arguments que nous venons de donner ont une sérieuse valeur, nous ne connaissons aucun fragment des lois barbares qui formule notre proposition d'une façon positive (2).

Nous avons ainsi accompli la première partie de notre tâche. Comment expliquer la lacune ainsi constatée dans la procédure germanique ? C'est là un problème fort délicat, sur la solution duquel les historiens du droit ne sont pas d'accord. Nous croyons devoir rattacher notre maxime aux caractères particuliers de notre vieille procédure. On admet généralement aujourd'hui que les actions mobilières sont nées avant les actions immobilières. Entre plusieurs autres causes, le système de la copropriété de la famille avait pour conséquence d'empêcher beaucoup de procès de naître ; aussi ne trouvons-nous dans la *Loi Salique* aucune procédure spéciale relative aux immeubles. Ceci posé, n'est-il pas naturel que les actions mobilières se rapprochent davantage des coutumes primitives des Germains ? Après ces considéra-

---

(1) La revendication mobilière, si elle existait, aurait du reste une telle importance que nous en trouverions certainement trace dans nos documents. Cette observation nous conduit à penser que nous avons pu, sans nous mettre en contradiction avec nous-même, interpréter, comme nous l'avons fait, le §·2 du tit. XXXIII de la *Loi des Ripuaires* (voyez p. 61).

(2) Notons cependant que la loi d'Hoël le Bon peut être rattachée à notre période, car elle est probablement du xᵉ siècle. Or cette loi est formelle en notre sens (*Ancient Laws and Institutes of Wales* comprising laws supposed to be enacted by Howel the Good ; *The venedotian Code*, book III, proof book, n. 32, p. 121). Le texte nous dit nettement qu'il y a trois cas dans lesquels la revendication est possible (vol, perte par cas fortuit, enlèvement avec violence), et trois cas dans lesquels elle est interdite (dépôt, prêt, louage).

tions générales, entrons plus profondément dans notre sujet. Pourquoi dans notre vieux droit une véritable revendication mobilière ne figure-t-elle pas à côté de la procédure *ex delicto*, que nous avons décrite dans notre chapitre premier ? C'est à cette question que nous allons maintenant nous efforcer de répondre (1).

Nous avons vu qu'à l'origine la procédure n'était pas simplement une sanction des droits et des obligations ; la question de forme était prédominante. Les rédacteurs de nos vieilles coutumes ne conçoivent pas le droit et l'obligation d'une façon abstraite ; ils se bornent à organiser quelques procédures fort simples en vue de protéger les particuliers contre les atteintes les plus graves qui pourraient être portées à leur fortune et à leur vie. Aussi ne trouvons-nous dans la *Loi Salique*, indépendamment des actions *ex delicto*, que deux procédures ayant un caractère civil : la procédure *ex fide factâ* et la procédure *ex re præstitâ*. Toutes deux ont le caractère de saisie ; dans le premier cas l'action a pour base un acte solennel, dans le second le fait matériel de la remise de l'objet. Le demandeur exige du défendeur une certaine prestation, non pas en vertu d'un droit abstrait de créance, mais parce que la *festuca* a été jetée conformément aux rites traditionnels, ou parce que la possession d'un meuble a été transférée sans qu'il y eût aliénation de la propriété. La revendication mobilière ne pouvait évidemment trouver place dans une pareille procédure ; en poursuivant le tiers acquéreur, le revendiquant

_____

(1) Nous avons emprunté à M. Heusler (*Die Beschränkung*, p. 11) les deux principes fondamentaux sur lesquels va reposer notre démonstration, bien que nous ne nous accordions pas sur tous les points avec cet auteur. M. O. Stobbe (*Handbuch des deutschen Privatrechts*, t. II, 1876, p. 560, note 3) ne croit pas au contraire qu'il faille chercher l'explication de notre maxime dans les caractères particuliers de la procédure germanique. Si le droit avait été contraire à la procédure, le fond l'aurait emporté sur la forme, affirme l'excellent jurisconsulte. Nous ne craignons pas de dire que c'est là une conception démentie par l'histoire générale des institutions, et nous ajoutons que les textes sont plutôt en notre faveur ; la *Loi d'Hoël* a d'abord une incontestable portée ; et, en outre, c'est seulement dans nos sources françaises des xive, xve et xvie siècles, que nous trouvons la maxime : « Les meubles n'ont pas de suite. » Jusque-là on se contente d'obliger le revendiquant à affirmer par serment que le bien lui a été volé. Il serait singulier qu'au lieu de formuler le principe de droit civil, tous nos documents se fussent bornés à faire connaître une de ses conséquences.

n'aurait pu s'appuyer ni sur un acte solennel ni sur un fait matériel quelconque ; il aurait dû se prévaloir de son droit abstrait de propriété, droit réel applicable à tous; or c'est là une conception qui ne pouvait entrer dans l'esprit des rédacteurs de la loi Salique.

Ajoutons que les Germains semblent avoir rattaché l'une à l'autre l'idée d'action et celle de tort causé méchamment par le défendeur au demandeur (1). Dans les textes du moyen âge l'action porte le nom de « plainte » (2) et il est parfaitement exact d'affirmer que dans les lois barbares le civil et le criminel ne sont pas nettement distincts ; l'action criminelle est privée et en sens inverse l'action civile contient un élément pénal. Ceci posé, on comprend fort bien que toute voie de recours ait été refusée au propriétaire contre le tiers acquéreur ; celui-ci n'est en effet aucunement coupable à l'égard du prêteur ou du déposant.

Observons enfin que le propriétaire saisira les biens de l'emprunteur ou le dépositaire soit *ex fide factâ* soit *ex re præstitâ*. Si le défendeur se refuse à fournir la prestation demandée il sera condamné à une forte amende vis-à-vis de son adversaire et il devra un fredus au comte et aux rachimbourgs. Le commodant ayant ainsi à sa disposition une voie de recours prompte et très efficace, on conçoit que pendant de longs siècles il n'ait pas semblé nécessaire de lui permettre en outre de poursuivre le tiers acquéreur.

Après avoir ainsi présenté l'explication qui nous paraît la meilleure, exposons rapidement les autres doctrines qui ont été mises en avant. Parmi les auteurs qui ont écrit sur le sujet, les uns rattachent notre règle aux principes spéciaux de la vieille procédure germanique, comme nous l'avons fait nous-même ; les autres, en plus

______

(1) Si on admet la conjecture que nous proposons, on s'explique aisément pourquoi la peine du talion frappe dans tous les cas le demandeur qui n'obtient pas gain de cause. On comprend aussi pourquoi la charge de la preuve incombe toujours au défendeur; le seul fait d'intenter une action contre un Germain constitue pour ce dernier une offense, dont il veut immédiatement tirer vengeance.

(2) *Etabl. de saint Louis,* liv. II, ch. LXVIII : « comme cel qui deffend que nul tort je ne vous fais. » Liv. I, ch. CIX. « Se aucuns se plaint de autre que il li doie deniers. » *Grand Coutumier de Normandie,* ch. LXXXVII. « N. se plaint de L. qui à tort et sans raison lui détient son asne. »

grand nombre, cherchent dans d'autres directions la solution de notre problème. Adoptant l'ordre chronologique, nous nous occuperons en premier lieu de ces derniers.

a. Opinion dominante. La législation germanique attache une grande importance à la possession ; le fait l'emporte sur le droit ; aussi en principe le propriétaire est-il définitivement dépouillé, dès qu'il cesse d'avoir la chose en son pouvoir ; mais dans un intérêt d'ordre public et d'équité, une exception est faite à cette règle, lorsqu'un vol a été commis. Nous repoussons cette doctrine : ou les Germains conçoivent la propriété indépendamment de la possession ou au contraire il n'en est rien. Dans le premier cas le système que nous combattons est insuffisant pour rendre compte de notre principe ; dans le second, pourquoi donc la victime du vol est-elle autorisée à reprendre son bien même à un tiers acquéreur de bonne foi ? La logique exigerait que le propriétaire eût seulement une action criminelle contre le voleur. Nos adversaires enseignent en définitive que les Germains ont la notion de propriété mobilière s'il y a vol et ne l'ont pas dans le cas inverse (1). Les textes cités par nous démontrent du reste suffisamment que les Germains connaissent parfaitement la propriété mobilière. Le propriétaire d'un meuble a le droit exclusif d'en retirer toute l'utilité qu'il est susceptible de fournir ; mais il n'en résulte pas que les rédacteurs de ces vieilles coutumes aient analysé finement la nature des différents droits, les aient classés en droits réels et en droits personnels et aient jugé indispensable d'attacher à tout droit de propriété une action réelle.

---

(1) C'est pour la même raison que nous repoussons la doctrine d'après laquelle notre maxime s'explique par la minime importance des meubles dans les sociétés germaniques. Tandis que la propriété immobilière se rattachait à l'organisation sociale et politique, il n'en était pas de même de la propriété mobilière. Dès lors, dit-on, il était sans intérêt pour le prêteur ou le déposant de recouvrer son meuble en nature ; il suffisait de lui accorder une action personnelle contre son co-contractant. Nous avons ainsi reproduit l'argumentation de M. Renaud (l'art. 2279 du code Napoléon interprété par ses origines germaniques. Traduction analytique par M. Chauffour. *Revue de législation*, 1845, I, p. 371). Nous nous bornons à répondre que le même raisonnnement s'appliquerait très bien en cas de vol.

b. Système de M. Albrecht (1). M. Albrecht a trouvé dans notre maxime « les meubles n'ont pas de suite » une confirmation de sa théorie générale sur la saisine. D'après cet auteur, les actions réelles sont d'après le droit germanique attachées à la saisine et non pas à la propriété. La saisine se divise d'ailleurs en saisine de fait et en saisine de droit. En principe, la saisine de fait produit seule des conséquences juridiques ; et voilà pourquoi le commodant ne peut intenter la revendication mobilière ; cependant l'héritier et la victime du vol ont à titre exceptionnel la saisine de droit et sont autorisés à se servir de l'action réelle.

Ce n'est pas ici le lieu de démontrer l'inexactitude des idées d'Albrecht en matière de saisine. Bornons-nous à constater qu'elles n'ont plus guères de partisans à l'heure actuelle. En ce qui concerne notre question spéciale, nos objections seront les mêmes que tout à l'heure ; ajoutons que la victime du vol n'a pas une action réelle, comme le prétend Albrecht, mais une action *ex delicto* contre le voleur ou contre celui chez lequel est trouvé l'objet.

c. Doctrine de M. Walter (2). C'est à des considérations d'équité que M. Ferdinand Walter rattache notre règle. Le commodant a commis une imprudence en traitant avec un commodataire qui ne méritait pas de confiance ; l'acquéreur de bonne bonne foi n'a au contraire rien à se reprocher. Si l'une des deux parties en présence doit éprouver une perte, n'est-il pas naturel que ce soit le propriétaire ? C'est là un raisonnement familier aux commentateurs de l'art. 2279 C. civ. ; mais ne commet-on pas un anachronisme en le reproduisant à propos de textes mérovingiens et carlovingiens ? En outre, comme le fait remarquer M. Heusler (p. 10), la doctrine de M. Walter ne rend pas compte de certaines particularités de la procédure germanique. Pourquoi le propriétaire imprévoyant, qui a mal attaché son cheval, peut-il le réclamer à un acquéreur de bonne foi ? Et n'est-il pas surprenant que le commodant

______

(1) *Die Gewere als Grundlage des älteren deutschen Sachenrechts.* Königsberg, 1828, p. 81 à 96.
(2) *Deutsche Rechtsgeschichte.* Bonn, 1853, n. 705, p. 580.

n'ait aucune voie de recours contre le voleur si l'objet a été enlevé au commodataire?

d. Système de M. Gerber (1). M. Gerber estime, comme nous, que l'action accordée à la victime du vol est une action *ex delicto*. C'est là, à son avis comme au nôtre, le motif pour lequel la procédure d'entiercement n'est pas suivie dans l'hypothèse qui nous occupe ; mais pourquoi à côté de cette action *ex delicto* n'a-t-on pas créé une action civile en revendication ? C'est que, d'après notre auteur, notre maxime s'applique seulement en matière de prêt et que dans le prêt l'emprunteur s'obligeant seulement à restituer au prêteur la chose elle-même ou sa valeur, l'aliénation de l'objet emprunté est parfaitement légale. A ce point de vue le prêt occupe une position à part et ne doit être confondu ni avec le dépôt ni avec la tradition d'un meuble à un artisan ou à un domestique. Enfin, comme argument accessoire, M. Gerber cite en ce sens un passage du Sachsenspiegel et un article du Coutumier de Lubeck.

La doctrine que nous venons de développer n'est pas satisfaisante, croyons-nous. Car, à l'époque des lois barbares, on ne connaît *en aucune façon* la revendication mobilière ; à cet égard, nous avons déjà combattu plus haut l'opinion de M. Gerber. Nous nous proposons d'ailleurs  d'examiner avec soin, à l'occasion de notre étude sur le moyen âge, si certaines particularités de notre matière peuvent être expliquées par la nature spéciale du contrat de prêt.

e. Théorie de M. von Bar (2). Lorsque le demandeur jure avec des cojurateurs que l'objet revendiqué lui a été volé, il y a une présomption en sa faveur. Le droit germanique oblige, dans ce cas, le défendeur ou un de ses auteurs à établir que l'animal a été acquis à titre originaire. Si l'existence du droit de propriété n'est pas directement démontrée, le revendiquant obtient gain de cause et reprend le bien litigieux. Supposons au contraire qu'aucun vol n'ait été commis, la présomption de vérité est alors en faveur du

(1) *System des deutschen Privatrechts*, § 102, note 3, p. 277 et 278, et *Zeitschrift für Civilrecht und Process*, Neue Folge, t. XI, p. 25 et suiv.
(2) *Beweisurtheil*, p. 150 et suiv.

possesseur actuel; ce dernier se bornera à établir qu'il détient le meuble en vertu d'un titre dérivé. Imposer en outre le serment de propriété au défendeur, c'eût été créer un obstacle infranchissable pour les plaideurs consciencieux. La maxime « les meubles n'ont pas de suite » se rattacherait, on le voit, aux règles particulières à la procédure germanique, en matière de preuve.

Cette conception de M. von Bar ne nous paraît pas en harmonie avec l'ensemble de nos textes. Lorsque l'animal a été prêté ou confié à un tiers, à titre de dépôt, les lois barbares refusent absolument l'action en revendication au propriétaire; celui-ci ne pourra même pas entamer la procédure et, s'il le fait, aucune preuve ne sera imposée au défendeur, qui se refusera péremptoirement à répondre.

f. Opinion de M. Heusler (1). C'est, on s'en souvient, à cet écrivain suisse que nous avons emprunté l'idée fondamentale de notre travail. Nous pensons, comme lui, qu'il convient de chercher l'explication de notre maxime dans les règles particulières de la vieille procédure germanique et dans ce fait que les actions immobilières sont moins anciennes que les actions mobilières. D'accord avec M. Heusler pour soutenir que l'existence de la revendication mobilière n'eût pas été en harmonie avec l'ensemble du système de procédure en usage à notre époque, nous défendrons cette thèse par des motifs différents. Et en effet, d'après cet auteur la maxime « les meubles n'ont pas de suite » se rattacherait au caractère exécutoire de la procédure germanique. Les rédacteurs des lois barbares ne conçoivent pas le procès comme nous le faisons aujourd'hui. Pour eux, il ne s'agit pas d'un débat contradictoire portant sur l'existence d'un droit et ayant trait à des questions souvent fort délicates; on donne seulement au demandeur le moyen de vaincre la résistance mal fondée du possesseur actuel. C'est ainsi que dans la loi Salique nous voyons deux véritables saisies, l'action *ex fide factâ* et l'action *ex re præstitâ* figurer seules à côté des actions *ex delicto*. C'est là une méthode expéditive qui est parfaitement conforme à l'esprit

(1) *Die Beschränkung der Eigenthumsverfolgung bei Fahrhabe*, p. 17 et suiv.

des législations anciennes et qui a été conservée jusqu'à nos jours dans la plupart des cantons suisses (Betreibungs-verfahren). S'il en est ainsi, on comprend parfaitement, dit M. Heusler, quelle est l'origine de notre règle. Le déposant n'ayant pas de titre exécutoire contre le tiers acquéreur du meuble déposé, il était impossible de recourir immédiate-ment à la saisie dans notre hypothèse. Et comme, d'autre part, on n'admettait pas que la procédure pût être contra-dictoire, en matière civile, on en vint à refuser au proprié-taire la revendication des meubles qu'il avait volontaire-ment confiés à un tiers.

La doctrine de M. Heusler ne nous paraît aucunement satisfaisante. Dans plusieurs coutumes françaises du sei-zième siècle, la revendication mobilière existe dans tous les cas; et cependant la procédure débute toujours par une saisie, à laquelle le détenteur actuel fait opposition, s'il y a lieu. Pourquoi donc n'en aurait-il pas été de même à l'é-poque barbare? Nous estimons en conséquence que le ca-ractère exécutoire de la procédure germanique n'est pas suffisant pour expliquer la maxime « les meubles n'ont pas de suite ».

Nous avons ainsi terminé la première partie de notre tâche. En résumé, aux époques mérovingienne et carlo-vingienne, on ne connaît pas la revendication des meu-bles, mais la voie criminelle est ouverte au propriétaire d'objets volés ou perdus. En raison des changements so-ciaux et du progrès des idées juridiques, la vieille lé-gislation subira plus tard de profondes modifications, et cependant treize siècles après la loi Salique, quelques-unes de nos coutumes françaises conserveront encore le souvenir du temps où en réclamant ses bestiaux le deman-deur portait de plein droit une accusation de vol contre le défendeur.

DEUXIÈME PÉRIODE

Moyen âge. — XIe, XIIe et XIIIe siècles.

Comme nous l'avons déjà dit, les sources françaises du moyen âge nous présentent l'image d'une législation éminemment formaliste et primitive. Il n'est pas nécessaire de soumettre à une analyse minutieuse les nombreux textes de notre époque pour y retrouver le souvenir d'un état social extrêmement simple; aussi a-t-on pu dire que les meilleurs renseignements sur les conceptions intellectuelles et les habitudes domestiques des Germains du cinquième siècle nous viennent des diplômes, des formules et des coutumiers du moyen âge. Nous ne saurions du reste méconnaître ni l'influence du droit romain déjà grandissante à la fin de notre période, ni les innovations produites par les nécessités du commerce ou le besoin de sécurité.

L'étude, dans laquelle nous entrons, va nous fournir l'occasion de constater une fois de plus l'exactitude du double caractère, que nous venons d'assigner à notre vieille pratique judiciaire. D'une part, en effet, nous arrivons encore cette fois aux mêmes conclusions générales que dans la première partie de notre travail; en raison de la plus grande abondance de nos documents, nous pourrons même affirmer l'existence de coutumes qui avaient peut-être momentanément disparu au moment de la rédaction des lois barbares. En sens inverse quelques traces de l'esprit nouveau sont déjà apparentes et il est facile de prévoir le triomphe définitif du principe romain.

Après ces quelques mots d'introduction générale ne convient-il pas d'éclairer d'avance notre route en indiquant d'une façon sommaire, mais précise, quels sont relativement à notre sujet les traits distinctifs du droit du moyen âge comparé à la législation des époques mérovingienne et carlovingienne?

Tandis que les jurisconsultes romains, analysant finement la nature des différents droits, distinguent avec soin les actions réelles des actions personnelles, et accordent au propriétaire, en raison même de sa qualité, une voie de recours contre tout possesseur de sa chose, les rédacteurs des vieilles coutumes franques ne connaissent pas, on le sait, la revendication mobilière; dans ces coutumes c'est le point de vue pénal qui domine; lorsque j'ai perdu contre mon gré la possession d'un animal, l'action de vol m'est ouverte. Si en raison de son caractère criminel cette action a pour moi de réels avantages, elle m'expose en revanche à des risques et, en cas d'échec, la peine du talion me sera appliquée.

Avec le progrès des idées en matière de répression des crimes et des délits et le développement de la puissance sociale, une première réforme ne tarda pas à s'accomplir. Le châtiment des voleurs était devenu corporel et ne consistait plus comme autrefois en une simple amende; en sens inverse, grâce aux idées du moyen âge, en matière de preuve et en matière d'honneur, ou était arrivé à prescrire le combat singulier, dans tous les cas où le voleur n'était pas pris en flagrant délit. Les deux faits qui viennent d'être mis en lumière expliquent selon nous la création d'une action nouvelle, la demande de chose emblée (volée) à côté de l'ancienne action de vol (1).

(1) Nous croyons devoir nous servir de l'expression « demande de chose emblée » comme rendant parfaitement compte des dispositions de nos vieilles coutumes, bien que ces mots ne figurent pas dans nos sources. En général nos textes ne donnent pas de nom spécial à notre action et se bornent à faire allusion à notre procédure. *Las Costumas d: la Vila de Bordeü*, n° 18, p. 22 : « de causa comprada quant es *demandada per penada* ». Établissements de saint Louis, Liv. II, ch. 17 : « et il la *requiert* comme *emblée* ». Livre de Justice et de Plet, l. XIX, t. 14, § 4 : « se je *demande* a aucun ma chose, qui m'aura esté *emblée*. » Jean Bouteiller: *Somme rurale* Liv. I, tit. XLIII, p. 320, « puisque comme *emblée* ne la c'amoit ». *Livre des droitz et commandements* n° 51 « si elles ne sont *demandées* comme *emblées* ou *tolues* » n° 109 « de cellui qui *suit* la chose comme *emblée* ». Comme on le voit, nous nous sommes borné à créer un substantif en nous servant des verbes employés par nos documents. Terminons en signalant le ch. LXXXVII du *Grand Coutumier de Normandie*, où se rencontrent les mots

La demande de chose emblée a une nature qui lui est propre et ce n'est pas seulement une forme de l'action de vol. Comme cette dernière, la demande de chose emblée doit être rangée dans la catégorie des actions criminelles ; cependant d'une part, si le plaignant succombe, il sera seulement condamné à payer une amende à la justice et ne subira pas la peine réservée aux voleurs, et d'autre part le duel judiciaire ne joue plus ici qu'un rôle tout à fait effacé ; en principe le défendeur se justifiera en appelant son auteur en garantie. Si nous observons enfin que le domaine de notre action est restreint à l'hypothèse où le meuble a été retrouvé en la possession d'un tiers, nous aurons énuméré les principales différences qui séparent de l'action de vol la demande de chose emblée.

En imaginant la procédure nouvelle, à laquelle nous venons de faire allusion, les vieux légistes avaient permis au propriétaire d'obtenir plus facilement la restitution du meuble volé, sans renoncer cependant aux règles fondamentales du droit germanique. La naissance de l'action de chose adirée (perdue par cas fortuit) se rattache au contraire à une époque où l'empire de la tradition était déjà notablement affaibli.

A l'origine, nous l'avons dit, le propriétaire de la bête égarée doit nécessairement recourir à l'action de vol ; plus tard il put se servir de la demande de chose emblée (1) ; mais en raison de ce fait que d'après la législation féodale les objets trouvés étaient remis au seigneur et gardés par lui jusqu'à l'expiration du délai d'an et jour, la notion moderne se dégagea peu à peu de la conception primitive. Lorsque l'ayant droit se présentait devant le tribunal avant l'expiration du délai, il ne pouvait se plaindre d'aucune injustice ni entamer une procédure criminelle ; on en arriva par suite à reconnaître que le propriétaire devait

---

« querelle de choses tollues » ; mais nous ne croyons pas qu'il s'agisse là d'une action différente de l'action de spoliation

(1) Charte de la prévôté d'Amiens, art. 6 : « intercionibus rerum furtivarum et *amissarum.* » Cartulaire de l'abbaye de la Roë, pièce x... » Ce texte est relatif à la procédure de la demande de chose emblée et dans une des deux hypothèses qu'il prévoit, le propriétaire avait seulement égaré sa bête.

avoir à sa disposition une action civile, au moins en cas de perte accidentelle ; ce fut l'action de chose adirée dont nous parlent nos textes (1).

Ajoutons que l'affermissement du pouvoir social conduisit à accorder à la justice un rôle de plus en plus important dans la répression des crimes et des délits. Dès lors les praticiens ne tardèrent pas à pousser leur analyse plus loin qu'ils ne l'avaient fait jusque là ; à côté de la question de culpabilité ils découvrirent qu'il y avait place pour un débat purement civil portant uniquement sur le point de savoir à qui appartient le meuble volé ; on autorisa la victime du vol à revendiquer son bien comme s'il avait été perdu fortuitement et à intenter l'action de chose adirée, sauf au seigneur à entamer de son côté une instruction criminelle absolument distincte de la procédure civile (2). Grâce à cette méthode, le demandeur ne formulait plus ni directement ni indirectement aucune accusation de vol contre le détenteur du meuble litigieux et en conséquence on le déchargea de l'amende à laquelle il était condamné s'il perdait son procès. C'était là, on l'avouera, un remar-

(1) Jean d'Ibelin, chap. cxxxi, (tome I, p. 205) : « qui se viaut clamer par l'assise de chose qui li ait esté mal atirée, *ce est que il l'ait perdue*..... » Lois de Guillaume le Conquérant, part. I, ch.iii, § 6 (Schmid, p. 324) : « autersi de aveir *adiré* e autersi de *truveure*, soit mustred de treis parz del viined. » Britton, liv. I, ch. xviii, des *Troveures* (tome I, p. 68) : «.... Et si le seignur la avowe pur la sue, si eit le demaundaunt accioun a demaunder cum sa beste *adiree* en forme de trespas ou de apeler de larcyn par motz de felonie. » Ces textes démontrent, à notre avis, que dans les sources du xiiie siècle, le mot adiré signifie égaré, perdu par cas fortuit ; et notre expression se retrouve avec le même sens dans plusieurs coutumes du seizième siècle (Berri, tit. IX, art. 28 ; Labourt, tit. XX, art. 1) et dans certains patois contemporains.

(2) Fleta, lib. I, ch. xxxvi, de furto (tome III, p. 119) : «.... Et poterit rem suam petere *civiliter ut addifratam quamvis furatam* ». *Assises de la Cour des Bourgeois d'Antioche* chap. ix, p. 62. Il convient de citer dès maintenant à côté de la Fleta et des *Assises d'Antioche* le passage suivant du Registre criminel de la justice de Saint-Martin des Champs (p. 11), bien que ce dernier texte appartienne au xive siècle : « 3 mai 1332. Ce jour fit *demande civile* Thomassete de Pirout contre Marote de la Mare, fame Ricalirt Lenglais et à Hueté de la Mare, sa suer disant que, es estuves de ladicte Marote, elle avait baillé en garde à ladicte Huete sa boursse et perdi de ce que y estoit, la moitié de xxiii pièces, que mailles blanches que doubles et *tendant seulement à fin de restitution de sa chose perdue.* Mises en prison. Eslargi ausdites suers leur prison jusques a d'ici en viii jours. »

quable résultat, d'autant plus que la théorie de la partie civile est née seulement au quatorzième siècle (1).

En résumé, nous avons déjà mis en lumière deux tenta-

(1) M. Marcel Thévenin (*die Mobilienvindication nach den altfranzösischen Rechtsquellen des Mittelalters*, p. 3), et M. Franken, p. 298 et suiv., enseignent une doctrine tout à fait différente de la nôtre. Ces auteurs ne reconnaissent pas l'existence d'une action civile distincte, nommée l'action de chose adirée; à leur avis les coutumiers français du moyen âge mentionnent simplement la revendication mobilière à côté de l'action directe du vol; le vocable » adiré » doit être considéré comme synonyme de « desmané » et exprime l'idée générale suivante, à savoir que le propriétaire du meuble en a perdu la possession contre son gré. A l'appui des idées de M. Thévenin et de M. Franken on pourrait citer l'étymologie donnée par M. Henschel au mot « adiré », (*Notes sur le Glossaire de du Cange* v° *Adiré*) : « dicitur de se non tam de perdita quam quæ non est ad manum. » Adiré viendrait de *a dextratus* (quod non ad dextram, id est ad manum habetur). Signalons encore dans le même sens le passage suivant de Guillaume Terrien (*Commentaire du droit civil observé au pays et duché de Normandie,* p. 257, chap. de *Délivrance de namps*: « comme chose adirée : qui est à entendre en quelque sorte que j'en aye esté désaisi, sans mon fait et consentement. » Ajoutons qu'au xive siècle le greffier de la justice de Saint-Martin des Champs (Registre criminel, p. 9) ayant à parler de la même affaire dans deux numéros distincts se sert indifféremment des termes « suivre un drap de li *pour emblé,* » et « suivre *comme adiré.* » Notre conviction n'a été ébranlée par aucun des arguments que nous venons de présenter. Si M. Henschel nous semble avoir raison de rattacher *adiré,* au vocable latin du moyen âge *a dextratus* ce n'est pas un motif suffisant paur écarter le sens étroit « égaré, perdu, » qui nous est donné par les sources de notre époque; et ces dernières ont évidemment une autorité plus grande que le commentaire publié au xvie siècle par Guillaume Terrien. Observons en dernier lieu qu'au moment où fut rédigé le Registre criminel on connaissait parfaitement dans la justice de Saint-Martin des Champs les deux actions que nous avons appelées demande de chose emblée et action de chose adirée; elles n'étaient nullement confondues (V. p. 11, 17, 18). Dans l'instance visée à la page 9 du Registre le demandeur s'était sans doute borné comme dans le cas prévu à la page 11, à former « *demande civile tendant seulement à fin de restitution de sa chose perdue.* » Cependant, comme en fait il y avait eu vol et qu'une instruction criminelle avait été ouverte d'office, le procès-verbal d'écrou employa l'expression inexacte « suivre pour emblée. » Pour achever notre démonstration, il nous suffit maintеnant de renvoyer aux textes mentionnés par nous aux notes 1 et 2 de la page 90, en insistant tout particulièrement sur le ch. ix des *Assises de la Cour des Bourgeois d'Antioche,* p. 62. Ce document est parfaitement net : la victime du vol réclame seulement le meuble volé, qu'elle présente comme égaré, et après le jugement rendu sur l'action civile, un procès criminel commence; j'ajoute enfin que d'après quelques-uns de nos documents, le système de preuve n'est pas le même lorsque le menble a été volé et lorsqu'il a été perdu (V. ci-dessous ch. i, sect. 5 et 6). Concluons donc à l'existence d'une action spéciale, que nous nommerons l'action de chose adirée.

tives différentes en vue de protéger d'une façon plus efficace le propriétaire d'objets mobiliers, qui en a été dépossédé contre son gré. Ajoutons que ces deux tentatives n'ont pas eu le même degré de généralité ; tandis que la demande de chose emblée nous apparaît comme ayant été d'un usage très répandu, peu de textes nous parlent au contraire de l'action de chose adirée ; citons seulement les coutumiers latins d'outre-mer (1) et les sources normandes (2) et anglo-normandes (3). Il convient aussi d'observer que les *Assises des bourgeois de Jérusalem* et le grand *Coutumier de Norman-die* (4) sont, à notre connaissance, les seuls documents dans lesquels il soit question à la fois des deux procédures, dont nous venons de parler. Les *Assises d'Antioche* et les *Assises de la haute cour de Jérusalem* connaissent seule-ment l'action de chose adirée, semblables en cela à la Fleta et au livre de Britton ; en sens inverse notre droit com-mun français du treizième siècle ne sépare pas encore l'élé-ment civil de l'élément criminel et se borne à offrir à la victime du délit le choix entre l'action de vol et la demande de chose emblée (5).

Il nous reste maintenant à signaler un dernier progrès qui ne fut d'ailleurs réalisé pendant notre période que d'une façon extrêmement timide ; dans son état primitif la législation germanique, on s'en souvient, accorde seule-

(1) *Assises de la Cour des Bourgeois de Jérusalem*, ch. ccxxvi, p. 251. (ch. ccxx de Beugnot). *Assises de la Cour des Bourgeois d'Antioche*, ch. ix. Jean d'Ibelin, ch. lxxx et ch. cxxxi. Jacques d'Ibelin ch. liv. Abrégé du Livre des *Assises de la Cour des Bourgeois*, lib. II, ch. xxiii.

(2) *Grand Coutumier de Normandie* ch. lxxxvii.

(3) V. plus haut notes 1 et 2 de la page 90.

(4) Il est très vraisemblable qu'il en était de même à Bayonne et à Bor-deaux (*Coutume de Bayonne*, CII, 1. *Las Costumas de la vila de Bordeü*, § 18, rapproché du § 179).

(5) Pour le droit allemand du moyen âge, consulter Laband, p. 90 à 103. Notre auteur enseigne que la victime du vol aura le choix entre les trois méthodes suivantes : porter une accusation directe de vol, entamer la pro-cédure d'*anefang*, intenter enfin l'action simple (*schichte Klage*). La procé-dure d'*anefang* se rapproche sensiblement de celle que nous décrirons plus oin à propos de la demande de chose emblée, et la *schlichte Klage* corres-pond à notre action de chose adirée. Si ces deux dernières actions repo-sent d'ailleurs sur la même base et ont pour objet de satisfaire aux mêmes besoins, il convient cependant de noter dès à présent qu'elles sont sépa-rées par des différences assez importantes.

ment au prêteur une action en restitution contre l'emprunteur si ce dernier a aliéné le meuble à lui confié, elle lui refuse toute action en revendication contre le posssesseur actuel. Au contraire, si de nombreux textes de notre époque consacrent de la façon la plus formelle la règle à laquelle nous venons de faire allusion, on aperçoit déjà au treizième siècle une tendance encore peu accusée à abandonner sur ce point l'ancienne tradition ; plusieurs de nos coutumiers autorisent le propriétaire à revendiquer dans des circonstances spéciales le meuble qu'il a cependant cessé de posséder de son plein gré.

En définitive, la véritable doctrine romaine ne se montre pas dans nos sources françaises avant le quatorzième siècle. Au point de vue de l'histoire des conceptions juridiques, n'y avait-il pas un intérêt de premier ordre à constater avec quelle difficulté se sont introduites dans la pratique des idées qui nous semblent aujourd'hui si simples, à savoir que les actions réelles ne doivent pas être confondues avec les actions personnelles et que la procédure doit servir de sanction aux droits ?

Après avoir ainsi jeté un coup d'œil d'ensemble sur le chemin que nous aurons à parcourir, nous sommes suffisamment préparés pour entrer dans les détails de notre sujet. En raison même de ce que nous venons de dire, notre méthode est tracée à l'avance ; comme dans la première partie de ce travail, nous supposerons d'abord que le propriétaire a perdu malgré lui la possession du meuble litigieux, pour nous placer ensuite dans l'hypothèse inverse.

CHAPITRE PREMIER

CAS OU LE PROPRIÉTAIRE DE MEUBLES EN A PERDU LA POSSESSION CONTRE SON GRÉ.

Si le meuble a été égaré ou volé, on sait que le droit du moyen âge permet au propriétaire de poursuivre le détenteur actuel et de rentrer ainsi en possession de son bien. Ne convient-il pas d'étudier d'abord ici d'une façon géné-

rale les conditions auxquelles seront ouvertes les voies de
recours auxquelles nous faisons allusion ? Entrant ensuite
dans la procédure, nous nous occuperons successivement de
l'instruction de l'affaire, puis de l'hypothèse où le délit est
flagrant : une section spéciale sera enfin consacrée à l'action de vol, à la demande de chose emblée et enfin à l'action de chose adirée.

SECTION 1. — *Conditions auxquelles le propriétaire rentrera
en possession de la chose.*

Nous avons déjà constaté que dans les législations primitives la conception du vol est très étroite ; redoutant principalement l'enlèvement clandestin des choses appartenant
autrui, les rédacteurs de nos coutumiers français du moyen
âge ne nous parlent d'aucun châtiment infligé aux coupa-
bles d'abus de confiance ou d'escroquerie. Sur ce point nous
nous bornons du reste à renvoyer à ce que nous avons
dit à la page 17.

Pour l'intelligence de nos textes, il est encore utile d'insister sur ce fait que dans le droit français des onzième,
douzième et treizième siècles le vol n'est aucunement confondu avec la spoliation appelée roberie (1), eschapelerie (2),
force (3) dans les textes du Nord et araubarie dans ceux du
Midi (4). La violence n'a donc pas seulement pour conséquence de rendre le vol qualifié et d'aggraver la peine, elle
change la nature de l'acte. Aussi nos documents prévoient-
ils toujours d'une façon distincte les deux délits dont
nous venons de parler. Comme cependant au point de
vue de la restitution de l'objet, il n'y a pas à examiner s'il
a été volé ou ravi, nous nous placerons toujours dans
l'hypothèse où il y a clandestinité sans violence ; nous ferons

(1) *Grand Coutumier de Normandie*, ch. LXXI. *Établissements de saint
Louis*, liv I, ch. LXXII.

(2) *Coustumes d'Anjou et dou Maigne* (XIIIe siècle), n° 22 (Beautemps-
Beaupré, t. I, p. 78). Claude Liger, n. 1334 (Beautemps-Beaupré, t. II,
p. 493).

(3) *Livre de Jostice et de Plet*, l. XIX, ch. XXIV, § 1 et § 2.

(4) *For général de Béarn.* Rubr. XLVI, *de Penhers*, art. 132 *in f.*
(Mazure et Hatoulet, p. 52). *Coutume de Bayonne*, ch. CXIV, n° 9.

la même observation relativement aux coutumes qui, comme celle de Polastron, décomposent le vol en vol proprement dit et en larcin.

En ce qui concerne les objets perdus par cas fortuit, la doctrine de notre époque mérite une mention particulière, en raison des éléments nouveaux dus à l'introduction du régime féodal. Tandis que les *Ass ses de la Cour des Bourgeois de Jérusalem* (1) nous montrent le particulier conduisant lui même au marché la bête égarée afin de rendre sa possession publique et de porter le fait à la connaissance du véritable propriétaire, toutes les autres sources de notre période sont conçues dans un esprit fort différent. En conséquence de l'idée fondamentale sur laquelle repose la société féodale et peut être aussi sous l'influence des traditions romaines, les seigneurs ne tardèrent pas à s'emparer des épaves trouvées dans les limites de leur fief. Sous peine d'amende, le vassal dut dans un certain délai amener à la cour de son seigneur l'objet mobilier par lui trouvé ; ainsi la possession intérimaire appartient à la justice (2). Si maintenant nous recherchons quels sont les droits du véritable propriétaire, nous arrivons à une distinction assez bizarre à la vérité, mais qui joue néanmoins un rôle important dans nos sources. En principe, le propriétaire a la faculté de réclamer son meuble au seigneur pendant un an et un jour (3), et, s'il se présente en temps utile, on lui rendra son bien sans l'obliger à aucun payement (4). Supposons maintenant qu'il s'agisse d'épaves maritimes,

(1) *Assises de la Cour des Bourgeois*, ch. CCLIII, (Beugnot, ch. CCLIX).

(2) Beaumanoir, LXIX, 24 (tome II, p. 495 . Comparez un curieux jugement de l'Échiquier de Normandie (Léopold De Isle. Recueil de jugements de l'É hiquier de Normandie, n° 541) : « Accordatum est quod vere cum custodiatur in manu domini regis per annum et diem et si infra annum aliquis illud requisierit et probaverit esse suum, justicia domini regis ei reddet : si autem infra annum requisitum non fuerit, reddatur ei cui debebat de jure reddi. »

(3) Beaumanoir, LXIX : 25, « Le coze n'est pas espave qui est porsivye de celi qui ele est ou de son commandement et proevé qu'ele est soie. »

(4) Des textes du XIVe siècle nous montrent qu'avant de rendre au propriétaire le meuble égaré, la justice exigeait de lui certaines sûretés pour l'hypothèse où une autre réclamation se produirait avant l'expiration du délai d'an et jour ; il en était vraisemblablement de même à notre époque. (Registré criminel de la justice de Saint-Martin des Champs p. 128 et 143.)

de woareth, de waresc, pour employer les expressions de nos documents ; au onzième et au douzième siècle, aucune réclamation n'était admise de la part des propriétaires, et le seigneur s'appropriait immédiatement les épaves maritimes, en vertu d'un droit spécial connu sous le nom de droit de lagan (1). On s'expliquera peut-être la différence que nous venons de mettre en lumière entre les épaves terrestres et les épaves maritimes si on considère que les naufragés, étrangers en général, étaient considérés comme des ennemis. Comme M. Pardessus l'a magistralement démontré, le droit de lagan se maintint en France jusqu'au quinzième siècle. En Angleterre Henri II abrogeait cette ancienne coutume dès l'année 1174 (2) ; mais après sa mort on en revint à l'ancienne pratique (3), et en 1190 nous voyons Richard Cœur de lion renoncer au droit de lagan dans une charte adressée aux habitants de Bayonne et qui est reproduite par MM. Balasque et Dulaurens (4). D'après cette charte le droit de lagan ne sera plus désormais opposé aux naufragés qui arrivent à terre et réclament leurs marchandises, ni à leurs fils, filles, frères et sœurs.

(1) En Angleterre le droit de lagan appartenait certainement au seigneur et non au roi. Bigelow, *Pla ita Anglo-Normannica*, p. 143. Voyez aussi le procès survenu en 1102 entre l'abbé Gausfrid et les collecteurs royaux. En France, au XIIIe siècle au moins, ce droit de lagan donna lieu à de nombreuses difficultés entre le roi et les seigneurs (Léopold Delisle, Recueil de jugements de l'Échiquier de Normandie, n° 450). Boutaric, Actes du Parlement de Paris. Livre de Pelu Noir, n° 269 (tome I, p 343). Comp. la belle dissertation de M. Pardessus sur le droit de lagan (Collection des lois maritimes, tome I, p. 315). M. Pardessus pose en principe que le droit de lagan appartient au roi sauf délégation aux seigneurs ; il ne semble pas qu'au commencement du moyen âge la pratique fût conforme à cette doctrine.

(2) *Rymer, Acta Fœdera*, tome I, p. 12. En vertu de la charte à laquelle nous faisons allusion, le droit de lagan continuera à être exercé s'il n'a survécu ni un homme ni un animal. Une bête a-t-elle échappé au naufrage, les héritiers des marins seront autorisés à réclamer les épaves dans un délai de trois mois à partir du sinistre : enfin cette courte prescription n'est pas opposable aux naufragés qui se présentent.

(3) *Bigelow, Placita Anglo Normannica*, p. 143. L'abbé de Battel, qui obtint en définitive gain de cause, prétendait que la loi d'Henri II ne devait plus être appliquée après sa mort, et le motif qu'il donnait a une réelle importance au point de vue de l'histoire constitutionnelle de l'Angleterre. « Regem Henricum pro libitu antiqua patriæ jura mutare in diebus suis posse testificatus est, sed non nisi communi baronum regni consensu in posterum rata fore. »

(4) *Études historiques sur la ville de Bayonne*, tome I, p. 327.

Ayant ainsi énuméré les hypothèses dans lesquelles nos voies de recours seront ouvertes, il convient de se demander par qui nos actions pourront être intentées. Si on se souvient du caractère criminel de l'action de vol et même de la demande de chose emblée, on comprendra aisément que ces deux actions ne soient pas réservées au propriétaire de l'objet. D'après la plupart de nos textes l'emprunteur et le créancier gagistes doivent, dans tous les cas, restituer à l'autre partie contractante la valeur du meuble prêté ou donné en gage (1), si ce dernier a été volé avant l'échéance. Il y a là assurément l'application d'une vieille doctrine d'après laquelle l'emprunteur et le créancier gagiste sont tenus des cas fortuits. Obligé par un mode solennel, le débiteur de l'objet prêté ou donné en gage ne peut en effet se libérer en se fondant sur ce qu'il n'a commis aucune imprudence ; une législation primitive ignore tous ces tempéraments d'équité, qui nous semblent aujourd'hui si naturels. Si ce premier point est certain, n'est-il pas évident que le propriétaire ne peut recevoir deux fois la valeur du meuble volé et que par suite, dans notre hypothèse, l'emprunteur et le créancier gagiste ont seuls la faculté d'agir; c'est à eux seuls qu'il appartient de venger leur injure (2). Si telle est du reste la solution qui prévaut dans les documents de notre période, nous devons cependant constater quelques dissidences; à la fin du treizième siècle, Beaumanoir autorise le prêteur à poursuivre le coupable du délit, mais en déchargeant l'emprunteur de toute responsabilité (3). Et là où Beaumanoir n'accorde encore qu'une faculté au prêteur, la *Coutume de Bordeaux* et le *Livre de*

---

(1) *Assises de la Cour des Bourgeois de Jérusalem*, ch. LVI (Beugnot ch. LVIII). Jean d'Ibelin, ch. CXIX. Fleta, lib. I, ch. XXXVII. (Houard, tome III, p. 125). Pierre de Fontaines, ch. XX, n° 10. *Ancien Coutumier de Bourgogne*, ch. XVIII.

(2) La pièce X du cartulaire de l'abbaye de la Roë est particulièrement décisive à notre point de vue ; dans le procès raconté par ce document le cheval volé n'appartenait pas aux moines, et cependant, bien qu'il eût été simplement prêté à ces derniers, un serviteur du monastère n'hésita pas à le réclamer et à le saisir comme étant à lui.

(3) Beaumanoir, ch. XXXI, n° 15. Si l'objet loué a été volé, Beaumanoir (ch. XXXI, n° 16) ne permet au bailleur d'intenter l'action en revendication que si le locataire est insolvable.

Jostice et de Plet paraissent exclure complètement l'emprunteur (1).

Nous répéterions volontiers même à propos de l'action de chose adirée ce que nous venons de dire à propos de l'action de vol et de la demande de chose emblée. Bien que l'action de chose adirée soit une action civile, ce serait une erreur de l'assimiler à la revendication des temps modernes; la formule prononcée par le demandeur n'empêche en aucune façon d'appliquer ici la règle d'après laquelle le commodataire est au moyen âge responsable des cas fortuits et doit par compensation profiter seul de l'amende à laquelle sera condamné le voleur.

Ayant ainsi déterminé à qui appartiennent nos actions, voyons à quels biens elles s'appliquent. Parmi les documents de notre époque, nous ne trouvons aucun texte analogue au § 9 du tit. LXXII de la *Loi des Ripuaires*, et rien ne nous autorise à affirmer que l'entiercement était impossible si le meuble perdu ne portait pas la marque de famille du demandeur néanmoins plusieurs de nos coutumiers (2) se placent toujours dans l'hypothèse d'un vol de bestiaux, sans doute parce que, malgré les remarquables progrès de l'industrie et du bien-être, les troupeaux constituaient encore l'élément le plus important de la fortune mobilière.

Nous aurons achevé l'étude des conditions auxquelles nos voies de recours sont ouvertes si nous rappelons que nos actions devront être intentées dans le délai d'an et jour à partir du vol (3) ou de la perte par cas fortuit (4); si l'objet a été volé, notre règle est, nous l'avons dit, en harmonie parfaite avec l'ensemble du système en vigueur au moyen âge, et, dans l'hypothèse où la bête a été égarée, le seigneur

---

(1) *Livre de Jostice et de Plet*, L. XIX. t. XXXV, § 1, « et cil qui la chose est l'antierce por emblée. » *Las Costumas de la vila de Bordeü*, § 161.

(2) *Asises d'Antioche* (*Cour des bourgeois*, ch. IX, p. 62).

(3) *Livre de Jostice et de Plet*. L. XIX, ch. XXIX, § 1 et ch. XXX, § 1.

(4) *Grand Coutumier de Normandie*, ch. XVII, *de varech*, ch. XIX, *de choces gayes*. *Assises de la Cour des Bourgeois de Jérusalem*, ch. CCLIII. (Beugnot, ch. CCLIX). Par application du même principe, l'héritier ne peut plus réclamer les meubles successoraux, lorsqu'il s'est écoulé un an et jour depuis la mort du défunt: ces meubles sont définitivement acquis au seigneur ou à la commune. *Coutumes de Cazères*, art. 21, de la Sauvetat, art. 8, de Compiègne, art. 7. *Statuts d'Arles*, § 83, etc.

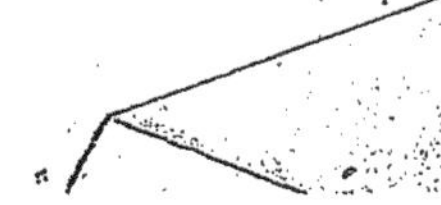

en devient propriétaire au bout de l'an et jour, conformément aux principes généraux du droit de notre époque, en matière de saisine (1).

SECTION II. — *Instruction préparatoire.*

Malgré les progrès déjà réalisés, la législation pénale du moyen âge repose encore sur les mêmes bases que celle des siècles précédents. Si un châtiment est infligé à un coupable, c'est en raison du préjudice causé à tort à la victime du délit et à sa famille ; c'est à l'offensé ou à ses parents qu'appartient le droit exclusif de tirer vengeance de l'injure subie soit en commençant une guerre privée, soit en s'adressant aux tribunaux (2).

Si du reste les gens du roi ou des seigneurs ne peuvent requérir d'office la condamnation des criminels, il ne faut pas en conclure qu'ils n'aient ni le droit d'enquête, ni le droit d'arrestation. Quand un vol a été commis, le propriétaire lésé a le choix entre les deux méthodes suivantes : il lui est d'abord loisible de diriger lui-même l'instruction et de suivre à la trace la bête perdue comme au temps de la loi salique ; mais rien ne l'empêche de remettre ses intérêts entre les mains de la justice.

Reconnaissons au surplus que les sources françaises de notre époque contiennent seulement des allusions aux re-

(1) Notons enfin que le vol est un cas de basse justice. *Établissements de saint Louis.* L. I, ch. xxv et ch. xxxviii. *Actes du Parlement de Paris,* no 1307, etc. Au contraire, c'est la cour du haut justicier qui sera compétente s'il y a roberie. *Très ancien Coutumier de Normandie* (édition Warnkœnig, tome II, p. 29). *Grand Coutumier de Normandie,* h. LIII. *Coustumes d'Anjou et dou Maigne,* no 83 (Beautemps-Beaupré, tome I, p. 1-5). D'Arbois de Jubainville. *Histoire des ducs et comtes de Champagne,* tome III, p. 166 et 167.

(2) De nombreux textes démontrent la vérité de cette assertion à savoir que l'action criminelle est privée et que le tribunal ne peut pas commencer d'office la poursuite. *Livre de Jostice et de Plet,* L. XIX, ch. XLV. § 2. Signalons cependant un certain nombre d'exceptions. Beaumanoir, ch. VI, *des Demandes,* no 12, oppose déjà la dénonciation à l'accusation, et certaines coutumes du Midi vont encore plus loin et permettent aux magistrats municipaux de prendre immédiatement l'initiative et de rechercher spontanément les auteurs des crimes et des délits. *Coutume de Bayonne,* CIII, 16. 4. (p. 647). *Priviléges de Lourdes,* art. 19. *Règlement d'Arrens,* art. 12. *Coutume de Limoges* (Leymarie, *Le Limousin historique,* p. 582).

cherches individuelles de la victime du vol et à la perquisition domiciliaire qu'elle peut entreprendre sans l'assistance
d'aucun représentant du tribunal (1). Tout fait présumer cependant le maintien au moyen âge des vieux rites indo-eu-
ropéens, que nous avons décrits à propos des coutumes
franques. Nous serions même tenté de considérer comme
n'étant pas particulier à l'Allemagne un vieil usage dont
nous parle Jacob Grimm dans ses *Antiquités du droit* (2).
Au témoignage de cet écrivain, quelques droits municipaux
du Nord de l'Allemagne imposent au propriétaire du meuble
volé l'obligation de déposer une petite somme d'argent sur
le seuil de la porte avant de pénétrer dans la maison sus-
pecte; nous trouvons une disposition analogue dans certains
textes scandinaves du treizième siècle (3). Si nous recherchons du reste quelle est la signification de ce dépôt d'une
somme d'argent, nous verrons là une gageure, qui intervient
entre les deux parties en cause (4). Si la chose volée n'est
pas découverte, l'auteur de la perquisition domiciliaire devra
payer une composition au propriétaire de la maison; en

(1) *Ancien Coutumier de Bourgogne*, ch. xiv, p. 16 : « Se ciz qui l'a perdue
la treuve chies aucuns... » Beaumanoir, I.XIX, 25 : « Le coze n'est pas espave
qui est *porsivye* de celi qui ele est.... Et s'il ne le porsivoit pas mais il
ot apres dire le lieu ou ele est...» Pierre de Fontaines, XV, 5 : « Il est res-
pondu par droit que les choses qui ont esté tolues par force ou par larrecin
pueent bien estre redemandées arière et enquises.... » Signalons aussi le
liv. I, ch. xci des *Établissements de saint Louis* d'avoir son « garand de
chastel emblé. » Ce texte fait allusion à la formalité de la reconnaissance :
« Et il fust bien cogneus. »
(2) *Rechtsalterthümer*, p. 640.
(3) *Droit commun des villes de Suède*, tit. XV, *de Furto*. can. ii (Loccenius, p. 140) : « Nemini etiam licebit rem furtivam in alterius ædibus inves-
tigare nisi ad eum *provocet cum* XL marcis vel fiat hoc cum prætoris et
senatorum venia. » *Slesvigs ældste Stadsret*, art. 21 (Kolderup Ro-envinge,
Danske gaardsretter og Stadsretter, p. 315). « Item si quis a domino domus
petierit ut exploret in domo ejus de furto, *negante hospite*, non presente
exactore, 111 marcas in limine ponat et domum intret. Si assit exactor,
nichil ponat, et si ingressus domum furtum non invenerit, pecuniam in
limine positam amittat. »
- (4) Nous ne croyons pas que la somme d'argent ainsi déposée sur le seuil
représente le prix de la violation du domicile; on ne comprendrait pas en
effet que ce prix ne fût pas payé, même dans le cas où le maître de la
maison ne s'est pas opposé à la perquisition. Quand le *ve tigium minans*
passe outre, malgré l'opposition du propriétaire, il accuse implicitement
ce dernier d'avoir commis le vol et il s'expose lui-même à subir la peine
du talion et à payer l'amende infligée aux voleurs, si ses allégations se

Suède et en Danemark (1), c'est le montant même de l'amende qui est en quelque sorte consigné d'avance; en Allemagne on exige seulement des arrhes. Il est du reste vraisemblable que notre pratique a pris naissance à une époque où une réaction se faisait déjà sentir contre les recherches entreprises par un simple particulier, sans le concours de la justice.

Plaçons-nous maintenant dans notre seconde hypothèse et supposons que le propriétaire lésé a porté plainte au tribunal. Si les agents de celui-ci découvrent le meuble volé, ils le rendront intégralement à l'ayant droit (2). Cependant, à titre exceptionnel, la Coutume de Montpellier de 1204 (3) accorde à la ville le tiers de l'objet retrouvé, lorsque le plaignant est un étranger et, vers la même époque, les *Assises d'Antioche* (4) édictent une disposition encore plus curieuse. D'après ce dernier document, il faut distinguer suivant qu'il s'agit de bêtes de somme et autres quadrupèdes ou au contraire d'autres objets mobiliers. Dans le premier cas, le demandeur reprend ses bêtes, sans être tenu à payer aucuns frais; dans le second, la cour retient le tiers de la valeur du bien perdu ou volé. On s'expliquera, croyons nous, cette singulière disposition des *Assises d'Antioche*, si on se rappelle que l'entiercement s'appliqua d'abord à peu près exclusivement aux animaux domestiques; lorsque plus tard les formes de la richesse mobilière se furent multipliées, la

trouvent inexactes. Ceci posé, le dépôt dont nous nous occupons a pour objet de maintenir l'égalité entre les deux parties qui doivent courir les mêmes risques; c'est en outre pour le demandeur un moyen de donner plus de force à son accusation et d'accentuer le défi qu'il adresse à son adversaire. En parfaite harmonie avec les conceptions primitives, notre conjecture nous semble en outre appuyée en premier lieu par les expressions mêmes dont se sert un de nos textes, « provocet eu n XL marcis », et en second lieu par ce fait que, si nous en croyons Wilda (*Strafrecht d r Germanen*, p. 904, note 3), plusieurs coutumiers de la Suède supérieure exigeaient que le maître de la maison déposât lui aussi trois marcs sur le seuil de la porte, avant que la perquisition ne commençât.

(1) *Coutumier du roi Chrstophe*, tit. XII, *de Feriis* cap. XIII, (Loccenius, p. 191). *Jydske Lorbog*, liv II, ch. XCVII Kofod, Ancher p. 171).

(2) *Lois de Guillaume le Conquéran*, part. I, ch XXVII (Schmid, p. 340). *Charte communale de Bayonne* (1215) (Balasque et Dulaurens, tome I, p. 460). *Charte communale d'Amiens*, art. 2 (Bouthors, t. I, p. 62).

(3) Ch. XX, (Petit Thalamus, p. 12).

(4) *Cour des Bourgeois*, ch. IX (p. 62).

Cour dut intervenir pour rechercher les meubles qui, ne portant aucune marque de famille, n'étaient pas susceptibles d'entiercement. Dans cette hypothèse un service considérable était rendu à la victime du vol, et ce service méritait assurément une récompense. Un dernier progrès fut enfin accompli, et le propriétaire lésé put dans tous les cas se plaindre immédiatement à la cour ; il resta néanmoins des vestiges de l'ancien ordre de choses (1).

Section III. — *Du flagrant délit.*

Si nous comparons les lois barbares et les sources des onzième et douzième siècles, relativement à la question de savoir dans quels cas le délit est flagrant, nous sommes frappés de l'esprit qui anime les rédacteurs de nos coutumiers ; les solutions de la loi Salique et de la loi des Ripuaires sont assurément moins éloignées de la doctrine moderne que ne le sont les règles formulées par certains documents de notre époque ; ces derniers nous reportent à un état de civilisation tout à fait primitif, et ainsi se trouve vérifié une fois de plus le curieux phénomène, auquel nous avons fait allusion à la page 87. Et en effet, tandis que d'après les coutumes franques le *vestigium minans* doit avoir découvert l'objet dans les trois jours à partir du vol, les chroniqueurs comme Raoul Glaber (2) ou plus tard les jurisconsultes comme Bracton (3) ne nous parlent d'aucun délai. Dans l'esprit des praticiens du moyen âge il ne peut y avoir aucun doute sur la culpabilité de celui, qui ayant été

---

(1) Il est assez intéressant de constater qu'au moyen âge le seigneur était, sous certaines conditions, tenu d'indemniser la victime du délit, lorsque l'objet volé n'était pas découvert. Bouaric, *Actes du Parlement,* nos 815, 900, 974. *Assises de la Cour des Bourgeois de Jérusalem,* ch. ccxlviii. *Coutume d'Eauze,* p. 202.

(2) V. page 27, note 1.

(3) Lib. III, secundus tractatus, cap. xxxii, § (tome II, p. 510) : « Furtum vero manifestum est ubi latro deprehensus est seysitus de aliquo latrocinio, scilicet handhabende et hacberende et insecutus fuerit per aliquem cujus res illa fuerit quæ dicitur sakaburth. » Comparez le ch. ci, de la *Très ancienne Coutume de Bretagne.* « Et s'il nie le fait et il a esté pris au fait présent ou en *poursieute* ou que le fait ait esté fait notoirement à commun de paroisse de foire ou de marché. »

poursuivi sans relâche depuis le vol est enfin saisi en possession de l'objet ; les hommes de ce temps ont encore pleine foi dans les recherches à la piste, et dès lors il est naturel que le délit soit réputé flagrant si les deux éléments suivants se trouvent réunis, d'une part la poursuite du voleur par le propriétaire et d'autre part la saisie de l'objet volé entre les mains de l'accusé, quel que soit d'ailleurs le moment où a eu lieu l'enlèvement clandestin (1). Assurément c'est là une procédure criminelle, qui doit nous surprendre, mais elle n'est nullement en contradiction avec l'ensemble des conceptions juridiques de l'époque, dont nous nous occupons.

Si la théorie qui vient d'être mise en lumière est attestée par plusieurs textes, ce n'est pas à dire cependant qu'elle ait été admise d'une façon générale au moins à la fin de notre période. D'après plusieurs coutumiers allemands (2), le délit n'est pas réputé flagrant si le meuble a été retrouvé le lendemain du vol après la nuit écoulée et nos sources françaises du treizième siècle semblent adopter la même solution (3).

Arrivant aux conséquences à tirer de ce fait que le délit est flagrant, bornons-nous à signaler les deux règles suivantes : d'une part le malfaiteur est immédiatement conduit (4) devant le tribunal du seigneur dans la justice

---

(1) Ajoutons que, d'après plusieurs de nos textes, il faut en outre que la victime du délit ait « levé le cri », après le coupable, ait poussé le haro. *Grand Coutumier de Normandie*, LXXI, « ..... par quoy il me convinst crier haro. » Au XIV⁰ siècle Jacobi mentionne encore cette doctrine, tout en la la repoussant. *Aurea Practica libellorum*, rubr. 92, *De actione furti manifesti*, n⁰ 5 (p. 371).

(2) Zœpfl, *Deutsche Rechtsgeschichte*, § 110, tome III, p. 199.

(3) *Coutume de Bayonne*, ch., LXVII. *Coutume de pocessions* (tome II, p. 630) : « En tote cause que hom ago pacibiement possedit une nuit et han jorn pot mete fidance lo qui pocedira, si donexs no que per force violente quis podos mostrar sen fos mes en poder ». Jacobi, *Aurea Practica libellorum*, rubr. 92, *De actione furti manifesti*, n⁰ 6, p. 371 : « Item recte dicitur eo die quo d ctum furtam commisit » Ajoutons que les *Assises de la Cour des Bourgeois de Jérusalem* ch., CCXXXVIII (Beugnot, ch. CCXLV) consacrent déjà relativement au flagrant délit une théorie fort analogue à notre théorie moderne.

(4) Dans plusieurs coutumes, le coupable surpris en flagrant délit est conduit dans les rues de la ville portant sur lui un échantillon de la chose volée. *Règlement d'Arrens*, art. 12. *Coutume de Mauroux*, art. 20

duquel il a été pris (1), et non pas devant le tribunal du seigneur sous lequel il est « couchant et levant » ; d'autre part le demandeur est admis à faire sa preuve et le défendeur est condamné, sans être autorisé à se disculper (2). En définitive, comme on le voit, le droit du moyen âge est identique sur notre sujet à la législation, que nous avons exposée dans la première partie de ce travail.

Section IV. — *Action de vol.*

L'action de vol est une accusation directe et précise contre quelqu'un et tend à obtenir à la fois la condamnation pénale de l'accusé et la restitution du meuble volé. Conçue en termes violents, la formule de notre action est une offense pour le défendeur ; et par cela seul que l'instance est engagée, une lourde responsabilité pèse sur chacune des deux parties. Comme nous le verrons tout à l'heure, la loi du talion domine notre procédure et la présence du tribunal a seulement pour conséquence de régulariser la lutte, sans lui enlever beaucoup de son âpreté primitive. Remarquons-le enfin, la victime du vol n'a le plus souvent recours à notre action que si le meuble n'est pas retrouvé ; cependant rien

(texte cité par M. de Lagrèze, *Histoire du droit dans les Pyrénées*, p. 319), « qu'il coure la ville avec le larcin au col ». Il convient de rapprocher de ces droits municipaux français le curieux passage suivant emprunté aux *Placita Anglo-Normannica* de M. Bigelow, p. 260 : « Qui insecutus eum comprehendit et colem a manu bajulantis extorquens caput vulneravit. Extratoque cultello brachium transfigens eum quasi furem manifestum cum concepto furto reductum ligavit in domo quam fregerat.... Postera die ad cognitionem Ricardi cujusdam vicecomitis militumque comitatus cum prædicta sarcinula ductus est, quæ et collo ejus appensa est. »

(1) *Etabl. de saint Louis*, liv. II, ch. ii ; Beaumanoir, XXX, 93, et XXXI, 14.

(2) *Assises de la Cour des Bourgeois de Jérusalem*, ccxli : « le larron deit estre ataint sans bataille, par dreit et par l'asise dou reaume de Jerusalem. » *Grand Coutumier de Normandie*, ch. xviii En cas de flagrant délit « ses œuvres font appertement jugement contre luy. » Voyez aussi le passage du chroniqueur Glaber, auquel nous avons fait allusion plus haut. Notons cependant que dans le procès d'Ailsward raconté par les *Placita Anglo-Normannica*, p. 260, la cour du comté ne prononça pas immédiatement la sentence, renvoya l'affaire à un mois et ordonna ensuite l'épreuve de l'eau bouillante.

ne l'empêche de s'en servir, même si les recherches ont abouti.

Après ces quelques mots d'introduction, occupons-nous successivement de l'accusation proprement dite, de la réponse de l'accusé, des preuves qui doivent intervenir et enfin du jugement.

L'accusation est rédigée en termes solennels (1). Avant d'autoriser le demandeur à la formuler, la loy de Beaumont exige de lui qu'il présente une caution (2), et les *Établissements de saint Louis* nous le montrent mettant « quatre deniers dessus la chose par devant la justice » au moment même de la plainte (3). Nous avons déjà parlé de ce dépôt

(1) *Assises de la Cour des Bourgeois*, CCXLVI (Beugnot, ch. CCLII) : sire Michel si vint en la cort et dist : « Sire, je me clains à vous de sire Robert qui membla se cheval qui mien fu et je por ce l'en veill aver ataint comme lierre, se la cort l'esgarde. » *Livre de Justice et de Plet*, L. XIX, tit. XIV, § 2 : Uns hons si dit issi « Gaubert m'a emblié un mien cheval an larrecin et l'emmena sanz mon seu et sans mon ven à tel jor : et vit sési et ert ce cheval pomelez. » *Établissements de saint Louis*, liv. II, ch. XIX : « Je me plaing de tel homme..... il m'a emblé telle chose et puis le larrecin je l'en ai vu en saisine. » *Livre des Usaiges et anciennes Coutumes de la Conté de Guysnes*, n° 335 (p. 170) : « Monseigneur le Bailly, je sais un tel homme qui a emblé ung cheval et le Bailly lui demande en *offrez-vous fare partie contre luy* et il respont oyl, le Bailly ira querre sa partie et dira à celuy qui sera accusé.... » Comp. *Grand Coutumier de Normandie*, LXXI ; Jean d'Ibelin CCL.

(2) Defourny, p. 211. Jacobi donne encore la même solution au XIVᵉ siècle. *Aurea Practica libellorum*, rubr. 94 *de accusatione furti*, p. 371 : « et prolite exercenda Johannem Rufi hic præsentem in fidejussorem præbeo. »

(3) Liv. II, ch. XII. Ce passage des *Établissements de saint Louis* est, à ma connaissance, le seul texte dans lequel on nous parle de la cérémonie du dépôt des quatre deniers à propos de l'action de vol proprement dite ; aussi nous croyons-nous autorisé à enseigner que cet usage a été emprunté à la théorie de la demande de chose emblée. (Comp. sect. v) En plaçant sur le meuble litigieux les quatre pièces de monnaie, le poursuivant « se lierait donc à la peine » en cas d'échec, pour employer une expression qui figure au ch. XXX, du même liv. II des *Établissements ;* cette conjecture est fortifiée par les quelques lignes suivantes empruntées à Jacobi et dans lesquelles on retrouve le souvenir d'une législation antérieure. *Aurea Practica libellorum*, rubr. 94 *de accusatione furti*, n° 10 (p. 376) : « Non autem nece se est quod accusator inscribat se ad pœnam talionis seu se subiturum eandem pœnam, si non probaverit. » Voyez également la *Coutume de Saint-Gilles*, § 152 : « J'ajoute que nos quatre deniers peuvent aussi être envisagés comme constituant une consignation préalable faite par le demandeur pour entendre jugement. » En matière criminelle le *Bréviaire d'Alaric* (lib. IX, 1, 14), exigeait de l'accusateur cette consignation préalable, et nous retrouvons cette dernière dans un texte alsacien du XVIᵉ siècle, le

d'une somme d'argent, à propos de la perquisition domiciliaire. Nous reviendrons sur ce point avec tous les détails nécessaires quand nous nous occuperons de la demande de chose emblée.

Le plaignant doit en outre offrir expressément de prouver la vérité de son dire (1). D'après un de nos textes, le demandeur sera considéré comme ayant perdu son procès, si cette offre de preuve n'est pas faite, au moment où la cour lève la séance (2). Et c'est là une nouvelle conséquence du caractère étroit et formaliste, que nous avons assigné à notre procédure.

Lorsque l'accusation est portée contre le défendeur, celui-ci est tenu de la repousser immédiatement, de faire connaître ses moyens de défense et d'offrir la preuve de la vérité de son dire ; ou sinon la peine du vol sera encourue (3). Tel est au moins le droit commun ; mais nous trouvons déjà dans quelques coutumiers du treizième siècle une atténuation de cette rigueur primitive. L'ancien *Coutumier de Bourgogne* (4) et les *Établiss ments de saint Louis* (5) permettent à l'accusé de demander le « jour de conseil ».

L'instance étant ainsi liée, un jugement de preuve intervient d'après un certain nombre de coutumiers (6). La cour absout le défendeur sous la condition suspensive qu'il accomplira sa promesse et fournira la preuve indiquée (7). Dans l'intervalle le demandeur sera mis en prison aussi bien que

Cou'umier de Ferrette (Bonvalot, p. 39, note ix); dans ce document la somme consignée porte le nom de *plappart*.

(1) Beaumanoir, lxi, 4.

(2) Jean d Ibelin, lxiii.

(3) *For géné al de Bearn*, rubr. 61 *De plaguas et colonis*, art. 168 (p. 64). Pierre de Fontaines, XIII, n° 2 (p. 72): « se convenance est demandée sor aus ou dete qu'il ait lete ou *mesfel qurl qui soit, que l'en li mette sus*, respondre en doit come de son fet, *sans jor avoir de conseill* ». Comp. Brunner, *Die Entstehung der Schwurgerichte*, p. 172.

(4) Ch. xiv (p. 26).

(5) Liv. II, ch. xx. Sur le jour de conseil, voyez ce que nous disons ci-dessous dans la sect. v.

(6) *Assises de la Cour des Bourgeois de Jérusalem*, ccxlvi (Beugnot, ch. cclii).

(7) *Assises de la Cour des Bourgeois de Jérusalem*, ccxlvi (Beugnot, ch. cclii) : « La cort det sur ce esgarder par dreit jugement que se sire Marc de Jerusalem li porte guarentie qu'il li ait vendu celuy cheval, Robert est quite de seluy larcin, par dreit. »

le défendeur (1). Dans la partie qui se joue l'enjeu doit être exactement le même pour chacun des deux plaideurs. Cette curieuse disposition est l'un des traits essentiels de l'action de vol.

Nous arrivons ainsi à la preuve elle-même. En 1182 la charte de Beaumont (2) reproduit encore sur ce point la doctrine primitive des Germains. La charge de la preuve est au défendeur; et celui-ci doit se justifier par l'ordalie de l'eau bouillante. Dans d'autres coutumiers, le demandeur rend d'abord sa prétention vraisemblable en jurant qu'il dit vrai ou en faisant intervenir deux cojurateurs. Son adversaire échappera à la condamnation soit en prêtant serment avec deux témoins, soit en provoquant la partie adverse au combat judiciaire (3). Constatons enfin que le droit commun du treizième siècle impose au plaignant l'obligation de justifier son accusation; ici la preuve par témoins est seule permise (4), ailleurs la preuve par gage de bataille (5). Le coutumier de Bourgogne en dernier lieu donne à la victime du vol le choix entre ces deux modes de procéder (6). Les témoins que le poursuivant aura la faculté de faire entendre seront d'ailleurs de véritables témoins, et ils pourront être « tornés » par le défendeur (7). Le combat s'engagera alors entre ce dernier et le témoin.

---

(1) *Établ. de saint Louis*, liv. I, ch. CIV : « La justice doit tenir le cors des deux en ygal prison, si que li uns ne soit plus à malèse que li autres. » Dans le même sens, *Livre des Usaiges et anciennes Coustumes de la Conté de Guysnes*, n° 333 (p. 169). Livre des Droiz et commandements, n° 257 (tome I, p. 410).

(2) Defourny, p. 211.

(3) *For de Morlaas*. Rubr. LXXXVII, art. 282 (p. 185). Comp. Brunner, *Die Entstehung der Schwurgerichte*, p. 169.

(4) *Établ. de saint Louis*, liv. II, ch. XII.

(5) *Livre de Joslice et de Plet.*, liv. XIX, tit. 1, § 2. *Grand Coutumier de Normandie*, LXXI.

(6) Ch. XXIV (p. 26). Ajoutons que, d'après Beaumanoir, le défendeur à l'action du vol ne peut pas se défendre en appelant son auteur en garantie, XXXIV, 45, « car de cas de crieme dont on puist perdre ne vie ne membre et dont *on est accusés droitement*, on ne se pot passer por avouer garant, car plusor poent bien estre acusé du meisme meffet. » Voyez en sens contraire le ch. CCLXVI de la *Cour des bourgeois de Jérusalem*, que nous reproduisons à la note 7 de la page 109. Notons aussi que Jean d'Ibelin, CCL (*ter*), permet déjà à l'accusé de se prévaloir d'un alibi.

(7) *Ancien Coutumier de Bourgogne*, XXIV, p. 26.

Une fois les preuves faites, la cour rend son jugement. Supposons d'abord qu'elle fasse droit à la plainte. Ce sont alors les peines du vol qui frapperont l'accusé. Dans plusieurs monuments de notre époque ces peines sont encore exclusivement pécuniaires (1) et les *Assises d'Antioche* (2) contiennent un tarif de compositions, qui nous reporte au temps de la loi Salique. On ne saurait au surplus s'attendre à trouver dans tous les coutumiers un système uniforme d'amendes en cas de condamnation pour vol; très généralement cependant le maximum de l'amende s'élève à 60 sous. Si du reste, encore au treizième siècle, les anciennes conceptions n'ont pas complètement disparu, nous devons dire qu'une doctrine nouvelle a déjà prévalu presque partout. D'après cette doctrine, d'une part le voleur est soumis à des peines corporelles, peine de la mutilation (3), ou même peine capitale (4) suivant les cas et suivant les pays, et d'autre part le seigneur confisque à son profit tous les meubles du larron (5). C'est là un changement de législation, qu'il importait, nous le verrons, de mettre en lumière.

Si maintenant nous nous plaçons dans l'hypothèse où l'accusation du demandeur échoue, ce dernier sera condamné à subir la peine qui eût été infligée à l'accusé reconnu

(1) *Coutume de la ville de Riom*, art. 24. D'Arbois de Jubainville, *Histoire des ducs et comtes de Champagne*, tome III, p. 162.

(2) *Cour des bourgeois*, ch. VII, p. 60.

(3) *Établissements de saint Louis*, l. I, ch. XXIX : « Li lierres est pendables qui emble cheval ou meson et qui art meson de nuiz. Et cil pert les iex qui emble riens en moustier et qui fait fausse monoye. Et qui emble soc de charrüe et qui emble autres choses, robes ou deniers ou autres menues choses, il doit perdre l'oreille du premier meffet et de l'autre larrecin il perd le pied et au tiers larrecin il est pendables. » Selon le droit commun du moyen âge le coupable perd l'oreille à la première condamnation, et il subit la peine capitale à la seconde. La mutilation de l'oreille a le même objet que la « marque » des temps modernes. A Paris, cette mutilation avait lieu à la Croix-du-Trahoir. (*Cartulaire de Notre-Dame de Paris*, t. III, p. 274; *Registre criminel de la justice de Saint-Martin des Champs*, p. 221. Voyez aussi *Charte de la paix de Valenciennes*, p. 59.)

(4) Les hommes étaient pendus, les femmes enterrées vives. Consultez, entre beaucoup d'autres textes, le *Registre criminel de la justice de Saint-Martin des Champs*, p. 220.

(5) *For d'Ossau* (1121), art. 29, p. 225; *Charte communale d'Abbeville*, art. 2, p. 10; *Assises de la cour des bourgeois de Jérusalem*, CCXXVII (Beugnot, ch. CCXXXII). Olim, tome I, p. 240, IX, p. 328. XV, etc.

coupable. Le demandeur payera donc son imprudence de sa vie ou d'un de ses membres, et tous ses meubles seront confisqués au profit du seigneur (1).

SECTION V. — *Demande de chose emblée.*

Bien que le propriétaire puisse intenter l'action de vol même dans l'hypothèse où le meuble volé est découvert, ce sera là le cas le moins fréquent en raison même des dangers auxquels cette procédure expose le plaignant qui échoue. Dans les cas où cent ans plus tard il y aura lieu à entamer la procédure d'*adveu* et *contr'adveu*, les coutumiers des douzième et treizième siècles permettent à la victime du vol d'intenter la « demande de chose emblée ».

A première vue la formule de l'action de chose emblée se distingue nettement de l'action de vol. Tout à l'heure le demandeur se portait directement partie contre l'accusé et affirmait que ce dernier était le voleur; maintenant le propriétaire se borne à soutenir que l'objet lui a été volé. Dans le premier cas la peine atteignait le perdant, quel qu'il fût; dans le second la loi du talion n'est pas rigoureusement appliquée, et en cas d'échec le revendiquant payera seulement une amende.

Ce serait d'ailleurs une erreur de croire que la demande de chose emblée et l'action de vol diffèrent essentiellement de nature. Comme l'action de vol la demande de chose emblée est une action criminelle, et il faut se garder de la confondre avec la revendication des Romains. Bien loin de se fonder sur son droit de propriété envisagé d'une façon

(1) *Établissements de saint Louis*, l. I, ch. LXXXII : « Et cil qui serait vaincus ser it pendus ; l. II, ch. XII » « il demorra à la justice à pugnir, si comme nous avons dit ci-dessus. » *Beaumanoir*, VI, 16: « ...Et qu'il fut adont dr item nt partie en aventure de perdre le cors s'il ne le provoit à tel, aussi comme il feroit, s'il en estoit atains. » Léopold Delisle, *Jugemens de l'Échiquier de Normandie*, nᵒˢ 28 et 207. *As i es d'A tioche*, *Haute-Cour*, ch. XI, p. 32. Le *Livre des usaiges et anciennes coustumes de a conté de Guysn s*, nᵒ 334, p. 149. D'après ce dernier texte, le demandeur qui succombe subit d'abord la peine du vol; mais de plus « ses parens et amis seraient tenus d'en faire amende honnourable et prouffitable à la personne qui serait ainsi sans cause accusé et luy restituer toutes ses pertes et dommaiges. »

abstraite, le poursuivant peut ne pas être propriétaire du meuble volé (1), et si nous cherchons quelle est la base de la procédure, nous la trouverons ici encore dans l'offense subie par un homme libre. La victime du délit sollicite de la justice la réparation du préjudice qu'elle a subi, c'est-à-dire la condamnation du voleur et pour arriver à découvrir ce dernier, le possesseur actuel de l'objet litigieux est mis en demeure de s'expliquer sur sa provenance et d'écarter les soupçons qui pèsent sur lui. En d'autres termes une accusation de vol (2) est implicitement contenue dans la demande de chose emblée, puisque la cour ne se bornera jamais à ordonner la restitution du meuble volé et prononcera toujours une condamnation pour vol (3); mais, en raison de ce fait que l'instruction n'est pas complète au moment où le procès commence, le défendeur peut changer au cours des débats. En définitive la doctrine de notre époque se rattache par des liens étroits à la théorie que nous avons exposée sur ce sujet en nous servant des lois barbares (4).

(1) Voyez ci-dessus, p. 100.

(2) *Charte cammunale d'Amiens*, art. 31 : « ...ille qui *accusabitur* ...hoc pro quo *accusabitur.* »

(3) *Las costumas de la vila de Bordeü*, § 18, p. 22. « Quar si no lo mostrara fere tingut per layron. » *Assises de la Cour des bourgeois de Jérusalem*, CCL (Beugnot, 256). « Don te veill je aver ataint come lierre, etc. » Cette observation nous semble d'autant plus décisive que s'il s'agit de l'action de chose adirée un premier jugement intervient sur la question de propriété, sauf à entamer ensuite une iustruction criminelle. Ajoutons encore que le caractère criminel de notre action résulte des expressions employées par nos sources dans l'hypothèse où le détenteur soutient seulement qu'il est innocent. *Coutume de Bayonne*, CII, p. 646. « Quitisne sera dou *crim* ». « sera quitis dou *crim*. » Voyez enfin la *Coutume d'Anjou de* 1463, § 98 (Beautemps-Beaupré, tome III, p. 260). « Et sy le deffendeur ne peut monstrer *excusation par garand* de celuy qui la luy a baillée ou *autre deffence* il *demeure crimineux* et sera pugny selon la nature du cas. »

(4) Cette doctrine ne paraît admise ni par M. Marcel Thévenin, p. 8, ni par M. Franken, p. 295. Ces auteurs semblent considérer notre action comme une action civile fort différente d'ailleurs de la revendication mobilière des Romains. Tandis que selon M. Thévenin, le fondement unique de l'action consiste dans la perte involontaire de l'objet, M. Franken admet que déjà au treizième siècle un élément réel était venu s'adjoindre à l'ancien élément. (Comp. ci-dessous, p. 128). En faveur du système de MM. Thévenin et Franken, on peut citer le ch. XII, n° 3 de Pierre de Fontaines : « Se aucuns *requiert* une chose comme sive et ne dit plus, nostre

Après ces quelques mots consacrés à la nature de la demande de chose emblée, d'après le droit commun du moyen âge, il convient de signaler les dispositions exceptionnelles contenues dans les Établissements de saint Louis (1), dans la Charte de commune paix de Valenciennes (2) et enfin dans le coutumier de Bourgogne (3).

Si nous analysons ces derniers documents nous voyons que, le possesseur de l'objet litigieux n'ayant pas été personnellement accusé de vol, la cour ne pourra en aucun cas lui infliger de peines corporelles ; la partie perdante quelle qu'elle soit acquittera seulement le maximum de l'amende exigée des voleurs au commencement du moyen âge ; grâce à cette combinaison, on maintient une égalité parfaite entre les deux adversaires. En définitive, si on ne peut mettre en doute le caractère criminel de notre action, elle ne contient pas une accusation de vol. D'après les Établissements de saint Louis, la Charte de commune paix de Valenciennes, et le Coutumier de Bourgogne le défendeur est implicitement inculpé d'avoir acheté un meuble volé et de n'avoir pas pris toutes les précautions nécessaires pour établir sa bonne foi.

Après ces brèves notions préliminaires, nous pouvons maintenant aborder l'étude de la curieuse procédure, que nous font connaître les monuments de notre époque. Sans

usage ne reçoit mie tel claim... mès s'aucuns *requiert* aucune chose qui soit *seue* il doit dire : Je requier cele chose comme moie qui m'a esté mal tolue ou que j'ai desmanée *ou autre raison par quoi elle parti de lui outre son gré.* » Nous ne pensons pas que ce passage de Pierre de Fontaines ait assez d'autorité pour l'emporter sur les textes que nous avons déjà cités (aux notes 2 et 3) et sur ceux que nous signalerons plus loin. J'ajoute que le document fait peut-être allusion non pas à une seule action mais à plusieurs, la demande de chose emblée et l'action de chose adirée et qu'enfin il s'agit non pas de formules en usage dans la pratique mais d'une comparaison théorique faite par un jurisconsulte sur lequel le droit romain a exercé une influence toute particulière.

(1) Liv. I, ch. xci, « et cil qui sera vaincus ne perdra ja ne vie ne membre pour qu'ils ne s'entr'appellent pas de traison ne *de larrecm en chief.*

(2) L. Cellier, p. 60 : « S'aucuns acate cose tolue ne reubiée et il en est convaincus par le tesmoignage de 11 omes de le pais, il perdera le catel et amendera *ce meffait* de XX s. au service le conte et le cancelier de le pais : et s'il n'en puet ensi estre convaincus, se clains en est fais, il s'en purgera par tierce main. »

(3) Édition Giraud, n° 76 (p. 278) : je serai en cette *amende* comme il fut se il ne se fût peu deffendre. »

méconnaître les graves changements apportés à la vieille doctrine germanique, en raison du pouvoir croissant des cours seigneuriales, il importe de constater que les institutions antérieures ont laissé des traces parfaitement reconnaissables même dans le droit du treizième siècle. Le rôle assigné personnellement à chacun des plaideurs est encore fort important, plus important même que celui des juges; tous les actes de notre procédure ne sont pas accomplis devant le tribunal; néanmoins c'est devant lui que l'instance est liée et nous ne trouvons plus ici rien d'analogue au simulacre de combat, dont nous parle la loi des Ripuaires.

Les considérations, que nous venons de développer, nous amènent naturellement à diviser notre matière en 3 paragraphes et à nous occuper successivement de la procédure suivie: 1° en dehors du tribunal, 2° lors de la première comparution des parties, 3° lors de la dernière comparution, au moment où il s'agit de fournir la preuve promise.

§ 1. — *Procédure extra-judiciaire.*

Malgré le caractère nettement archaïque de la législation française du moyen âge, l'analyse des coutumiers nous a déjà révélé chez les praticiens et les magistrats de notre époque le désir très ferme de châtier les voleurs d'une manière exemplaire et d'empêcher leur impunité; il n'est donc pas surprenant qu'il existe des différences notables entre la doctrine des lois barbares et le droit du treizième siècle relativement aux formalités antérieures à la première comparution des parties devant le tribunal compétent. Tandis que pendant la période mérovingienne, le juge se borne à examiner si le défendeur a fourni les preuves promises hors de sa présence, quelques siècles plus tard les conclusions respectives sont formulées devant la cour; au lieu de pratiquer une véritable saisie entre les mains du possesseur actuel du meuble volé, la victime du délit somme ce dernier de le suivre devant le magistrat. Il convient cependant d'observer que dans les deux systèmes de procédure soumis à notre examen, un simple particulier est armé d'un pou-

voir coercitif et que l'assistance d'un sergent n'est nullement indispensable (1).

Après avoir ainsi mis en lumière les traits essentiels du
droit commun du moyen âge, tel qu'il nous est exposé par
la plupart de nos monuments, il importe de constater que
sur ce point comme sur plusieurs autres, il n'y a pas unifor-
mité absolue de doctrine dans les textes qui font l'objet de
notre étude. Il est d'abord permis de conjecturer qu'au
onzième et au douzième siècle, le propriétaire exerçait de
nouveau ses droits sur l'objet litigieux et se remettait provisoirement en possession jusqu'à l'ouverture des débats ;
son adversaire prenait immédiatement position et choi-
sissait ses moyens de défense au moment même où la réclamation lui était pour la première fois adressée sur la
voie publique ou dans sa maison. En sens inverse, quelques
rares documents interdisent à la victime du vol de prendre
personnellement l'initiative et la contraignent à recourir à
la cour qui déléguera un de ses mandataires pour amener
devant elle le détenteur actuel et s'assurer du meuble revendiqué. Après avoir ainsi résumé l'évolution de notre droit
français sur notre sujet spécial, nous étudierons de plus
près, en commençant par la plus ancienne, chacune des
trois périodes qui viennent d'être signalées.

Nous croyons vraisemblable, disons-nous d'abord, qu'au
commencement du moyen âge l'instance était liée en dehors du tribunal et cette conjecture est appuyée par ce fait
que d'après le cartulaire de la Roë (2) le demandeur dépose

(1) D'après le droit du treizième siècle, l'antique saisie extra-judiciaire
subsiste seulement dans deux hypothèses; comme nous le constatons au
texte, le propriétaire d'un meuble volé ou perdu par cas fortuit est d'abord
autorisé à s'emparer de son bien, sans l'autorisation de justice, qu'il ait
recours du reste à la demande de chose emblée ou à l'action de chose adirée; étant donnée notre théorie, rien de plus naturel que cette solution.
Le second cas auquel nous faisons allusion est celui où un créancier exécute
la caution de son débiteur; pour expliquer cette seconde exception au
principe, il serait indispensable d'entrer dans des développements qui
nous feraient sortir de notre sujet.

(2) Pièce X, fº 29 : « Nam quidam rusticus noster jumentum illud in
feria Sivrei *recognovit, ut* ita dicam *et super capud ipsius, ut mox istius
patrie est IV nummos misit, sicque suum esse ostendit,* quos Robertus villicus accepit et in marsupio posuit. Sed postquam donnus Albinus hoc
cognovit illum adiit et eum dationis quam ecclesie nostre tribuerat, pluri-
bus advocatis, recordari fecit. Itaque dono et juditio aliorum convictus

quatre deniers sur la tête de l'animal au moment même où il le retrouve et non pas seulement devant la justice comme le veulent les établissements de saint Louis et les autres passages qui font allusion à cette curieuse pratique.

Comme à l'époque mérovingienne la procédure débutera par une reconnaissance expresse de la bête poursuivie (1) ; en plaçant quatre deniers sur le meuble litigieux, le demandeur fait ensuite acte de propriétaire et à titre de défi consigne entre les mains de son adversaire l'enjeu d'une gageure; enfin, après la réponse de ce dernier l'entierceur emmène la bête jusqu'à la prochaine réunion de la cour.

Reprenons l'une après l'autre chacune de nos propositions, sans insister cependant sur la reconnaissance expresse de l'animal. Si en présence des termes employés par la pièce du cartulaire de l'abbaye de la Roë (2), on ne peut guère hésiter à voir dans la cérémonie du dépôt des quatre deniers un acte de propriété accompli par la victime du vol, il est au contraire fort délicat de déterminer l'origine de l'usage qui nous occupe. C'est dans la théorie du servage que nous croyons devoir chercher la solution de notre problème. Comme l'a magistralement démontré M. Guérard (3), la condition des serfs s'améliora notablement en France à partir du dizième siècle et ils passèrent à l'état de paysans attachés à la glèbe à perpétuité mais ayant en fait du libre consentement de leurs maîtres, la jouissance de fonds de terre ; en revanche la coutume leur imposait certains devoirs et notamment l'obligation de payer annuellement une redevance de quatre deniers (4), de là le nom d'hommes des

nummos ei reddidit et cum eis victor ad nostra rediit. Similiter quidam alius inhabitator terre nostre asinum suum perdiderat quem in burgo Balorcii invenit et *super eum ad recognitionem IV nummos posuit*, quos iterum Robertus villicus cepit, sed postea recognito jure ecclesie nostre, donno Albino reddidit. Posteri ergo nostri de villicatione suorum hominum in Creonensi territorio dubitare desistant et si quis rem hanc eis contradicere velit, ad scriptum recurrant.

(1) Même pièce qu'à la note 2 de la p. 116, « recognovit », « ad recognitionem. »

(2) « Sicque suum esse ostendit » « ad recognitionem. »

(3) *Cartulaire de Saint-Père de Chartres. Prolégomènes*, p. 49. M. Guillouard (*Recherches sur les colliberts*, p. 41), semble repousser la théorie de M. Guérard, sans soumettre cependant la question à un examen approfondi.

(4) Guérard, *op. cit.*, p. 91 et 711.

quatre deniers appliqué aux serfs dans certains documents (1).

Après cette observation préliminaire nous comprendrons facilement pourquoi l'homme libre consentant à abdiquer sa liberté se met à genoux devant son nouveau maître et lui offre en les posant sur sa tête, les quatre deniers qui forment le montant de sa capitation (2). Il y a là une cérémonie que l'on peut comparer à celle de l'hommage féodal, tout en ne perdant pas de vue la profonde différence des conditions du serf et du vassal (3). En partant de la même idée nous ne serons pas surpris de voir un maître placer quatre deniers sur la tête de son serf et constater ainsi publiquement l'existence de son droit qui après avoir été l'objet d'un débat ju-

(1) *Charta Ranulphi abbatis S. Mauri ad Ligerim.* Ce texte reproduit dans le *Glossaire de Ducange*, v· *Capitis census*, démontre d'une façon évidente selon nous que ce terme d'hommes de quatre deniers s'applique aux serfs et non pas aux colliberts comme l'enseigne M. Marchegay (*Les Colliberts de Saint-Aubin d'Angers.* Bibliothèque de l'école des chartes, 4ᵉ série, tome II, p. 410.) En notre sens, M. Alfred Richard, *Etude sur les colliberts*, p. 13.

(2) Charte de l'année 1099 insérée dans le *Polyptique de l'abbé Irminon*, appendix, pièce XXXI (Guérard, tome II, p. 371). « ...devenerunt servi beati Martini et omnium monachorum Majoris Monasterii, ante prefatum dominum abbatem nostrum, super genua sua stantes, et, ut moris est, positis quatuor denariis ab eisdem super capita singulorum. *Livre des serfs de l'abbaye de Marmoutiers*, chartes XLIII, C, CV, CVIII, etc. La plus ancienne de ces dernières chartes remonte environ à l'année 1032. Notons aussi que d'après quelques-uns de nos documents le serf doit se mettre la corde au cou ; c'est là un dernier trait qui achève le tableau et qui n'est pas sans importance.

(3) En définitive, nous croyons que l'homme libre devient serf en faisant publiquement acte de serf et que le propriétaire constate la reconnaissance de son droit arrachée à son adversaire en se comportant publiquement comme propriétaire ; c'est là une explication qui nous semble conforme à l'esprit de ces vieilles coutumes. Nous repoussons donc la doctrine de M. Marchegay (*op. cit.*, p. 426) qui voit dans les quatre deniers une somme payée par le maître à l'ancien homme libre comme prix de sa liberté ; nos textes démontrent en effet que les deniers sont offerts par l'esclave ; il ne semble pas davantage qu'il convienne de rattacher notre cérémonie au formalisme de la législation romaine comme le propose un peu vaguement du reste M. Alfred Richard, p. 15. Nous nous refusons enfin à considérer la remise des deniers comme opérant la tradition de l'esclave à son maître ; si en effet la tradition par le denier a joué un grande rôle au moyen âge, (dans les dépôts d'archives, le denier qui a servi à la tradition est encore appendu à un certain nombre de diplômes), et si même la charte C du *Livre des serfs de Marmoutiers* paraît nettement favorable à la thèse que je combats, celle-ci est insuffisante pour expliquer le document reproduit à la note 1 de la p. 119.

diciaire avait enfin été reconnu par son adversaire (1). Ceci
posé n'est-il pas vraisemblable que notre cérémonie symbolique fut transportée d'abord dans la procédure de revendication des esclaves fugitifs et ensuite dans notre matière et comment interpréter autrement les mots, dont se
sert notre texte, « *sicque suum esse ostendit.* » ?

En déposant quatre deniers sur la tête de l'animal, le
poursuivant détermine donc à quel titre il entend rentrer
en possession du bien litigieux et en même temps exerce
ses droits sur ce dernier, comme s'il n'y avait pas eu de
vol ; ajoutons qu'indépendamment de cette main mise sur
le meuble entiercé notre pratique avait encore une autre signification. En nous rappelant les règles contenues dans les
coutumiers scandinaves, analysés à la p. 103, il nous paraît vraisemblable qu'à l'origine les quatre deniers constituaient l'enjeu d'un pari et étaient acquis au possesseur actuel en cas d'échec de son adversaire. Quoiqu'il en soit, la
législation s'était déjà transformée à ce dernier point de vue,
au commencement du douzième siècle, puisque d'après le
cartulaire de la Roë, le villicus Robert s'appropriait les quatre deniers à titre d'honoraires (2) sans doute comme prix
du droit accordé à la victime du vol de se faire justice à elle-
même au moins provisoirement (3).

Après le dépôt des quatre deniers et la réponse de son
adversaire, le demandeur est autorisé, avons-nous dit, à
emmener chez lui l'animal entiercé et à le garder jusqu'au
moment où les débats s'ouvriront devant le tribunal. Comme
cette ancienne pratique a laissé des traces nombreuses dans
le droit du treizième et même du quatorzième siècle (4), on

(1) *Livre des serfs de Marmoutiers*, ch. xcvii, p. 91 : « Pro innovatione et
recognitione deditionis illorum in servitium sancti Martini et nostrum, fe-
cimus singulos quatuor imponere denarios, quos inde praedictus prior
noster accepit. »

(2) L'objet de la charte est précisément de constater que le villicus Robert a renoncé aux redevances qu'il avait le droit d'exiger à titre d'honoraires (villicatio) sur les hommes de l'abbaye de la Roë. Sur le sens du mot
villicatio, comp. Du Cange, *Gloss. hoc verbo.*

(3) Dans les deux hypothèses visées par le *Cartulaire*, il ne semble pas
qu'il y ait eu procès et que le possesseur se soit refusé à satisfaire aux
réclamations des hommes de l'abbaye; on ne peut donc pas parler de frais
de justice.

(4) Nous verrons que les coutumiers du treizième siècle parlent de la

ne saurait, croyons-nous, mettre en doute son existence et il n'est pas d'ailleurs étrange de trouver dans notre pays une législation analogue à celle des Anglo-Saxons, telle qu'elle nous est attestée par le Senatusconsultum de monticolis Waliae. Notons cependant qu'aucun document français n'impose à la victime du vol l'obligation de confier le meuble entiercé à une personne digne de confiance constituée sequestre pendant les délais de l'instance (1), et que le progrès des idées amena sans aucune transition à mettre immédiatement l'objet volé sous la main de la justice ; cette dernière observation nous conduit par une pente naturelle à l'étude de la seconde période, que nous avons signalée dans l'histoire de la procédure extra-judiciaire.

Comme nous 'avons déjà fait pressentir, ce fut le désir d'assurer le châtiment des voleurs qui détermina le change-

saisie de l'objet volé et emploient fréquemment le mot d'entiercement alors cependant que le possesseur actuel suit immédiatement son adversaire devant le tribunal ; or comment interpréter ces textes si ce n'est comme gardant le souvenir d'une législation déjà disparue. Signalons encore le *Livre de Jostice et de Plet*, L. IX, ch. 9, § 1. « Et se aucun m'a emblé la moe chose, puis-ge *la prandre* sans congié de la justice? L'en dit que non. « Et les *Raisons et articles de Saint-Dizier*, art. 158 (Beugnot, p. 799). Par cela même que ces textes posent une pareille question, nous sommes autorisés à penser que leur solution n'a pas toujours été admise. Enfin si avec Du Cange on traduit habandum, abandon par bien égaré, on trouvera une preuve directe de notre affirmation dans les deux passages qui suivent. *Charte communale de Ham* citée par Du Cange. *Gloss.* v° *Abandum* : « Si quis de communia suum habandum capere voluerit, non illud capiat nisi duobus testibus adhibitis. » *Charte de la paix de Valenciennes*, 1114 (Cellier, p. 54). « S'aucuns arreste son abandon et on le contredist, li omme de la pais le doivent aidier et quand il ert saizis de son abandon, s'il le peut loiaument prouver, si le tiegne ; et se ce non, si le renge à celui cui il avoit arrestes avec 11 s. de lois et doit jurer kil le cuidoit bien et à loi avoir arrester. » Nous devons ajouter cependant que M. Franken a récemment contesté la signification attribuée par Du Cange aux mots « habandum », « abandon. »

(1) M. Augustin Thierry (*Docnments pour servir à l'histoire du tiers-état*, tome II, p. 146) semble se prononcer en sens contraire ; mais nous croyons devoir repousser cette opinion ; car d'une part aucun de nos textes ne fait allusion ni au tiers sequestre ni aux obligations qui lui sont imposées et d'autre part le vocable « entiercer » signifie simplement saisir, comme on s'en convaincra en se reportant aux textes cités par nous, p. 39, note 1. Comparez au contraire, ce que nous disons de l'action de chose adirée, dans la sect. VI. Notons aussi que d'après certains droits municipaux allemands signalés par M. Laband, p. 103 et 104, le meuble volé est confié en principe à un sequestre, et est au contraire possédé à tour de rôle par chacun des plaideurs, s'il s'agit d'un animal.

ment législatif sur lequel nous devons nous arrêter un instant et c'est là l'idée fondamentale qui domine le droit commun français du treizième siècle (1). Quand le possesseur actuel de l'animal volé et le prétendu propriétaire de celui-ci se présenteront devant la Cour celle-ci enverra l'accusé en prison (2) ou au moins ne le laissera en liberté qu'à la condition de faire agréer une caution répondant vis-à-vis de la justice de son obéissance à la loi (3) ; le meuble litigieux restera sous la garde des mandataires du tribunal jusqu'au jugement définitif (4) ; mais comment le détenteur de la chose sera-t-il amené devant le juge, quelles sont les formalités à remplir antérieurement à la première comparution des parties ? C'est là un problème intéressant et dont la solution varie selon que la Cour est ou non en session au moment où l'animal est retrouvé et selon que le défendeur consent à suivre le demandeur ou au contraire s'y refuse.

Si nous en croyons le coutumier de Mulhouse (5), le propriétaire salue l'homme qui garde la bête volée et le somme de l'accompagner immédiatement devant le juge. D'après d'autres textes l'entierceur affirme reconnaître le bœuf ou le cheval, soutient qu'il lui a été enlevé frauduleusement

(1) Aucun document n'établit d'une façon doctrinale que sur ce point notre droit commun du treizième siècle ait été analogue au droit commun allemand de la même époque ; mais indépendamment des passages cités aux notes suivantes, un examen général de nos sources ne peut laisser, croyons-nous, aucun doute sur l'exactitude de notre théorie ; les parties prennent toujours position devant la justice, immédiatement après que le meuble a été découvert. Renvoyons enfin aux Assises d'Antioche (*Cour des Bourgeois*, ch. IX, p. 62 et au *Livre de Jean d'Ibelin*, ch. CXXXI) ; comme nous le verrons, ces deux derniers textes sont relatifs à l'action de chose adirée et non pas à la demande de chose emblée ; cependant même, à notre point de vue, leur portée est incontestable.

(2) *Beaumanoir*, XXXIV, 44 : « Et si li cas est de crieme, si comme s'aucuns poursuit un ceval ou aucune coze qui ait été emblée à celi qui le porsuit, on ne doit pas se *dessaisir* de celi qui est porsivis, por ce s'il dist qu'il en a bon garant, car tout li larron li porroient dire por escaper. » *Coutume de Bayonne*, CII, § 1 : « ...si no que fos abenude per layreyci ; quar si aguere, ja per fidance que des non seri a lagarde antz lo meteri lo mayre au fontz de le tor au castet.

(3) *Miroir de Souabe*, fol. 55, règle 93 : « Et se li juges n'est bien segurs de li il lo doit prandre per li ou per son message et se il puet plagier il lo doit laiser... »

(4) *Coutume de Bayonne*, CII, § 1 : « et (lo mayre) prenera le cause assa man. »

(5) Edition Stephan, p. 35 et 36.

« *tu as et tens mon cabat qui m'es estat panat* (1), » et met le détenteur en demeure de le lui restituer·« *je te proi que tu me le rendaies* (2). » Si ce dernier refuse d'obtempérer à l'ordre à lui donné, il est tenu de prendre l'initiative et d'offrir spontanément à son adversaire de se rendre avec lui devant le tribunal. *Je ne vous en renderai point. Si vous m'en savez rien à demandez, je vous en ferai volentier raisons* (3). » Notons enfin, pour achever le tableau que d'après les statuts de Marseille (4), le poursuivant est autorisé à se remettre en possession jusqu'à la prochaine audience de la Cour, si celle-ci n'est pas dans le moment en séance; cependant le défendeur conservera le bénéfice du *statu quo* à la condition de présenter un fidéjusseur solvable qui garantira son obligation de comparaître en justice au terme fixé et d'obéir à la sentence (5).

Arrivant maintenant à l'hypothèse où l'accusé ne consent pas à conduire l'animal entiercé devant la justice et à répondre aux allégations du prétendu propriétaire, nous rencontrons une remarquable application de la théorie en hon-

(1) *Coutume de Bordeaux*, § 18, p. 22.

(2) *Coutumier de Bourgogne*, ch. xiv, p. 16.

(3) *Coutumier de Bourgogne, eod loco.* Comp. *Miroir de Souabe*, fol. 55, règle 93 : « Je vuil voluntier aler avoique vos per devant la justice a tot la robe et vos ferai droit. »

(4) Lib. II, cap. xxxi (Méry et Guindon, tome III, f° cxix). « Et liceat authoritate hujus capituli dicto petenti rem illam detineri authoritate sua vel facere detineri authoritate sua et custodiri absque alia violencia donec res *dicte curie Massilie sit adducta vel presentata* aut quousque detinens rem predictam caverit inde ydonee dicto petenti se pariturum juri in dicta curia de predicta re ad cognitionem illius curie vel voluntatem. »

(5) Observons aussi que même lorsque le possesseur suit immédiatement son adversaire devant la justice, un grand nombre de textes nous parlent d'une saisie effectuée sur le meuble volé. *Assises de la cour des bourgeois de Jérusalem,* ch. ccl (Beugnot, p. 256) « et l'aver est arestes por enblé. » *Charte communale de Rouen (Ordonnances,* tome I, p. 306 en note) « Si contigerit aliquem interciare aliquid de suo super latronem vel falsonarium. » *Charte communale d'Amiens,* art. 32 « S'aucuns enterche la sive chose... » *Coutume d'Amiens du treizième siècle,* art. 76 (M. Thierry, tome I, p. 146). « Chi parole de chose enterchie por emblée. » Varin, *Archives administratives de Reims,* tome I, Ire partie, p. 1061 en note « Quod si aliqua res est entiercée. . » *Charte communale de Bayonne* (Balasque et Dulaurens, tome I, p. 452 et suiv.). Pierre de Fontaines, XV, 50. Dans ce dernier passage nous croyons qu'il faut lire « enterchiées » et non pas « encerchiées » comme le veut M. Marnier, sous peine d'enlever toute signification à la fin de la phrase.

neur au moyen âge relativement au flagrant délit. Si on se souvient des développements dans lesquels nous sommes entré, on trouvera naturel que les praticiens de notre époque considèrent le possesseur comme avouant le crime, par cela seul qu'il veut se dérober au débat et le traitent en conséquence, comme s'il était pris sur le fait (1). Bien que cette manière de voir soit générale en France à la fin de notre période, il convient de chercher dans le coutumier de Mulhouse (2) de curieux détails, qui nous ouvrent un jour intéressant sur la vie juridique et sociale au treizième siècle. D'après le droit municipal de Mulhouse le demandeur somme d'abord les assistants de tenir l'homme jusqu'à ce qu'il soit allé quérir le juge ou le sergent ; si ses concitoyens ne veulent pas le secourir, le propriétaire « lève le cri » et se précipite sur son adversaire pour le traîner lui-même et de force devant la justice. Dans la lutte qui s'engagera alors, le bon droit sera pour l'assaillant et il ne sera pas pénalement responsable de la mort de l'accusé, si, ce dernier ayant tiré le couteau ou l'épée, il s'est servi des mêmes armes (3). Lorsque la victoire demeure au propriétaire, la Cour condamne le plaideur récalcitrant, sans lui permettre de se défendre ; cette dernière solution s'impose, étant donné notre point de départ et nous devons l'admettre comme exacte, bien qu'elle ne soit formulée dans aucun de nos documents.

(1) Il est en effet de principe au moyen âge qu'un particulier peut « lever le cri » après son adversaire et le traiter comme s'il y avait flagrant délit, lorsque ce dernier se refuse à tort à le suivre volontairement devant la justice. Nos textes français font d'ailleurs l'application de cette maxime certaine non pas à notre hypothèse spéciale mais au cas où le possesseur actuel jure qu'il a acheté le meuble à un vendeur inconnu et que s'il le trouve plus tard il l'amènera devant la Cour. *Coustumes d'Anjou et dou Maigne,* n° 100 (Beautemps-Beaupré, tome I, p. 122) « et s'il le trovet que il en ameneret à la justice, s'il i voulet venir. Et s'il n'y volet venir, il doit lever le cri après lui. » *Etablissements de saint Louis,* liv. II, ch. xvii.

(2) Edition Stephan, p. 34 et 35.

(3) En Normandie, la procédure du haro correspond à notre procédure, au moins en matière mobilière. La *clameur de haro* n'est pas autre chose que le *cri* dont nous parlons au texte. Ajoutons que dans les sources normandes comme dans les sources françaises et le demandeur doit donner caution, que l'objet litigieux est mis sous la main de justice pendant les débats et qu'enfin la partie qui succombe est condamnée à une amende. Il existe entre les deux procédures des différences d'ordre secondaire ;

Malgré son caractère primitif, la législation qui vient
d'être résumée nous semble s'être maintenue jusqu'à la fin
de notre époque et à notre connaissance les Fors de Beaun
peuvent seuls être cités comme ayant réalisé un progrès
nouveau, en vue de protéger la possession et de sauvegarder
à un plus haut degré le maintien de la paix publique.
D'après le For général (1), tel que nous l'interprétons, la
victime du délit devra s'adresser au bailli qui commettra un
de ses officiers pour saisir le meuble volé et l'apporter devant son tribunal ; c'est là une troisième et dernière période
qui méritait d'être signalée.

§ 2. — *Procédure suivie lors de la première comparution des
parties devant le tribunal.*

Au moyen âge, nous l'avons dit, c'est devant la Cour elle-
même que les parties formulent leurs conclusions. Si à cet
égard un progrès a été accompli ce n'est pas à dire cependant
que les juges dirigent la marche de l'affaire et puissent
librement se servir de tous les moyens pour arriver à la
découverte de la vérité. En principe tout au moins le rôle
de la cour sera purement passif (2) ; dans la scène qui se dé-
roule devant ses yeux, les rôles sont rigoureusement tracés

mais il importait de constater que le haro a servi aux propriétaires de
meubles volés à l'effet de rentrer en possession de leurs biens. *Grand coutumier de Normandie*, LIV. Guillaume Terrien, liv. VIII, ch. xi, p. 272.

(1) *Rubr.*, XLVI, *de penheres*, art. 132, *in fine*, p. 52 : « Et si hom se
clam de arraubarie lo Bayle, que fassa penherar au Beguer, si Beguer y
ha. »

(2) Signalons à titre exceptionnel les *Assises de la Cour des bourgeois du
royaume de Jérusalem*, ch. ccl (Beugnot, ch. cclvi) « et le vesconte li demande au vendeur : ou preystes-vous cestui aver qui fu emblé ? » Comme on
le voit, notre document nous montre la Cour intervenant dans l'instruction ;
le vicomte ne se borne pas à écouter silencieusement les formules prononcées par les deux plaideurs. Si d'ailleurs cette modification apportée
au rituel ancien révèle l'intérêt que les représentants de la puissance sociale commencent à prendre à la répression des crimes et des délits, ce
serait une erreur de croire qu'en vertu de notre Coutumier le tribunal ait
la liberté d'ordonner d'office les mesures d'instruction propres à amener
la découverte de la vérité ; au fond les parties dirigent seules la procédure
en se conformant à la coutume. Notons néanmoins que d'après la *Charte
communale d'Amiens*, art. 32, la Cour doit examiner si d'après les circonstances de la cause il convient ou non d'assujettir le demandeur à
l'obligation de rendre ses prétentions vraisemblables.

à l'avance. La coutume met à la disposition des plaideurs un certain nombre d'armes offensives ou défensives, et attache à chacun de leurs actes des conséquences déterminées ; suivant que les paroles solennelles seront prononcées ou non d'une façon exacte, elles donneront la victoire à l'une des parties ou au contraire entraîneront sa perte. Le tribunal se bornera à « dire le droit. »

Après cette première observation générale, il convient d'ajouter quelques mots sur le système de preuve en vigueur au moyen âge, en ce qui concerne la demande de chose emblée. Si on ne perd pas de vue que notre action est nécessairement intentée contre un particulier, chez lequel l'animal volé a été découvert, on comprendra aisément pourquoi les obligations du défendeur sont particulièrement lourdes dans notre cas (1). On se rappelle, en effet, que d'après le droit du treizième siècle, la charge de la preuve incombe à la victime du vol, si elle se porte directement partie contre l'autre plaideur et l'accuse personnellement d'avoir commis le délit ; il n'en est pas de même au contraire, lorsque le propriétaire s'en tient à la demande de chose emblée. Semblables en cela aux lois de Guillaume le Conquérant (2), le coutumier de Bourgogne (3) et le droit municipal de Bordeaux (4) reproduisent sur ce point la pure doctrine germanique et contraignent le détenteur du meuble litigieux à se disculper des soupçons qui pèsent sur lui et à prouver l'inexactitude des allégations de son adversaire. Malgré sa date relativement ancienne, la charte communale d'Amiens (5), appartient à une époque de transition et permet à la Cour de décider suivant les circonstances de la cause si

(1) Lorsque la procédure criminelle est dans l'enfance et qu'il est difficile de connaître la vérité, un fait matériel comme la détention de l'objet volé a naturellement une importance plus grande qu'à notre époque. Remarquons-le cependant, de nos jours encore, les paysans espagnols et beaucoup de paysans français se sauvent quand ils découvrent un cadavre, de peur que leur présence auprès du mort ne soit considérée comme un indice de culpabilité.

(2) Liv. I, ch. xxi (Schmid, p. 336).

(3) Ch. xiv, p. 16.

(4) *Las costumas de la vila de Bordeü*, § 18, p. 22.

(5) Art. 31 : « Accusator autem hoc quod clamaverit confirmabit, si voluerit ille qui justitiam tenebit. »

oui ou non le poursuivant sera tenu de rendre ses prétentions vaisemblables. Enfin quelques années plus tard la
coutume d'Amiens (1), conforme sur ce point au plus grand
nombre de nos documents (2), nous fait assister à un nouveau progrès, et impose dans tous les cas au demandeur
l'obligation, à laquelle nous venons de faire allusion; la
tâche de son adversaire n'en est pas d'ailleurs rendue plus
facile et nous devons signaler comme tout à fait exceptionnelle la solution donnée par le livre de Jostice et de
Plet (3).

Avant de pénétrer dans l'étude détaillée de notre procédure, il nous semble encore indispensable d'appeler l'attention sur ce fait que la bête litigieuse sera amenée devant la
Cour et restera dans l'enceinte du tribunal pendant toute la
durée des débats; les parties et les témoins n'auront pas à
employer de périphrases et parleront seulement du meuble
qui est là. Sans revenir sur les habitudes d'esprit révélées
par une pareille pratique, bornons-nous à observer que notre règle était une conséquence nécessaire de la procédure
extra-judiciaire en honneur au treizième siècle, et qu'elle a
laissé des traces parfaitement reconnaissables dans la législation du moyen âge (4).

(1) Art. 76, tome I, p. 146. « Et si convient qu'il s'en fache créables par
tesmoignage ou par son serement que la chose li ait esté emblée. »

(2) *Assises de la Cour des bourgeois de Jérusalem*, LXXXVIII (Beugnot,
ch. xc); *Coustumes d'Anyou et dou Maigne*, n° 100 (Beautemps-Beaupré,
tome I, p. 122); *Etablissements de saint Louis*, l. I, ch. xci et l. II, ch. xvii;
Coutume de Bayonne, CII, i; *Très ancienne coutume de Bourges*, art. 53.

(3) L. XIX, t. XIV, § 4. « Or demende l'en se je demende à aucun ma
chose qui m'aura esté emblée? Et l'en dit que je l'aurai, *pas prove de bons
tesmoings, que la chose fust moie.* »

(4) Notons d'abord que si en matière de revendication immobilière on
n'apporte plus devant la Cour une motte de l'immeuble, dont il s'agit, le
défendeur demande le « jour de montrée » ou « jour de vue, » c'est-à-dire
un délai pendant lequel les parties doivent se transporter sur les lieux litigieux avec un représentant du tribunal, afin qu'il n'existe aucun doute
sur l'objet même du débat. Or les textes établissent de la façon la plus
positive que le « jour de montrée » ne peut pas être accordé en matière
mobilière (*Livre de Jostice et de Plet*, liv, IV, ch. x, §1; Beaumanoir, IX, 2) et
comment expliquer cette solution, si ce n'est en supposant que la bête entier
cée est amenée devant la justice. Un passage du *Livre des droiz et commandements*, n° 798 vient appuyer notre manière de voir; tandis que d'après
ce coutumier, le vendeur d'immeuble appelé en garantie obtiendra un
« jour d'advis » à l'effet de constater l'identité de l'immeuble vendu avec

Ayant ainsi achevé cette introduction générale, abordons l'analyse de nos documents. Nous étudierons successivement le rôle du demandeur dans la procédure et celui du défendeur ; nous terminerons en nous occupant du jugement de preuve dans lequel la Cour détermine, d'après les conclusions mêmes des parties les conditions auxquelles le possesseur de l'objet sera absous et fixe le délai à l'expiration duquel les plaideurs devront de nouveau se présenter devant la justice.

I. Rôle du demandeur. — D'après le droit commun du treizième siècle, la victime du vol prononce une formule consacrée, offre de rendre ses allégations vraisemblables et enfin dépose quatre deniers sur la chose devant la justice.

a. *Formule de la demande.* — Si nous analysons la formule même de la demande, telle que nous la trouvons dans plusieurs de nos textes, nous constaterons d'abord que le plaignant n'accuse pas directement le détenteur d'avoir commis lui-même l'acte délictueux (1). Nous observerons en second lieu que le caractère criminel de notre action résulte des expressions dont se sert la victime du vol. « *Sire, cette chose si m'a esté emblée et sui tout prest de jurer seur sains (de ma main et de ma bouche) que je ne fis onques chose de quoi je en deusse perdre la sesine* (2). » Il y a donc

l'immeuble revendiqué, la même faveur est refusée au vendeur du meuble. « Car en ce cas il doit être tout avisé » nous dit le praticien.

(1) *Las Costumas de la vila de Bordeü*, § 18, p. 22 « Et io no dic per cuy. »

(2) *Etablissements de saint Louis*, liv. II, ch. xvii; *Coustumes d'Anyou et dou Maigne*, n° 100 (Beautemps-Beaupré, tome I, p. 122 « cette chose m'a esté *emblée*. » *Assises de la Cour des bourgeois de Jérusalem*, LXXXVIII (Beugnot, ch. xc). « Par enci que il deit jurer sur sains que il ne vendi ne dona cele chose qu'il a trovée mais que enci li avait *enblé* le sergent ou la chanberière comme il a dit. » *Las Costumas de la vila de Bordeü*, § 18, p. 22 « Tu as et tens mon cabat, *qui m'es estat panat*. » *Coutume d'Amiens* (treizième siècle) art. 76, tome I, p. 146 « Si convient que il s'en fache créables par tesmoignage ou par son serement que la chose li ait esté *emblée*. » *Coutume de Bergerac*, CV (Bourdot de Richebourg, tome IV, p. 1029) « Sed si aliquis veniat qui dictam rem emptam *asserat sibi fore furatam*... » *Coutume de Luzech*, art. 82, p. 165. « Si la *demanda aquel a qui foy tota o panada*. » *Très ancienne coutume de Bourges*, art. 53 (Bourdot de Richebourg, tome III, p. 880. « En jurant sur saints que telle chose luy a esté emblée. » Voyez aussi les *Lois de Guillaume le Conquérant*, liv. I, ch. xxi (Schmid, p. 336). » Ki l'voldrad clamer pur *embled*. »

là une plainte adressée à la justice, en prenant ce mot plainte dans le sens vulgaire du mot. L'homme, libre qui se tient debout devant la Cour, se borne à affirmer que la chose lui a été enlevée contre tout droit, et c'est en raison de cette infraction à la loi qu'il réclame implicitement la restitution du meuble litigieux. Si d'après quelques-uns de nos textes (1) le demandeur allègue non seulement qu'il y a eu vol mais encore qu'il a des droits sur la chose, nous voyons là un changement de pure forme dû sans doute à l'influence des jurisconsultes romains (2); après comme avant ce changement, l'action reste criminelle (3).

b. *Offre de preuve*. — D'après le droit commun du moyen âge le poursuivant doit, avons-nous dit, rendre sa demande vraisemblable et conformément à l'esprit formaliste de l'époque, son adversaire n'est tenu de lui répondre que s'il

(1) *Ancien coutumier de Bourgogne*, ch. xiv, p. 16. « Ceste beste est *moie* et m'est heue *emblée*. » Pierre de Fontaines, XII, 3. « Je requier cele chose comme *moie* qui n'a esté *mal tolue*... » Jean Bouteiller, liv. I, XLIII, 30, p. 319 « la clamer *sienne* comme *emblée*. » M. Franken, p. 293, pose en principe que d'après le droit commun du moyen âge la formule de notre action est conforme au modèle donné par le *Coutumier de Bourgogne* et contient les deux affimations, dont il s'agit. Cet auteur néglige, comme on le voit, les nombreux textes que nous avons reproduits à la note 2 de la page 127.

(2) Comparez aussi les développements dans lesquels nous sommes entrés à propos des lois barbares.

(3) Pour démontrer cette proposition, il suffit de constater que d'après le *Coutumier de Bourgogne*, ch. xviii, et Pierre de Fontaines, XX, 10, le commodataire a seul la faculté d'agir lorsque le meuble prêté a été volé. Rappelons aussi que le cheval volé aux moines de l'abbaye de la Roë leur avait été prêté par un prêtre nommé Rainaud et que l'entiercement fut effectué par un des serfs du monastère, et cependant le cartulaire nous dit en parlant de l'entierceur « sicque *suum* esse ostendit. » Employé dans les documents relatifs à notre sujet le mot « suum » signifie donc non pas que le demandeur a acquis régulièrement le meuble du véritable propriétaire et a sur lui un droit réel, mais bien que d'après la coutume il peut reprendre l'objet à son détenteur actuel. M. Franken. p. 295, s'exprime au contraire de la façon suivante : « Le sens de cette formule est celui-ci : les mots *volé, perdu, non vendu, non donné en gage* mettent en lumière le fondement de l'action d'après l'ancien droit, c'est-à-dire l'enlèvement de la possession, le mot *mien* le fondement de l'action d'après le droit moderne, c'est-à-dire l'acquisition régulière (du bien par le demandeur). » V. également p. 294. Notre auteur estime donc que notre action repose au moins en partie sur un droit de propriété envisagé d'une façon abstraite; mais cette affirmation nous semble contredite par les textes que nous avons cités au commencement de la note; nous renvoyons aussi aux arguments que nous avons mis en lumière, p. 113.

a offert expressément de satisfaire, à ce point de vue, aux exigences de la coutume. Cette offre de preuve vient immédiatement après l'énoncé des prétentions de la victime du délit et fait partie en réalité de la formule elle-même « et *sui tout prest de jurer seur sains de ma main et de ma bouche que je ne fis onques chose, de quoi je en deusse perdre la sesine* (1). » Si d'ailleurs nous analysons la plupart de nos documents, nous remarquerons avec une certaine surprise que le plaideur s'engage purement et simplement à jurer qu'il est de bonne foi (2), et cette observation faite, il nous est facile de concevoir quelle a été la marche des idées sur notre sujet. Lorsque les praticiens s'aperçurent des inconvénients auxquels pouvaient donner lieu les lourdes obligations du défendeur, ils conservèrent néanmoins le système traditionnel, relativement à la preuve, en imposant au prétendu propriétaire une sorte de juramentnm calumniæ. Plus tard la doctrine se transforma et la coutume d'Amiens (3) laisse à l'entierceur la faculté de « *se rendre créables*, » soit en jurant que la bête lui a été volée, soit en présentant à la Cour des témoins qui viennent affirmer l'existence du délit et reconnaître l'animal. Enfin le ch. CCXLIV (4) des assises de la Cour des Bourgeois de Jé-

(1) *Établissements de saint Louis*, l. II, ch. xvii.

(2) *Assises de la Cour des bourgeois de Jérusalem*, LXXXVIII (Beugnot, ch. xc). *Trés ancienne coutume de Bourges*, art. 53. Notons cependant que déjà d'après le droit angevin, tel qu'il nous est révélé par les *Coustumes d'Anjou et dou Maigne*, n° 100 (Beautemps-Beaupré, tome I, p. 122) et par les *Établissements de saint Louis*, l. I, ch. xci, le poursuivant jure que la chose « fut soue, » c'est-à-dire qu'il a le droit de la réclamer (en raison du vol); il y a en définitive une simple nuance entre le liv. II et le liv. I des *Établissements*.

(3) Art. 76 (tome I, p. 146).

(4) « La raison juge et commande à juger que ce celuy de qui la chose fut emblée peut mostrer par deus leaux garens qui jurent sur sains que il l'aient veu saisi et tenant de celuy aver, et qu'il li ait esté emblé, il le det recouver sa chose par ensi que celuy qui demande la chose qui li a esté emblée det jurer sur sains que celui aver li a esté emblé, et qu'il ne le vendi ni donna, ni engaja, ni presta, mais que enci l'a perdu par larrecin, si comme il l'a dit. Et autant det recouvrer tout son aver ou sa chose quitement. » Comme on le voit, il y a contradiction entre le ch. lxxxviii et le ch. ccxliv des *Assises de la Cour des bourgeois de Jérusalem*; peutêtre convient-il de rapporter ce dernier passage à une époque postérieure à la rédaction primitive de notre coutumier. Rapprochez du ch. ccxliv des *Assises des bourgeois* le ch. cii, § 1 de la *Coutume de Bayonne* « et

rusalem (Beugnot ch. 249) prévoyant l'hypothèse où l'accusé se borne à affirmer son innocence consacre une théorie plus moderne, qui est généralement admise, nous le verrons, lorsqu'il s'agit de l'action de chose adirée. Si en vertu de ce document, le serment, dont nous avons parlé, est encore exigé du revendiquant, ce dernier doit en outre se procurer deux témoins, afin de démontrer d'une part que le meuble a été en sa possession et d'autre part qu'il lui a été dérobé. Malgré les divergences accidentelles qui viennent d'être signalées, il importe d'insister en terminant sur le caractère relativement primitif de notre système de preuve; d'après le droit commun du moyen âge, le demandeur se bornera à jurer que l'objet lui a été volé.

c. *Dépôt des quatre deniers.* — La curieuse pratique, dans l'étude de laquelle nous entrons, semble avoir été en honneur pendant le cours du treizième siècle dans tous les pays coutumiers (1) et un passage du registre criminel de la justice de Saint-Martin des Champs nous la montre subsistant encore à Paris en 1332 (2). Notre usage se rattache

---

assi estan lo demanedor deu mostrar la cause cum es soe abantz de totes causes. »

(1) *Établissements de saint Louis,* liv. II, ch. xvii : « Il doit mettre quatre deniers sur la chose, si comme nous avons dit dessus par la coustume du païs »; *Livre de Jostice et de Plet,* l. XIX, t. XXXV, § 1 : « Et cil qui la chose est l'antierce por emblée et meste quatre deners d'entierz »; *Ordonnance de Jean Sarrazin, voyer de Paris* (1270), art. 3 (p. 16). « De rechef il appartient à iceluy voyer que de toutes les choses qui sont amblées, si celuy à qui elles sont amblées vient devant la justice et les autres por amblées (mauvaise leçon évidente; il faut lire ou bien a entiercées por amblées ou bien requiert por amblées) il convient que devant la justice il mette quatre deniers dessus et ces quatre deniers sont au voyer et sont mises en une boüette que le voyer a au Chastelet. » Varin, *Archives administratives de Reims,* t. I, 1ʳᵉ partie, p. 1061, note : « Item… quod si aliqua res est *entiercée* in banno S. Remigii, que fuerit ablata violenter vel furata ille qui requirit eam tanquam suam, solvit quatuor denarios vicecomiti archiepiscopi pro eo que il a *entiercé* »; *Coutume d'Amiens,* art. 76, t. I, p. 146 : « Chi parole de chose enterchie por emblée et cil qui la chose claime, paie treize deniers de l'arester »; Art. 77 : « Chi parole de larechin prové. *De rechef* s'on prent larron ou larreuesse por tant qu'il soit prové de larrechin, tout lor catel sont au roi. Et s'il avient chose qui li ait esté emblée et il trueve le larron saisi, por tant qu'il s'en fache créables, il a le sien, *sans payer enterchement;* car li lerres qui on tient est li entercherres, et li lerres est à jugier au maior et as eskievins ».

(2) *Registre criminel de la justice de Saint-Martin-des-Champs,* p. 17 et 18 (30 juin 1332) : « Fu detenu en nostre prison Jehannin Lenoir, enlu-

du reste par les liens d'une filiation évidente à celui dont nous nous sommes occupé plus haut, à l'occasion de la procédure extra-judiciaire (1).

C'est au moment même où il comparaît devant la justice, à l'instant où il va prononcer la formule consacrée que le demandeur place sur l'objet litigieux en présence du tribunal les quatre deniers (2), dont nous parlent nos textes. Une fois la cérémonie accomplie, la petite somme d'argent est acquise d'une façon définitive, soit à un représentant du seigneur justicier, soit au seigneur justicier lui-même. Tandis qu'au Châtelet de Paris un tronc spécial est préparé pour recevoir les pièces de monnaie acquises au voyer à titre d'épices, celles-ci sont versées à Reims entre les mains du président de la cour épiscopale et un document connu sous le nom de charte de la prévôté d'Amiens (3), nous a conservé le texte d'un accord conclu entre la commune et le roi de France Philippe-le-Hardi relativement à certaines amendes et en particulier relativement aux amendes du véritable (4) et du faux entierz ; ces amendes seront partagées entre le roi et la commune, dans la pro-

mineur de pincel, pour ce que Jehan de Biauvais mist quatre deniers sur deus saus qui lui avaient esté emblez, si comme il disoit, et pour ce que il furent trouvez plantez devant la meson dudit Jehannin il n'en savoit que souppeçonner, fors ledit Jehannin ». Ajoutons qu'au témoignage de Gérard de Montfaucon la Cour percevait à Reims au quinzième siècle une amende spéciale nommée « l'amende de la saisine de justice » lorsqu'une action en revendication mobilière était intentée (Varin, *Archives législatives de Reims*, 1re partie ; *Coutumes*, p. 789) ; peut-être convient-il de voir dans cette amende de la saisine de justice un reste de notre vieille pratique.

(1) Voyez page 117.

(2) D'après le texte donné par M. Augustin Thierry, la somme payée à Amiens par le revendiquant s'élèverait à treize deniers et non pas seulement à quatre deniers ; peut-être cependant il y a-t-il là une mauvaise lecture.

(3) Augustin Thierry, *Documents pour servir à l'histoire du tiers État*, t. I, p. 81, art. 6.

(4) « Intercionibus rerum furtivarum vel amissarum, sive veris ac falsis. » L'amende de véritable entierz nous paraît être la somme de treize deniers payée à Amiens par le poursuivant au moment où il formule sa demande. Nous nous fondons d'abord sur l'art. 77 de la *Coutume d'Amiens* : « il a le sien, sans payer *enterchement*. » J'ajoute, sauf à revenir sur ce dernier point, que cette amende de véritable entierz ne peut pas être une amende spéciale due par le possesseur actuel en cas de condamnation ; s'il ne réussit pas à écarter les soupçons qui pèsent sur lui, l'accusé est un voleur et doit être purement et simplement traité comme tel.

portion déterminée par le contrat. Notons enfin, que l'obligation dont nous nous occupons est imposée au demandeur seulement dans le cas où il a entiercé le meuble ; notre procédure spéciale est complètement hors de cause si le larron ayant été arrêté d'office, le propriétaire de l'objet volé s'adresse à la Cour pour rentrer en possession de son bien (1).

Après cette analyse de nos sources, abordons l'examen d'un problème très délicat et cherchons dans quel but le poursuivant est astreint à déposer un certain nombre de pièces de monnaie sur la tête de l'animal et quelle est au point de vue juridique la portée de cette cérémonie faite assurément pour nous surprendre.

Les rédacteurs de nos vieilles coutumes voulurent, croyons-nous, empêcher les entiercements téméraires en exigeant certaines garanties du revendiquant (2) ; la théorie des contrats leur fournissait d'ailleurs le moyen de réaliser leur projet, en conservant sous une forme un peu différente la procédure en usage au onzième et au douzième siècle.

Il n'y a qu'un instant, à propos de l'offre de preuve exigée de la victime du vol, nous avons eu l'occasion de mettre en lumière la défiance croissante inspirée par le revendiquant. N'est-il pas facile du reste de concevoir que déjà à notre

---

(1) D'après le droit allemand du moyen âge le demandeur doit de nouveau payer un schelling (quatre « *phennínge* ») au maire lorsque le vendeur cité en garantie reconnaît son obligation et consent à figurer dans l'instance au lieu et place du possesseur actuel; nous ne trouvons au contraire rien de semblable dans notre législation coutumière. Comp. *Coutume de Mulhouse* (édition Stephan, p. 32 et suiv.); Zoepfl, *Deutsche* Rechtsgeschichte, § 109, t. III, p. 197 et enfin Laband, p. 126.

(2) Il convient d'observer que la pratique du dépôt des quatre deniers existe seulement dans les coutumes où aucun des plaideurs n'est en principe tenu de fournir caution; en sens inverse notre usage n'a pas pénétré dans le midi où la théorie des cautions judiciaires est en honneur. D'après le droit commun du Midi, le défendeur est seul contraint de présenter une caution ; cependant dans certains statuts méridionaux la même obligation est imposée aux deux parties en cause. *Constitutiones Curiae Aquensis*, (Giraud, t. II, p. 18) ; *Privilège de Lourdes,* art. 15 (de Lagrèze, p. 236); *Coutume d'Aubiet* (Bladé, p. 60); *Coutume de Prayssas*, art. 3; *Statuts de Marseille*, liv. II, cap. v (Méry et Guindon, t. III, p. 33), etc. Sur cette théorie des cautions judiciaires dans le droit français du moyen âge, consultez un très beau chapitre de M. Franken, *op. cit.*, § 17, p. 220 à 238; nous nous rallions complètement aux conclusions de cet auteur. Nous aurons une nouvelle occasion de dire un mot sur ce sujet un peu plus loin.

époque le désir de sauvegarder l'ordre public et de protéger
les particuliers contre de violentes attaques individuelles,
ait amené à prendre des sûretés contre celui qui sans jugement préalable a saisi un objet mobilier sur la voie
publique et a traîné son possesseur devant la Cour?
Rappelons aussi qu'en définitive la charge de la preuve
incombait au défendeur à l'action de chose emblée; comment s'étonner dès lors que les praticiens aient pris
certaines précautions en vue d'assurer le châtiment des en-
tierceurs qui n'obtiendraient pas gain de cause? Si le raisonnement *à priori* rend notre affirmation vraisemblable, l'examen général des textes nous fortifie dans notre
opinion. Déjà à la fin du onzième siècle les lois de Guillaume le Conquérant (1), contraignent le prétendu propriétaire « à donner guage et truver plège a parsuire sun
apel ». Le plaideur s'engagera solennellement vis-à-vis de
la Cour et un fidéjusseur interviendra pour garantir son
obligation. Plus tard, quand la procédure d'adveu et de
contre adveu a remplacé celle que nous étudions, les documents français des quatorzième, quinzième et seizième siècles nous montrent la victime du vol donnant caution d'être
et fournir à droit et de payer l'amende à laquelle elle
pourra être condamnée; de là vient l'expression « adveu
duement applégé, » qui se rencontre fréquemment dans
nos textes (2). Si donc l'idée de sûreté à exiger du demandeur domine l'histoire de notre théorie spéciale, ne sommes-nous pas autorisé à penser que la même conception
peut servir à expliquer les passages difficiles que nous commentons. A notre sens, l'entierceur promet solennellement

(1) Part. I, ch. xxi, pr. (Schmid, p. 336): « De entercement de vif aveoir,
ki l' voldrad clamer pur embled e voldrad duner guuage e truver plege a
parsuire sun apel, dunc estuvera celui, ki l'avera entre mains, numer son
garant, s'il l'ad ». Sur les gages destinés à rendre valables les obligations
des parties, comparez ce que nous disons ci-dessous et consultez aussi
Stobbe, *Reurecht und Vertragsschluss*, p. 209 et suiv., et Franken, § 18,
p. 241 et suiv.

(2) Nous reviendrons plus tard sur ce dernier point néanmoins nous
croyons utile de reproduire immédiatement le passage suivant d'un jurisconsulte du dix-septième siècle, Jean Vigié (*les Coustumes du païs et
duché d'Angoumois, Aunis et gouvernement de La Rochelle*, 1650, tit. VI,
art. 20, p. 461). « Mais, parce que la séquestration est prohibée de droit
commun, l'advoüant doit bailler caution d'estre et fournir à droict. »

devant la justice d'être et fournir à droit et de payer en cas d'échec, les soixante sous d'amende, dont nous parlerons plus loin; un cautionnement minime est en même temps remis au tribunal.

Ayant ainsi développé la première partie de notre thèse, expliquons quelle est la fonction de nos quatre deniers ; pour accomplir cette tâche il est indispensable d'entrer dans quelques brèves considérations sur la naissance des obligations d'après le droit français de notre époque.

Au moyen âge le simple accord des volontés n'est jamais suffisant pour lier les contractants, et il est toujours indispensable qu'une certaine prestation intervienne, qu'un acte matériel déterminé soit accompli. A ce point de vue la remise publique et solennelle d'un denier joue dans nos sources françaises un rôle important, qu'il s'agisse d'obligations unilatérales (1) ou d'obligations synallagmatiques (2), et encore aujourd'hui nous parlons de denier-à-Dieu alors que depuis longtemps la petite somme versée à titre d'arrhes par l'acheteur ou le locataire n'est plus consacrée à renouveler le cierge de Saint Trophime, comme c'était le cas à Arles au treizième siècle (3).

(1) Charte du comte Hugues de Champagne relativement à l'abbaye de Molesmes (reproduite dans l'*Histoire des ducs et comtes de Champagne*, par d'Arbois de Jubainville, t. II, p. 74). Constance, femme du comte de Champagne confirme des donations antérieurement faites à l'abbaye ; après avoir exprimé son consentement devant témoins elle envoie un chevalier porter de sa part un denier sur l'autel de Saint-Quentin, et de cette façon elle s'engage juridiquement vis-à-vis de l'abbaye. « Ut autem haec omnia magis rata et authentica sint, præsente domino Gaufrido Ottrani, misit ipsa comitissa quemdam nummum per dominum Nivelonem super altare sancti Quentini. »

·(2) *Coutume d'Avignon*, stat. cxxi: *De denario Dei* (p. 593). Item statuimus quod quelibet mercadaria, *cujuscum que* rei emptio et in re locata et *im quolibet alio contractu*, *postquam* pro eis contrahendis contrahentes inter se dederint vel alius pro eis denarium Dei, *firma et irrevocabilis habeatur* et contrahentes teneantur precise solvere precium et rem tradere super quem celebratus est contractus utro citroque adimplere ». Ce passage de la *Coutume d'Avignon* est très net et la règle qu'il formule est conçue de la façon la plus générale. Je renvoie aux *Statuts municipaux de la ville de Salon* (1293); (Giraud, *Histoire du droit français*, t. II, p. 254), et au ch. cxviii de la *Coutume de Bayonne* (p. 336). Peut-être enfin le denier qui, dans les dépôts d'archives, est appendu à un certain nombre de chartes a-t-il pour objet non pas d'opérer la tradition de l'immeuble mais de constater que le contrat a été conclu suivant les rites prescrits.

(3) *Statuts d'Arles*, n° 191 (Giraud, t. II, p. 227) : « Item statuimus quod

Notons au surplus que le paiement du denier ne peut pas être toujours envisagé comme un commencement d'exécution et que même en matière de vente la pièce de monnaie dont il s'agit n'est pas acquise au vendeur ; aussi les contrats de notre vieux droit coutumier sont-ils, à notre sens, des contrats solennels et non pas des contrats réels, en prenant ces expressions dans le sens du droit romain.

Si avec l'anneau et le gant, le denier est l'objet matériel employé le plus fréquemment pour donner en quelque sorte une forme tangible à la convention intervenue et en perpétuer le souvenir (1), n'est-il pas vraisemblable que le dépôt de nos quatre deniers a pour objet de rendre efficace une obligation du demandeur vis-à-vis de la justice (2) et quelle peut être cette obligation si ce n'est celle d'être et fournir à droit et de payer l'amende en cas d'échec. Objecte-t-on qu'un denier aurait suffi pour lier le propriétaire, nous répondons que les pièces d'argent constituent un cautionnement (3) et que d'ailleurs notre usage tire son origine de

denarius Dei, qui daretur in contractibus in honore Dei et candele beati Trophimi distribuatur. »

(1) Pour faire bien comprendre quel était, à notre avis, le rôle des deniers dans la formation des contrats, d'après le droit français du moyen âge, il n'est pas sans intérêt d'appeler l'attention sur un procès raconté par le *Registre criminel de Saint-Martin-des-Champs* (p. 164). Michel Larsonnier, sergent du bailli de l'évêque de Paris avait pratiqué une saisie chez un justiciable de l'abbaye ; condamné à payer soixante sous d'amende et à remettre les meubles où il les avait pris, le sergent dut verser immédiatement cinq sous à titre d'arrhes : « Et furent getés les cinq soulz ainsi receuz, parmi la court, à tous ceulz qui prendrent en vouldrent » ; plus tard lorsque le sergent répara solennellement sa faute en rapportant les objets saisis, dans la maison du débiteur, nous voyons se renouveler la même cérémonie : « Et fu geté emmi la rue de l'argent, pour mémoire faire des choses dessus dictes. »

(2) Indépendamment des lois de Guillaume le Conquérant, nos sources fournissent plusieurs exemples de gages donnés ainsi à la justice en vue de rendre efficace l'obligation de payer l'amende imposée éventuellement à l'un des plaideurs. *Livre des droiz et commandements*, n° 799 : « Et gaigerait l'amende à la Cour », n° 854 : « Et gagera le hucheur une amende de gariment non pris. » Comp. aussi *Établissements de saint Louis*, l. II, ch. xxxi : « Et se il defaut de prüeve, il domoerra à la volonté de la Cour pour l'amende : et se *doit lier à la peine* avant toute veüe. » Ce texte est relatif à une revendication de serf.

(3) Dans les coutumes où le défendeur doit fournir caution, il peut s'affranchir de cette obligation en déposant un cautionnement d'ailleurs minime. *Charte de Richard Cœur-de-Lion relative à Bayonne* (1190) (Balasque et Dulaurens, t. I, p. 424).

celui qui nous est attesté par le cartulaire de l'abbaye de
la Roë ; cette dernière observation nous permet d'expliquer
également pour quel motif les deniers sont placés sur la
chose même. J'ajoute que notre conjecture admise, nos documents s'éclairent d'eux-mêmes ; on comprend notamment
pourquoi les passages cités rattachent notre pratique à l'entiercement effectué par la victime du délit (1) et pourquoi
notre cérémonie est hors de cause lorsque la justice a saisi
elle-même le voleur et l'objet volé (2).

Avant d'abandonner ce sujet, soumettons à notre critique
deux idées, qui pourraient être préférées à la nôtre. A propos de textes allemands analogues à nos sources, M. Laband (3) semble voir dans le dépôt des quatre deniers la
conséquence de l'esprit fiscal du moyen âge ; nos pièces de
monnaie seraient purement et simplement gardées à titre
de frais de justice par la Cour ou par les représentants du
seigneur. Si séduisant qu'il puisse paraître par sa simplicité
même ce système doit être rejeté ; le service rendu au propriétaire est en effet particulièrement signalé lorsque le voleur lui-même est arrêté par les dépositaires du pouvoir
seigneurial et cependant dans cette hypothèse l'ayant-droit
reprendra sa chose « sans payer enterchement. » N'est-il
pas clair en conséquence que la théorie de M. Laband ne
suffit pas à rendre compte des solutions contenues dans nos
documents ?

Nous repousserions aussi la doctrine d'après laquelle notre
pratique serait un reste de l'ancienne procédure de la perquisition domiciliaire. Sans même démontrer à nouveau que

(1) *Livre de Jostice et de Plet*, liv. XIX, t. XXXV, § 1 : « Quatre deniers
d'*entierz* » ; Varin. (t. I, 1ʳᵉ partie, p. 106) note : « Pro eo *que il a entiercé* » ;
Coutume d'Amiens, art. 76 : « Treize deniers de l'*arester*. » C'est on le voit
exactement le même raisonnement que dans le passage de Jean Vigié que
nous avons cité plus haut et cette observation nous semble fournir un
argument nouveau à l'appui de notre thèse.

(2) Étant donnée notre théorie, il est d'ailleurs tout naturel que les officiers de justice ou le seigneur lui-même s'attribuent nos quatre deniers au
même titre que les gages donnés en cas de duel judiciaire. Ajoutons que
pendant la durée du procès, la Cour gardera le meuble litigieux et qu'à ce
point de vue on comprend très bien le paiement de certains droits ; il est
du reste vraisemblable que si le poursuivant triomphe, son adversaire sera
tenu de lui rembourser nos quatre deniers.

(3) *Die vermögensrechtlichen Klagen*, p. 126.

les pièces de monnaie placées sur le seuil de la porte par le
vestigium minans ne constituent pas le prix de la violation
de domicile, nous nous bornons à observer que le cartulaire
de la Roë n'est pas favorable à la conjecture dont il s'agit,
sicque suum esse ostendit, nous dit-on. Ne serait-il pas en
outre indispensable de nous montrer pourquoi notre obligation a été imposée au demandeur qui a trouvé sur la voie
publique, sur la place du marché notamment, le meuble à
lui dérobé ?

Ayant ainsi décrit d'une façon complète les formalités qui
devront être remplies par le poursuivant, il nous reste à
nous occuper du rôle assigné à son adversaire.

II. Rôle du défendeur. — D'après le droit commun du
moyen âge, le possesseur doit, sans aucun délai, répondre
au fond à la demande de son adversaire. Par la nature
même des choses, et bien qu'aucune accusation directe n'ait
été formulée, des soupçons pèsent sur celui dans la maison
duquel la bête volée a été découverte. Il convient que ce dernier repousse immédiatement ces soupçons et s'explique,
sans plus attendre, sur les origines de sa possession. Ainsi
nous rattachons au caractère criminel de notre procédure la
ressemblance que nous venons de signaler entre l'action de
vol proprement dite et la demande de chose emblée.

Si d'ailleurs notre règle est admise par la plupart des documents du treizième siècle (1), il faut cependant reconnaître que dans certaines parties de la France, la Cour accor-
dait « un jour de conseil » au prévenu (2); il en était ainsi

---

(1) Pierre de Fontaines IV, 17 (p. 29). Ajoutons que dans la *Coutume de
Bordeaux* § 18 (p. 22) et dans les *Assises de la cour des bourgeois de Jérusalem* CCL (Beugnot, ch. 256), nous voyons le défendeur repousser immédiatement la prétention de son adversaire, sans demander le jour du
conseil.

(2) Ce n'est certes pas le moment d'exposer la remarquable théorie des
délais de notre vieille procédure française. Je me borne à dire que le jour
du conseil a pour objet de permettre au plaideur de se procurer un « conseil » un avocat. En raison du caractère formaliste de la législation, le particulier qui comparaissait en justice était exposé à tomber à chaque instant
dans de véritables pièges s'il n'était assisté d'un praticien au courant des
exigences de la Coutume ; il était à craindre en second lieu que l'un des
plaideurs ne s'assurât à prix d'argent le concours de tous les « conseils »
du pays et notre délai avait pour but de déjouer cette fraude qui semble
avoir été fréquente, si nous en croyons une charte insérée par M. Marche-

en Bourgogne et dans les autres provinces où le défendeur réclamait notre délai même dans l'hypothèse d'une accusation directe; au contraire nous ne connaissons aucun monument juridique qui exige une réponse immédiate à l'action de vol et donne une solution différente, lorsqu'il s'agit d'une demande de chose emblée (1).

Après avoir ainsi mis en lumière une nouvelle conséquence du caractère criminel de notre action, notre tâche consistera à examiner quels sont les moyens de défense auxquels l'accusé peut avoir recours.

Après nos développements antérieurs, nul ne saurait s'étonner de la façon dont sont conçues les formules de réponses, que nous trouvons dans nos textes: « *Sire, y tel home, Sire Martin, le me donna à vendre* » (2) « *cette chose je tienz de vos, et par votre grié* (3), *par tel raison et ni molt le larrecin et sui prez de monstrer que c'est voirs ou deffandre de larrecin.* » Nous sommes fort loin, on l'avouera, de la contra vindicatio du plaideur romain « aio hanc rem esse meam ex Jure Quiritium. » A la plainte de la victime du vol, le défendeur se borne à opposer l'affirmation implicite de son innocence, en expliquant comment le meuble se trouve en sa possession.

Si d'ailleurs le débat se maintient toujours dans les limites de la question de culpabilité, l'accusé écartera les soupçons

gay devant ses *Archives d'Anjou*, t. II, p. 166, et un passage de Philippe de Navarre, chap. VII note a t. I, p. 481). En ce qui concerne toute cette théorie des jours de conseil, je renvoie d'ailleurs au beau travail de M. Brunner (*Wort und Form im Altfranzösischen Prozess*, p. 712 et suiv., p. 746 et suiv.).

(1) M. Brunner (*Die Entstehung der Schwurgerichte*, p. 171) estime en sens inverse qu'à ce point de vue il convient d'établir une différence entre l'action de vol d'une part et d'autre part les actions qu'il nomme l'action réelle et l'action simple (*slichte Klage*); cet auteur ne cite aucun texte à l'appui de son affirmation ; nous renvoyons au contraire aux passages visés par nous à la note 1 de la page précédente; nous croyons en outre avoir démontré qu'il n'existe pas d'actions *réelles* dans la procédure du moyen âge et que le caractère criminel de la demande de chose emblée ne saurait être sérieusement contesté.

(2) *Assises de la cour des bourgeois de Jérusalem* CCL (Beugnot, ch. CCLVI).

(3) *Livres de Jostice et de Plet*, liv. XIX, tit. XIV, § IV. Comp. encore *Coutumier de Bourgogne*, XIV (p. 16). « Je l'achatai et en haverai loials tesmoins et garant... » *Miroir de Souabe*, l. I, fol. 41, § 6. « Sire, *je ne l'amblay mie*, il le me la donna à garder, etc... »

soit en prouvant qu'il n'a pas personnellement commis le délit soit en niant l'existence du vol ; dans cette dernière hypothèse le possesseur aura le choix entre plusieurs méthodes et pourra notamment soutenir qu'il est propriétaire du meuble à titre originaire.

Après ces considérations générales, il convient d'entrer plus profondément dans notre sujet et d'analyser successivement chacune des formules que nos coutumiers mettent dans la bouche du prévenu. Et en effet suivant les circonstances, la preuve offerte par le possesseur ne sera pas toujours la même. Nous diviserons en deux classes les moyens qui sont à la disposition du défendeur ; quelquefois ce dernier consent à rendre le meuble litigieux en soutenant qu'il ne doit être condamné à aucune peine ; quelquefois au contraire la contestation porte sur le point de savoir si le bien dont il s'agit sera rendu au demandeur.

a. Supposons d'abord que l'accusé se déclare prêt à restituer l'animal ; il doit alors offrir d'établir son innocence par serment (1). A l'origine le prévenu devait affirmer d'une façon précise qu'il avait acheté le meuble volé sur la place publique, un jour de marché (2). On se borna ensuite à exiger que le défendeur expliquât comment l'objet litigieux est parvenu en sa possession ; il dira notamment qu'il a acheté d'un vendeur inconnu (3). Avec le progrès des idées

(1) Observons cependant que si la preuve par serment constitue le droit commun, le *Coutumier de Bourgogne* (XIV, p. 16) y substitue la preuve par témoins pour le cas où le défendeur n'est pas un homme de bonne renommée « un loial hons. » Ajoutons que le possesseur a également la faculté de répondre qu'il a trouvé le meuble par cas fortuit ; il sera absous à la condition de prouver qu'il a rempli toutes les formalités. Si pendant l'intervalle la bête égarée a péri, le défendeur n'obtiendra gain de cause qu'à la condition de présenter la tête et la peau. *Coutume d'Eauze* (Bladé, p. 220). « Item s'il bestiar si perde è lo qu'il tien no pode mostrar lo cap ol pee es tengut de emendar. » Il y a, on le voit, une remarquable analogie entre la Coutume d'Eauze d'une part et la loi des Ripuaires d'autre part (V. p. 57).

(2) Fileta, lib. I, cap. XXXVI, § 7 (t. III, p. 120). *Miroir de Souabe* 2e partie, règle 93, fol. 55. « Et se cil dit qui les ha achetés en plein marché et jure qu'il ne set de cui il est ». D'après la Coutume de Montricoux, art. 22 il suffit que l'achat ait eu lieu sur la place du marché ; peu importe que le contrat ait ou non été conclu un jour de marché « en plassa communal o en mercat. »

(3) *Établissements de S. Louis*, l. II, ch. XVII « que il l'a achetée de prudhomme et de loïal si comme il croit. » Dans le même sens *Coutumes*

un dernier changement s'accomplit enfin dans la législation du moyen âge; la notion de bonne foi commença à se faire jour et d'après quelques-uns de nos textes la formule du serment, est celle-ci « que il n'embla celui aver ne consentant ne fu dou larrecin (1). »

b. Au lieu d'affirmer seulement son innocence personnelle le prévenu opposera souvent une dénégation complète et engagera le débat sur le point de savoir si oui ou non le meuble saisi doit être rendu à l'entierceur. Notons au surplus que tantôt l'accusé niera expressément le vol et que tantôt au contraire il se bornera à mettre son auteur en cause en son lieu et place. Dans cette dernière hypothèse, il y a exception de garantie, « excusation par garant » suivant la remarquable expression d'un jurisconsulte du seizième siècle (2). Nous étudierons d'abord le cas où jusqu'à la fin du procès le revendiquant se trouve en face du même adversaire. Nous aborderons ensuite l'intéressante théorie de l'exception de garantie; mais il importe d'observer dès maintenant que la preuve par garant joue un rôle tout à fait prédominant dans notre procédure et que relativement à la demande de chose emblée il y a dans nos sources une tendance marquée à écarter le combat judiciaire dans un nombre de cas de plus en plus considérable.

Comme je l'ai déjà constaté les législations primitives n'accordent aux plaideurs qu'un petit nombre d'armes offensives ou défensives, entre lesquelles ils doivent choisir; aussi

d'Anyou et dou Maigne, n° 100 (Beautemps-Beaupré, t. I, p. 122), « et li estouret jurer que il ne set de qui il l'auret achetée et se il le trovet que il en amèneret à la justice, si il i voulet venir. Et s'il n'y volet venir, il doit lever le cri après lui. » Coutume de Bayonne, CII, 1 (t. II, p. 646). Et aquet en cuy sera trobade ditz que le crompa et ac pot pravar que assi affey o en feyre o en marcat o en lo poblat de Baione de persone qui paciblementz li beno publiquementz o per que autre leyau titol y aguos. Ancien Coutumier de Bourgogne (ch. XIV, p. 16). « Se li juges on que se il puet monstrez que il l'achatai en loial marchiez ne ne set qui le vendi ne son leu ne son repaire ». Comp. encore L. de Jostice et de Plet, l. XIX, t. XXXV, § 6, « qu'il l'avait prise en gages de léal homme ».

(1) Assises de la cour des bourgeois de Jérusalem, ch. CCL (Beugnot, ch. CCLVI). Charte communale d'Amiens, art. 32 (t. I, p. 184)... A li accusez respont qu'il ne l'a mie acatée à son escient à larron. »

(2) Guillaume le Rouillé (Le Grand Coutumier du Maine, commentaire sur l'art. 161 de la Coutume du Maine). Cette même expression se trouve également dans les textes angevins du XVe siècle.

ne devons-nous pas nous attendre à rencontrer dans les coutumiers du moyen âge l'extrême variété de moyens auxquels nous a habitués la pratique judiciaire des temps modernes. Au début de notre période, il semble que le défendeur soit réduit à l'une des deux objections suivantes, s'il veut directement combattre l'existence du vol.

1° Le détenteur de l'objet entiercé répondra peut-être qu'il tient la chose de son adversaire lui-même à titre de vente (1), de prêt, de gage (2), etc... Les textes qui prévoient cette hypothèse méritent d'être étudiés avec soin et en les analysant nous aurons l'occasion de mettre en lumière quelques particularités fort intéressantes de la législation coutumière du moyen âge. Notons d'abord qu'en raison même de la formule prononcée par le poursuivant, le débat porte tout entier sur le point de savoir si oui ou non un vol a été commis, la question de propriété est complètement hors de cause. Dès lors le possesseur actuel parvient-il à établir que le meuble lui a été volontairement remis par le revendiquant, la condition insérée dans le jugement de preuve doit être considérée comme accomplie. Sans examiner si le contrat intervenu est ou non translatif de propriété, la Cour acquittera le défendeur, lui fera restituer l'objet et condamnera la prétendue victime du délit soit à l'amende (3), soit même à un châtiment corporel (4). Ce n'est pas à dire cependant que par suite de la fausse manœuvre de l'ayant-droit l'emprunteur conservera, d'une façon définitive, la chose à lui prêtée ; mais nous croyons qu'il

---

(1) *Livre de Jostice et de Plet*, l. XIX, t. XXXV, 2. « Et se li autres dit que la chose li fust vendue et que cil qui l'antierce por emblée la li vendist, qu'an sera ? en tex choses a gages de larrecin. »

(2) *Livre de Jostice et de Plet*, l. XIX, t. XIV, § 4. « Ceste chose je tiens de vos et par vostre grié *par tel reson.* » *Coutumier de Bourgogne* (édition Giraud) n° 76 (p. 278). « Item se je pour malice, met sus à aucun que je ay trouvé riere lui aucune chose qui me a esté emblée, s'il puet prouver que pour mon commandement il ait icelle chose, je serai en cette amende comme il fut se il ne se fut peu deffendre. *Miroir de Souabe* l. I, fol. 41, § 6. « Sire, *je ne l'amblay mie,* il le me donna à garder et dit que il estait de léauz chatel. »

(3) *Coutumier de Bourgogne* (édition Giraud), n° 76 (p. 278) « je serai en cette amende comme il fut se il ne se fut peu deffendre. »

(4) *Livre de Jostice et de Plet*, l. XIX, t. XIV, § 4. « Et droiz dit que an tel chose si a gage, *ausit comme de larrecin.* »

sera nécessaire d'intenter plus tard une action spéciale. Observons en second lieu qu'après la réponse du possesseur actuel la demande de chose emblée se transformera en une accusation directe de vol, au moins dans certaines coutumes. Comme, par la force des choses, les parties s'inculpent respectivement de mauvaise. foi, le livre de Jostice et de Plet (1) prescrit d'avoir recours dans notre hypothèse à l'ordalie du duel et écarte la preuve par témoins.

2° Au lieu d'accuser le demandeur de mauvaise foi, le prévenu pouvait en second lieu répondre que la bête avait été élevée dans son étable, que le drap avait été fabriqué dans sa maison. Il répétait alors une des formules suivantes « *ce est de ma nourriture,* » « *ce est l'œuvre de ma maison.* » En Normandie (2) et en Bourgogne (3) le possesseur devait en outre dans ce cas offrir d'établir la vérité de son dire par le témoignage de deux de ses voisins. Au contraire, d'après le droit de l'Anjou tel qu'il nous est révélé par les établissements de saint Louis (4), il y avait encore lieu dans ce cas au dépôt de gages de bataille. Mais il est à remarquer qu'en Anjou comme en Normandie et en Bourgogne la charge de la preuve incombe au défendeur. Ce dernier prêtera le premier le serment de vérité avant d'entrer dans le champ clos.

3° A côté de ces deux premiers moyens qui furent vraisemblablement seuls connus au commencement de notre période, le progrès des idées conduisit à accorder une nouvelle exception au défendeur. D'après un curieux passage des Assises de la cour des Bourgeois du royaume de Jérusa-

(1) L. XIX, t. XIV, § 4 et t. XXXV, § 2. Nous trouvons la même solution dans le *Miroir de Souabe.* (L. I, fol. 41, § 6); les autres textes de notre époque sont au contraire muets sur la question.

(2) *Grand Coutumier de Normandie*, ch. XIX.

(3) *Ancien Coutumier de Bourgogne*, ch. XIV (p. 16). «.Et se li garant ne puet desrainier par ses voisins qui li aidaient à jurez que la beste heust estez soie, si prens ciz sa beste qui le quiert... »

(4) *Établissements*, l. I, ch. XCI. « Et sera le serment à celui qui se fera garantisseur, et quand il sera au jour de la bataille, il vendra devant les sains et prendra li autre par la main et dira : o tu hons que je tiens par la main, o vous Justice, se Dieu m'ait et li sains, iceste chose qui est en main de Justice, dont je me fais garantisseur, et me trait avant pour garantir, si estoit moie devant que je la vendisse, si comme je dis quand je la vendis à celui qui m'a trait à garand. »

lem (1), celui chez lequel la bête a été découverte sera renvoyé absous et conservera le meuble litigieux à la condition d'établir par témoins qu'il était déjà en possession avant le jour où le vol a eu lieu d'après le dire du revendiquant. Ce dernier ne sera du reste jamais tenu de faire connaître ce jour et le praticien rédacteur du recueil l'engage même à ne jamais commettre cette imprudence. C'est là une atténuation des anciens principes, en vertu desquels le détenteur restitue la chose, s'il a acheté d'un vendeur inconnu. Il est du reste singulier que ce droit nouveau fût déjà admis à la fin du douzième siècle dans les établissements d'Outre-Mer, alors qu'il n'y en a pas trace dans nos coutumiers français du treizième. A cet égard les sources allemandes de la même époque sont au contraire en parfaite harmonie avec les assises de Jérusalem (2).

Après avoir ainsi commenté ceux de nos textes qui sont relatifs au cas où le défendeur nie directement l'existence même du vol, occupons-nous de l'exception de garanties.

4° — *Exception de garantie.* — Au moyen âge comme à l'époque mérovingienne la théorie de la garantie nous fournit une excellente occasion de mettre en lumière les différences profondes qui, relativement à l'action en revendication mobilière, séparent la législation romaine et les législations modernes d'une part, le droit germanique d'autre part. Tandis que d'après nos vieilles coutumes l'appel en cause du vendeur a pour objet d'amener l'acquittement du possesseur actuel, l'acheteur moderne a pour but d'établir la régularité de son propre titre, lorsqu'il examine ceux des propriétaires antérieurs. Au treizième siècle la question est de savoir contre qui la plainte doit être portée, et si l'ayant-cause n'a pas mis son contractant en demeure de remplir ses obligations en venant prendre sa place au procès (3), il

---

(1) Ch. ccxxviii (Beugnat, ch. ccxxxiii).

(2) Laband, p. 119. Notons aussi que d'après plusieurs droits municipaux de l'Allemagne le défendeur se disculpe en faisant examiner par les juges les dents de l'animal litigieux et en démontrant qu'il n'est pas aussi âgé qu'il devrait l'être si la prétention de son adversaire était fondée.

(3) L'obligation de l'auteur est d'ailleurs prescrite à l'expiration d'un délai d'an et jour à partir de la vente, conformément au droit commun du moyen âge. *Anciennes constitutions du Chastelet de Paris*, art. 83. Loy de Beaumont, art. 37 (Defourny, p. 226), *Abrégé du livre des Assises de la*

ne peut pas, en cas d'échec, lui réclamer une indemnité (1).
Aujourd'hui au contraire le revendiquant conservera son
adversaire primitif jusqu'au jugement, sauf à ce dernier à
appeler à son aide l'homme de qui il tient l'objet litigieux (2).
Ajoutons qu'à la différence des membres des cours féodales
nos magistrats actuels seront le plus souvent en mesure de
se prononcer sur la validité du titre de vendeur, même en
l'absence de celui-ci et sont de plus habitués à rechercher
en fait, suivant les circonstances de chaque cause, si oui ou
non un préjudice a été causé à l'une des parties ; aussi ne
devons-nous pas être surpris de constater qu'à côté de l'exception dont nous nous occupons, les législateurs modernes
aient accordé une action de garantie au défendeur qui a
soutenu seul le procès.

Après ces considérations générales, étudions le mécanisme
de l'exception de garantie en observant que le tribunal
joue dans la procédure un rôle plus important que dans la
période précédente, ce qui s'explique par des changements
sociaux, sur lesquels nous n'avons plus à insister.

Lorsque l'accusé veut appeler en cause son auteur, il répond de la façon suivante à la demande de son adversaire :
*Ceste chose sai-je bien que je l'ai achatée et en aurai bon garant
à terme nommé* (3). Analysons de plus près cette formule.
Elle contient d'abord l'énonciation d'un système de défense ;
le plaideur promet en outre de présenter son garant. Il réclame enfin à la Cour un délai pour se mettre à la recherche de son auteur un « jour de garant » pour employer l'expression dont se servent nos textes.

Nous disons d'abord que notre formule contient l'énonciation d'un système de défense. Le plus souvent le détenteur fera remonter à une vente l'origine de la possession ;
il peut également se justifier en affirmant l'existence d'un
autre contrat, tel que, par exemple, l'échange ou le man-

Cour des bourgeois de Jérusalem, ch. xxii (t. II, p. 253). Il convient d'ailleurs de rappeler que la demande de chose emblée ne peut plus être intentée lorsqu'il s'est écoulé un an et un jour depuis le vol.

(1) Beaumanoir, XXXIV, 11.

(2) Comp. cependant art. 182 et 185 C. Pr, civ.

(3) *Coutumier d'Anjou et don Maigne*, n° 100 (Beautemps-Beaupré, t. 1,
p. 122), et *Établissemeuts de S. Louis*, l. I, ch. xci.

dat (1). Nous avons ajouté que le prévenu se faisait fort
d'amener son auteur devant la Cour à terme nommé et
qu'enfin il sollicitait un délai, un jour de garant.

C'est sur ce dernier point qu'il convient de nous arrêter
un instant. Quand on étudie les coutumiers du treizième
siècle, on constate aisément une tendance de plus en plus
nette à entourer de certaines garanties le retard apporté
par notre délai à la marche générale de la procédure.
Beaumanoir veut que l'acheteur énumère les noms et pré-
noms de son vendeur et indique quel est son domicile (2).
Le Miroir de Souabe exige de plus que l'on fasse connaître
à la Cour le lieu où a été conclu le marché (3).

Ce serait du reste une erreur de croire qu'il y ait dans
nos sources une doctrine uniforme sur la durée du répit
ainsi accordé au plaideur. A l'origine, croyons-nous, il
faut distinguer suivant que le garant réside ou non dans le
ressort de la juridiction saisie de l'affaire. Dans le premier
cas, la cause est renvoyée à la session suivante si on se
trouve devant une cour féodale (4). Lorsque le tribunal
est permanent, le délai est en général de huit jours (5).
Dans la seconde hypothèse le délai est arbitraire, sans
pouvoir, cependant, dépasser l'an et jour (6). Cette dernière
solution fut plus tard généralisée et nous la trouvons dans
les Etablissements de saint Louis (7) et dans un grand
nombre d'autres textes (8). Le coutumier de Bourgogne (9)

(1) *Assises de la Cour des bourgeois de Jérusalem*, CCL (Beugnot,
ch. CCLVI).

(2) *Coutumes de Beauvoisis*, XXXIV, 44 « il doit nommer le garant et le
liu où li garant, si que il apère que il ne die pas avoir garant par barat ne
por avoir délai. »

(3) Édition Matile, 2e partie, règle 93, fol. 55.

(4) Léopold Delisle, *Recueil de jugements de l'Échiquier de Normandie*,
n° 168.

(5) Coutume de Larroque Timbaud, § 20 (p. 155). *Usages et stils de la
mairie, prévosté, eschevinage et banlieue d'Amiens*, art. 49 (t. II, p. 534).

(6) Coutume de Laroque Timbaud § 20 (p. 155). Le délai d'an et jour ne
peut être accordé que si l'auteur appelé en garantie est un croisé ou un
pélerin qui voyage outre-mer (Léopold-Delisle. *Jugements de l'Échiquier
de Normandie* n° 280).

(7) L. II, ch. XVII « il aurait jour à amener son garant suivant la tenue de
la chose. »

(8) Beaumanoir, XXXIV, 44, 64, 65. Coutume de Bayonne, CII, 1.

(9) Ch. XIV (p. 16).

appartient à cette dernière classe de monuments ; mais la
formule qu'il met dans la bouche de l'acheteur est curieuse
à plus d'un titre. « *Je vet havoir loisir, se il vous plaist, que je
haie premiers parlé·à mes garant, jusques à* VIII *jours ou plus,
quar je ne sai ou je le quiere ou trop sont loin : et si jurerai
quant je les porra havoir au jour que vous me donrez.* »
Comme on le voit, notre formule conserve encore le souvenir d'une pratique déjà disparue et ce passage ne peut
guère laisser de doute sur l'évolution historique que nous
avons signalée. Notons enfin que la coutume de Beauvoisis (1) et la coutume d'Agen (2) imposent au prévenu
l'obligation de prêter serment si le vendeur voyage outre-
mer. Le défendeur jurera que l'homme dont il parle est bien
son garant et qu'en demandant le délai d'an et jour, son
but n'est pas d'arrêter le cours de la justice. A cet égard, la
coutume de Beauvoisis et la coutume d'Agen ne sont pas en
harmonie avec le droit commun du moyen âge et elles
sont conçues dans un esprit relativement moderne.

Nous avons ainsi énuméré les moyens dont peut se servir
le défendeur ; mais n'en avons-nous omis aucun? Le possesseur actuel conservera-t-il le meuble litigieux s'il établit
qu'il l'a trouvé dans la succession de son père et qu'en
outre ce dernier l'avait légalement acquis ? Nos coutumes
françaises sont absolument muettes sur cette question : et il
nous est impossible de décider si au moyen âge on appli-
quait encore la doctrine du capitulaire 2 additionel à la loi
Salique (Behrend Boretius, p. 93. Merkel. Lex Sal. CI) (3)
ou si, au contraire, l'héritier mettait directement en cause
celui auquel son père avait acheté l'animal aujourd'hui
saisi. Si cependant il nous fallait prendre un parti, nous
inclinerions plutôt à penser que la théorie de la garantie
fut étendue à notre espèce au cours de notre période.

III. Jugement de preuve et dépôt des gages de bataille.
— Lorsque les deux parties ont prononcé les formules consacrées, la Cour rend un arrêt préparatoire déterminant
d'une façon précise à quelles conditions le défendeur sera

(1) Beaumanoir XXXIV, 65.
(2) Ch. XIII (p. 266).
(3) Voyez ci-dessus, p. 48.

absous (1); elle fixe en même temps le jour de la nouvelle comparution en justice. Lorsque cet arrêt préparatoire est intervenu, le seul point à vérifier est désormais celui de savoir si oui ou non la preuve offerte a été fournie; entre les diverses armes dont il pouvait se servir d'après la coutume, le plaideur a fait son choix; s'il a été imprudent, il supportera les conséquences de sa faute. En définitive, le jugement de preuve caractérise d'une façon remarquable la législation du moyen âge; d'une part, en effet, la Cour résume elle-même la demande et la réponse; l'instance ne sera plus liée comme à l'époque barbare par des formules prononcées hors de la présence du tribunal; d'autre part, la théorie du jugement de preuve n'a pu être admise avec toutes ses conséquences que dans une pratique judiciaire essentiellement formaliste.

Lorsque notre arrêt préparatoire a pris acte des offres de preuve respectivement faites par les deux plaideurs, ces derniers sont liés, sans qu'il soit nécessaire d'exiger d'eux une nouvelle promesse solennelle; cependant, lorsque le duel judiciaire doit vider le litige, les parties sont tenues de déposer leurs gages de bataille (2) et de s'engager ainsi d'une façon expresse à se présenter à jour fixé. C'est là une particularité de la preuve par l'ordalie du duel; elle s'explique par les mœurs du moyen âge et par l'idée de défi qui est intimement liée à celle du combat.

IV. Preuve et jugement définitif. — Si, en général, les plaideurs comparaissent deux fois devant la Cour et si le jugement de preuve termine la première partie de la procédure, il convient, cependant, de signaler une exception à cette règle pour le cas où le possesseur actuel se borne à affirmer son innocence et consent à restituer la bête liti-

---

(1) *Coutumier de Bourgogne*, ch. xiv (p. 16). « Je te dons jour que tu en haie ton garant..... Or li done, li sire, loisir » Beaumanoir XXXIV, 44 « et donques le cort doit regarder et assener jor convenable... » *Établissement de S. Louis*, l. I, ch. xcii « et ainsi püet en esgarder des deux une bataille ou par deux autres, se eux volaient changier. » Sur le jugement de preuve en général comparez Brunner, *Die Enstehung des Schwurgerichte* p. 174 et suiv. Comp. aussi le texte cité par nous, p. 109, note 7. Ce passage des *Assises de la cour des bourgeois de Jérusalem* nous montre comment était conçu le jugement de preuve.

(2) Brunner, *Die Entstehung der Schwurgerichte*, p. 174.

gieuse. Dans cette hypothèse, immédiatement après la réponse de son adversaire (1), le poursuivant jurera que l'animal lui a été volé et le défendeur prêtera le serment que avons analysé plus haut ; le tribunal acquittera alors le prévenu et adjugera le meuble à l'autre partie.

D'après le droit commun de notre époque, aucune obligation n'est imposée au revendiquant vis-à-vis de son adversaire ; au contraire, un assez grand nombre de coutumes appartenant au Midi pour la plupart permettent à l'accusé reconnu innocent d'exiger de l'autre plaideur le remboursement du prix d'achat de la bête litigieuse ; c'est seulement à cette condition que le véritable propriétaire rentrera en possession du meuble volé. Si, d'ailleurs, les textes auxquels nous faisons allusion s'accordent pour exiger du demandeur le payement de la somme versée par le détenteur actuel, il n'en est pas de même en sens inverse relativement au point de savoir quand notre règle s'appliquera. Primitivement, il était indispensable que la chose eût été achetée un jour de foire ou de marché, « à la foire de Pasques », pour employer les termes mêmes des *Etablissements de saint Louis* (2). Cette observation nous permet d'expliquer la naissance de notre théorie ; ce serait, en effet, une erreur de croire que les dipositions des *Etablissements de saint Louis* et de la vieille Coutume de Bordeaux (3), reposent sur le même

(1) *Assises de la cour des bourgeois*, ccl (Beugnot, ch. cclvi); *Coustumes de l'Anyou et dou Maigne*, n° 100 (Beautemps-Beaupré, tome I, p. 122); *Charte communale d'Amiens*, art. 32. Observons cependant que même dans notre hypothèse spéciale une seconde comparution en justice est indispensable dans les coutumes où, à titre exceptionnel, le défendeur se justifie en faisant intervenir des témoins.

(2) Liv. II, ch. xvii : « Et si perdra son chatel, quand li demandierres aura fet la chose pour seüe, se li marchands ne l'avait achetée à la foire de Pasques. Et se il li avait achetée, il r'auroit son argent par la coustume d'Orlenois. »

(3) *Las Costumas de la vila de Bordeü*, § 18, p. 22 : « Aquet en cuy possession es trobada a à proar que lo cabat aia crompat marchandement so es assaber en marquat o en feira : en autra maneira pert lo cabat. » Voyez dans le même sens le *Coutumier de Bourgogne*, ch. xiv, p. 16 et ch. xii, p. 15. Ce dernier passage mérite d'être reproduit : « mais ciz qui est sage se il troeve marchié d'aucune chose soit ès chans ou en autre leu, il le doit baigegnier et retenir par palmoiez, et puis doit dire : « *Je vuel que tu la m'amenoies au marchié, por ce que je le vuel achatez au marchiez et paiez, si m'en ert li marchiez garant, se mesliers est.* »

motif que l'art. 2280 du C. civ. Tandis que la solution contenue dans l'art. 2280 a pour objet de protéger individuellement l'acheteur et de favoriser d'une façon générale la circulation de la richesse, la maxime de notre ancien droit coutumier doit son origine à l'esprit fiscal des temps féodaux et aux sentiments de jalousie qui animaient les diverses souverainetés les unes à l'égard des autres. Afin d'augmenter les revenus de son trésor, chaque seigneur s'efforçait d'attirer les marchands étrangers sur son marché particulier en leur conférant divers privilèges, et l'un des moyens employés fut précisément de garantir l'acheteur contre l'éventualité de tout préjudice (1).

Notons cependant que si des considérations politiques semblent avoir inspiré les rédacteurs des *Etablissements de saint Louis* et de la *coutume de Bordeaux*, le point de vue ne tarda pas à changer ; le désir de sauvegarder les intérêts de l'acheteur de bonne foi se laisse aisément reconnaître, dans la plupart de nos documents. La législation du moyen âge ne pouvait pas d'ailleurs donner de la bonne foi la définition qui aujourd'hui nous paraît si simple, et M. Franken (2) a récemment établi quelle a été la marche des idées sur cette question. D'après quelques-uns de nos coutumiers, le propriétaire ne sera contraint de restituer le prix que si le meuble volé a été vendu sur la place du marché (3); peu importe que l'achat ait ou non été conclu un jour de marché. La doctrine ne tarda pas à s'éloigner encore davantage du point de départ, et plusieurs textes se bornent à exiger que la vente ait eu lieu publiquement et que l'acqué-

(1) M. Franken. p. 303, envisage au contraire l'introduction de notre règle comme une première victoire de la doctrine romaine d'après laquelle le droit de propriété repose sur l'acquisition régulière, comme un premier succès de ce qu'il nomme l'Erwerbeigenthum (propriété basée sur l'acquisition); l'achat en plein marché doit en effet être considéré comme le type de l'acquisition régulière.

(2) P. 302 et suiv.

(3) *Coutume de Perpignan,* art. 25 : « Si alcuna cosa furtada o robada, en fira o en mercat *o publicament en plassa, haura comprada en bona fe.* » *Coutume de Toulouse,* Rubr. *De emptione et venditione,* n. 3 (Bourdot de Richebourg, tome IV, p. 1049) : « ..Quod si aliquis emerit res mobiles in Tolosa publice in carreria publica vel foro vel *in die fori vel etiam alio die...* » *Coutume d'Avignon,* statut CVIII, p. 587. '

reur ait ignoré le vol (1). En définitive, l'évolution n'est pas achevée à la fin du treizième siècle, et on ne laisse pas encore au juge toute liberté de décider suivant les circonstances si oui ou non l'acheteur est excusable.

Avant de passer à l'étude de la dernière phase de notre procédure, il convient en dernier lieu de signaler une curieuse disposition de la coutume de Toulouse (2) ; d'après ce texte le défendeur fixera lui-même le montant du prix d'achat, à la condition de prêter serment.

§ 3. *Dernière comparution des plaideurs devant la Cour.*

Lorsque les deux adversaires se sont présentés pour la seconde fois devant le tribunal, ce dernier a pour mission exclusive de vérifier si oui ou non la condition insérée dans le jugement de preuve a été réalisée. Liés par des règles traditionnelles, les membres de la Cour jouissent dans cette dernière phase du procès d'une liberté d'appréciation encore moins grande que dans la phase précédente, et il est permis de signaler une notable analogie entre la procédure que nous allons décrire et la procédure des temps mérovingiens. Cette dernière observation ne nous surprendra pas, si nous nous souvenons que, d'après les lois barbares, l'instance est liée en dehors du tribunal.

Notre méthode consistera à suivre l'ordre des faits et à nous occuper successivement de la comparution des plaideurs, de la preuve et enfin du jugement définitif.

I. Comparution des parties. — Au jour fixé par le jugement de preuve l'entierceur et le possesseur actuel devront assister à l'audience de la Cour ; aucune citation ne sera nécessaire. Au point où l'affaire en est arrivée, un seul défaut aurait pour effet d'entraîner la condamnation du défail-

---

(1) *Coutume de Luzech*, art. 82, p. 165 : « ...Et aysso es entendut quant compra la causa publicament et ab bona fe. » *Coutume de Cahors*, art. 22, p. 210. Petit Thalamus de Montpellier (*Coutume de* 1204), ch. xxi, p. 12. *Coutume de Saint-Gilles* (édition de Lamothe, p. 144); *Coutume des quatre vallées*, art. 32 (de Lagrèze, p. 319).

(2) Rubr. *De emptione et venditione*, n. 3 (Bourdot de Richebourg, tome IV, p. 1049). Nous pourrions citer plusieurs autres textes dans le même sens.

lant (1). Dans le cas où le demandeur n'obéirait pas à la citation implicitement contenue dans le jugement de preuve le meuble entiercé serait immédiatement remis à son adversaire (2).

II. Preuve. — Comme nous l'avons précédemment exposé le propriétaire sera tenu de jurer préalablement que l'animal lui a été volé; puis le défendeur devra se justifier soit par le duel judiciaire, soit en faisant intervenir des témoins, soit enfin en présentant son auteur. Nous sortirions complètement des limites de notre sujet, si à propos de la revendication des meubles nous entreprenions une étude soit de l'ordalie du duel, soit de la preuve testimoniale. Bornonsnous donc à constater que, si les gages de bataille ont été déposés, chacun des deux plaideurs aura la faculté de se faire remplacer par un champion même si on ne se trouve dans aucun des cas exceptionnels où le ministère d'un champion est autorisé (3). A ce point de vue il convient de signaler une différence entre l'action de vol proprement dite et la demande de chose emblée et ceci met une fois de plus en lumière l'esprit de la législation du moyen âge sur notre sujet. Ajoutons en ce qui concerne la preuve testimoniale que le droit commun du moyen âge doit être appliqué dans notre hypothèse. Antérieurement à l'ordonnance de 1260 la preuve testimoniale avait un caractère formaliste même dans le domaine royal; le *faussement de témoin* était autorisé et un combat pouvait s'engager entre le plaideur et le témoin, lorsque ce dernier était *levé* avant d'avoir prêté serment. Après l'ordonnane de 1260 la procédure de l'*enquête*, jusque-là tout à fait anormale, se généralisa de plus en plus et le tribunal commença à peser les témoignages au lieu de

---

(1) *Livre de Joslice et de Plet*, l. XIX, ch. xvii, § 1, p. 304 : « L'en dit que se defaut emprès monstrée, qu'il pert sa querele quant as heritages, et *quant as mobles anprès la demande.* » *Établissements de saint Louis*, liv. I, ch. cix: *Coustumes d'Anyou et dou Maigne*, n. 129 (Beautemps-Beaupré, tome I, p. 145). *Las Costumas de la vila de Bordeü*, § 208, p. 128.

(2) Beaumanoir, LII, 22.

(3) *Établissements de saint Louis*, l. I, ch. xci : « Et ainsi puet en esgarder des deux une bataille ou *par deux autres se eux vouloient changier.* » *Livre des droiz et commandements*, n. 109 (Beautems-Beaupré, tome I, p. 360).

se borner à les compter ; si avant 1260 la pratique de l'enquête avait déjà été introduite dans quelques procédures particulières, la procédure que nous étudions ne figure pas parmi ces dernières.

Tandis que ces très-brèves explications nous paraissent suffisantes en ce qui concerne le duel judiciaire et la preuve testimoniale, nous devons au contraire analyser avec un soin minutieux ceux de nos textes qui s'occupent de « l'excusation par garant » ; ce dernier moyen de défense caractérise en effet la procédure de la demande de chose emblée.

Avant d'entrer dans les détails de la matière, il convient de montrer quelle a été la marche des idées sur notre sujet ; à l'époque mérovingienne le possesseur est chargé d'amener lui-même son auteur devant la justice ; comme la charge de la preuve incombe au défendeur, il sera condamné par cela seul que le prétendu vendeur refusera de le suivre au tribunal ou de reconnaître son obligation de garantie. Bien qu'elle ait laissé des traces parfaitement reconnaissables dans les documents du moyen âge (1), cette doctrine primitive avait disparu à la fin de notre période ; la Cour s'était approprié le droit d'aider le possesseur à réunir les éléments de sa justification. Le progrès des idées en matière de répression pénale ne permettait pas d'ailleurs à la justice de rester indifférente et de laisser échapper un coupable ; aussi voyons-nous le seigneur donner au prétendu vendeur l'ordre de comparaître devant lui et de s'expliquer sur les faits allégués par le prévenu (2). Lorsque l'auteur appelé en garantie n'est pas son sujet, le seigneur justicier du lieu où la bête a été trouvée s'adresse au seigneur du garant et le prie de contraindre son homme à se présenter devant le tribunal saisi de l'affaire et à répondre aux questions de l'accusé (3).

(1) Voyez les textes cités par nous, p. 63, note 2.

(2) *Assises de la Cour des bourgeois de Jérusalem*, ch. CCL (Beugnot, ch. CCLVI) : « La Cort detmander querre celuy sire Martin. » *Grand coutumier de Normandie*, ch. L. Observons que l'on applique dans notre hypothèse le droit commun de notre époque en matière de citation.

(3) Beaumanoir, XXXIV, 44 : « Mes le justice qui le tient doit envoier au segneur desoz qui li garans maint, s'il maint el roiame et li doit mander qu'il tient un tel home, par tel coze que on le poursuit ; et que cil qui en est porsivis en avoue tel garant qui couque et lieve desoz li, parquoi il li

Après avoir ainsi mis en lumière la règle fondamentale qui domine la législation du moyen âge sur notre sujet, examinons successivement chacune des trois hypothèses qui peuvent se produire. *a.*) L'auteur appelé en garantie fait défaut. *b.*) Tout en obéissant à la citation, il nie son obligation de garantie. *c.*) Le vendeur reconnaît l'existence du contrat et consent à prendre dans la cause la place de l'acheteur.

a. — L'auteur appelé en garantie fait défaut. — Si nous en croyons un arrêt de l'Echiquier rapporté par M. Marnier, le vendeur récalcitrant était, en Normandie, directement contraint de se rendre devant la cour; des saisies répétées avaient pour but de vaincre sa résistance (1). Ailleurs l'auteur, dûment cité par le sergent, était, s'il faisait défaut, condamné comme coupable du délit et on prononçait l'acquittement du possesseur actuel (2). Au surplus la plupart de nos documents (3) appliquent ici le droit commun de notre époque en matière de défaut. A Agen (4), à Larroque-Timbaud (5) et dans un grand nombre d'autres coutumes le vendeur mis en cause n'était traité comme contumace qu'après trois citations restées infructueuses; aussi l'accusé pouvait-il successivement solliciter de la cour deux autres jours de garant, afin de n'être pas victime de la mauvaise foi de son vendeur.

b. — Après avoir ainsi étudié la première des hypothèses qui peuvent se présenter, examinons maintenant le cas où le prétendu vendeur, tout en obéissant à la citation, refuse

requiert qu'il envoit par le garant porter ou por dire qu'il n'est pas tenus au garant porter; et ceste requeste doit fere li segneur li un por l'autre. »

(1) *Très ancien coutumier de Normandie* (Marnier, p. 70) : « Il sera justisiez tant que illi i viegne et le garantisse. »

(2) *Usages et stilz de la mairie, prévosté, eschevinage d'Amiens*, art. 49 (Thierry, tome II, p. 534) : « Et après i cele veue faite peult demander délay de garand, qui est de huitaine, pendant laquelle il peult faire adjourner son dit garand et le *contumasser* par deux ajournements. »

(3) La *Coutume de Bordeaux*, § 208, p. 128, semble faire exception et se contenter d'un défaut « lo ters cas es per treyret guarent; » il semble d'ailleurs que ce texte vise seulement la revendication immobilière, car c'est le seul moyen de le concilier avec le § 18 de la même coutume, p. 22. Comp. aussi le texte cité à la note 2.

(4) *Coutume d'Agen*, ch. XIII, p. 266.

(5) *Coutume de Larroque-Timbaud*, § 20, p. 155.

de reconnaître son obligation de garantie (1). Tandis qu'à l'origine le procès principal était par cela même perdu pour le défendeur, plus tard au contraire il en fut autrement. On ne se contenta plus de la seule affirmation de l'une des parties intéressées et le possesseur fut admis à démontrer la vérité de son dire. Ici d'ailleurs un duel judiciaire sera immédiatement ordonné (2) ; là ce sont des témoins qui devront affirmer l'existence de la vente et convaincre le vendeur de mensonge (3). Notons enfin que Beaumanoir permet au juge d'ordonner la preuve par témoins ou au contraire la preuve par gage de bataille, suivant les circonstances de fait. Si l'existence de la vente est démontrée, l'acheteur a droit à la restitution du prix et la cour condamne le vendeur comme coupable de vol (4).

En sens inverse le possesseur actuel n'a plus aucun moyen de salut, s'il échoue dans le débat accessoire qui s'est engagé. D'après le droit commun du treizième siècle notre plaideur ne serait pas autorisé à prétendre qu'il a élevé lui-même la bête litigieuse ni même à se purger de l'accusation de vol (5). Si Beaumanoir (6) adopte une doctrine contraire, c'est que le grand jurisconsulte est en avance sur

(1) Beaumanoir, XXXIV, 44 : « De ce ne voz porterai-je ja garant, car de mi ne par mi n'eustes vos onques le coze de quoi on vous poursuit. » *Assises cour des bourgeois*, ch. ccl (Beugnot, ch. cclvi) : « Non place Des que je ja li baillasse a vendre cestui aver. »

(2) Fleta, lib. I, ch. xxxvi, n. 5 (Houard, tome III, p. 120).

(3) *Assises de la cour des bourgeois de Jérusalem*, ch. ccxlvi (Beugnot, ch. cclii); Jean d'Ibelin, cxxxi, p. 205. Il convient de constater qu'il s'agit encore ici de la preuve testimoniale formaliste et non pas de l'enquête, et que la charge de la preuve incombe à l'acheteur, c'est-à-dire au demandeur ; cette dernière règle ne surprendra pas si on se rappelle que l'acheteur a été saisi en possession du meuble volé.

(4) *Coutumes de Beauvoisis*, XXXIV, 44, et LXIII, 8.

(5) *Assises de la Cour des bourgeois de Jérusalem*, ch. ccxlvi (Beugnot, ch. cclii).

(6) Même passage qu'à la note 4 : « Mais ce Robert n'en a les garens, si come est devise desus, que celui vendist le cheval : Robert des estre ataint come lierre proves, *por ce que il dist que autre li avait vendu et por ce qu'il estet encores tenant dou larecin con demandet.* » Voyez en outre les passages cités p.   .

(7) *Coutumes de Beauvoisis*, XXXVII, 3. Les *Etablissements de saint Louis*, liv. II, ch. xvii, consacrent une doctrine intermédiaire entre celle des Assises et celle de Beaumanoir. « Et se il n'a trouvé son garand, il juerra ce que nous avons dit ci-dessus, que se il le püet avoir, ne scavoir, ne appercevoir que il le fera prandre ou que il levera le cry ou fera scavoir

sès contemporains; trois cents ans plus tard Loysel recueillera notre vieil axiome dans ses Institutes coutumières
et nous dira encore : « *Qui tire à garant et garant n'a, sa
cause perdue* (1). » Pris en possession de l'objet, convaincu
d'un premier mensonge, l'accusé est certainement coupable
aux yeux des rédacteurs de nos textes et c'est là une solution, qui ne doit en aucune façon nous surprendre.

c. — Il ne nous reste plus désormais qu'à examiner
l'hypothèse où le tiers mis en cause reconnaît l'existence
de son obligation de garantie. D'après la coutume de Bourgogne (2) le vendeur se borne à déclarer en termes solennels
qu'il a bien vendu la bête dont il s'agit et qu'il en était propriétaire avant l'aliénation, « *Sire, je sui garant de ceste beste
que ele fu moie et si li vendi.* » Observons cependant qu'à cet
égard tous nos documents ne sont pas d'accord. En général
notre doctrine coutumière du treizième siècle ne se contente pas de la simple attestation du fait avancé par le défendeur. La coutume d'Eauze (3) exige que le garant présente une caution d'être et fournir à droit (c'est la *firmatio*
ou *fermansa* de nos textes) et jure en outre que la « guarentia saperchon à luy; » Ce faisant, le vendeur est lié à la
cause (4) et, le plaignant ayant devant lui un autre adversaire, l'acquittement du plaideur primitif n'offre plus d'inconvénients. Citons encore les droits municipaux d'Agen (6)
et de Larroque-Timbaud (5) comme fort analogues à celui
de la ville d'Eauze. A Agen et à Larroque-Timbaud on se

à la Justice. Et si perdra son chastel, quand li demandierres aura fet la
chose pour seüe, se li marchands ne l'avait achetée à la foire de Pasques.
Et se il li avait achetée, il n'auroit son argent par la coustume d'Orlenois et
seroit hors de la soupeçons, se ce estoit hons qui eust usé et accoustumé
à acheter liex choses et qui fust de bonne renommée selon droit escrit en
Code, etc..... » Voyez en outre la *Coutume de Luzech*, art. 82, p. 165.

(1) *Institutes coutumières*, r. 699 (L. V. t. II, r. x).

(2) Ch. xiv, p. 16.

(3) Édition Bladé, p. 199. D'après le droit allemand du moyen âge le
vendeur doit se déclarer prêt à entrer en cause; il ne lui suffit pas de reconnaître son obligation de garantie. En ce sens, voyez Laband, p. 125.

(4) D'après la coutume d'Eauze comme d'après la plupart des coutumes
méridionales, le défendeur doit nécessairement donner caution; il est tenu
de « fermar » pour employer l'expression technique; on conçoit dès lors
que la « fermansa » ait seul le pouvoir de lier le vendeur à la cause.

(5) Ch. xiii, p. 266.

(6) § 20, p. 153.

borne à imposer au tiers intervenant l'obligation de recourir à la firmatio ou fermansa (1) ; le serment du vendeur n'est pas exigé dans tous les cas, comme à Eauze, mais seulement dans l'hypothèse où aucune caution ne peut être présentée à la cour. Si maintenant nous analysons les textes du nord de la France, nous constaterons qu'ils sont conçus dans un esprit un peu différent de celui que nous venons de signaler, dans le midi. D'après le livre de Jostice et de Plet (2) on subordonne les effets de la garantie à la solvabilité du vendeur et nous trouvons la même solution dans les coutumes de Beauvoisis (3). Observons cependant que Beaumanoir autorise dans tous les cas le tiers intervenant à faire « bone *seurté d'estre a droit et de porter garant de le coze qui est demandée.* »

Après avoir ainsi indiqué à quelles conditions le tiers intervenant sera lié à la cause, voyons quels sont les effets de la garantie. Le défendeur primitif sera absous de plein droit de l'accusation qui pesait sur lui « *il est delivres de ce de quoi on le poursuit* » nous dit Beaumanoir, « *Quitis sera dou crim* » ajoute plus expressément encore la coutume de Bayonne (4) ; il ne semble pas du reste que la Cour rendît un verdict d'acquittement. Ajoutons que le vendeur est tenu de rembourser l'acheteur immédiatement et de lui payer des dommages intérêts (5).

Lorsque le premier plaideur a quitté la Cour, un nouveau

(1) Nous sortirions certainement des limites de notre sujet si nous examinions dans quelle forme la caution s'obligera ; nous nous bornons à renvoyer une fois de plus à l'excellent travail de M. Franken, § 17, p. 220 et suiv.

(2) L. XIX, t. XXXVI, § 6, p. 310 : « cil qui amoine le garanz est délivres, se li garanz est soffisanz. »

(3) XXXIV, 45 : « Il est délivres de ce de quoi on le poursuit : mais que li garant soit soufisans et bien justichavles *ou qu'il face bone seurté d'estre à droit et de porter garant de la coze qui est demandée.*

(4) Ch. cii, § 1 (p. 646) : « Aquet sera prees et l'autre quitis. » On pourrait citer dans le même sens un très grand nombre de textes ; bornons-nous à mentionner les plus importants : *Très ancien coutumier de Normandie* (Marnier, p. 70) : « Il est tenuz à *délivrer* li » ; *Établissements de saint Louis,* liv. II, ch. xvii ; *For de Morlaas,* rubr. 64, art. 224 (p. 169) : « Quant lo goarant sera en cort, es *quitis* » ; *Las Costumas de la vila de Bordeü,* § 18 (p. 22).

(5) *Assises de la Cour des bourgeois du royaume de Jérusalem,* ch. ccxlvi (Beugnot, ch. cclii). *Etablisements de saint Louis,* livre I, ch. xci. L'édi-

procès s'engage. Au moment même où il s'est porté partie, le garant a fait connaître ses moyens de défense. « *Cette chose li garantirai-je bien, car ce est de ma norriture.* » Le demandeur rispostera en renouvelant sa plainte « *je la deffent, elle me fut emblée* » (1). Aucun document français ne contraint d'ailleurs le propriétaire à déposer de nouveau quatre deniers sur la chose, et nous croyons qu'à ce point de vue notre législation du moyen âge se sépare du droit coutumier allemand de la même époque ; car pour quels motifs notre cérémonie serait-elle de nouveau accomplie ?

Il est à peine besoin de dire que notre second procès s'instruira comme le premier. En règle générale il convient d'appliquer ici la théorie des preuves, que nous avons exposée plus haut. Nous devons cependant nous arrêter un instant sur le cas où le premier garant appelle lui-même son auteur en garantie.

Dans notre législation moderne, lorsqu'un tribunal est saisi d'une affaire analogue à celle dont nous nous occupons, le juge remonte à l'infini la série des aliénations successives, en tenant compte cependant des délais de prescription ; il s'agit en effet de déterminer d'une façon abstraite à qui appartient le droit de propriété. Au contraire, au moyen âge, le défendeur à l'action de chose emblée n'a pas toujours la faculté d'appeler en cause son auteur. Le nombre des garants est limité à trois par la très grande majorité de nos textes (2)

tion de Laurière porte « car tout payât-il la chose, st rendrait-il l'argent à celui qui l'auroit achetée. » Cette leçon n'offre aucun sens raisonnable, et nous croyons qu'il convient de préférer au mot « payât » la variante « gagnast » qui est citée en note par Laurière. Les *Etablissements de saint Louis* signifieraient donc que le vendeur est tenu de rembourser immédiatement l'acheteur, même dans le cas où il gagnerait plus tard son procès ; quoiqu'il arrive, le meuble est perdu pour le détenteur actuel, et le contrat est tenu pour non avenu. C'est là une doctrine qui s'éloigne notablement de nos idées modernes sur la garantie et qui est de nature à blesser nos sentiments de respect pour les contrats. Elle ne paraîtra pas cependant invraisemblable à ceux qui savent à quel point le droit du moyen âge aime les situations simples et tranchées ; notre théorie sur la limitation du nombre des actions pendant notre période achèvera, croyons-nous, de rendre cette solution acceptable.

(1) *Etablissements de saint Louis*, liv. I, ch. xci.

(2) *Grand coutumier de Normandie*, ch. l; *Ancien coutumier de Bourgogne*, n° 83 (édition Giraud, t. II, p. 283); *Charte communale d'Amiens*, art. 32 ; *Coutume de Bayonne*, ch. cii, § 1; *Coutumes de Larroque-Timbaud*, § 20 (p. 153) et d'*Eauze* (Bladé, p. 199), etc.

à sept par les coutumiers de l'Anjou (1) et du Poitou (2). Le dernier garant sera autorisé à faire valoir une cause d'acquisition à titre originaire (3); si au contraire il veut lui-même appeler en cause son auteur, le procès est perdu et le meuble sera restitué au revendiquant sauf à son adversaire à affirmer son innocence par serment. Comme on le voit, le droit commun du moyen age est identique à la législation des Lombards et des Anglo-Saxons; nous n'avons pas d'ailleurs à revenir sur le motif, que nous avons assigné à la règle dont il s'agit (4).

Nous sommes arrivés au terme de l'instruction. La Cour est suffisamment éclairée et elle peut désormais prononcer son jugement définitif. Supposons d'abord que le plaignant obtienne gain de cause. D'après la plupart de nos textes, son adversaire sera condamné comme voleur (5), bien qu'il n'ait pas été directement accusé d'avoir commis le délit; les peines du vol lui seront applicables.

Rappelons cependant que dans certaines coutumes le défendeur devra simplement payer à la justice une amende de 60 sous et rembourser à son adversaire le montant des frais de justice (6).

Il nous reste à supposer que le prévenu obtienne gain de cause. Ce n'est pas la peine du talion qui sera prononcée contre le poursuivant et ce dernier n'a pas craindre d'être pendu ou mutilé. Pour des motifs que nous avons déjà fait

---

(1) *Coustumes d'Anyou et dou Maigne*, n° 100 (Beautemps-Beaupré, t. I, p. 122); *Etablissemenls de saint Louis*, 1. I, ch. xci.

(2) *Livre des droiz et commandemenls*, n° 109 (Beautemps-Beaupré, t. I, p. 360). Pour le droit allemand du moyen âge voyez Laband, p. 128. Si les coutumiers saxons permettent de remonter de garant en garant d'une façon indéfinie, la plupart des sources allemandes interdisent au troisième garant d'appeler en cause son auteur; le *Leobschützer Stadtrecht* de 1270, § 49 consacre enfin à titre exceptionnel la solution que nous venons de trouver dans le droit de l'Anjou et du Poitou. Il y a là assurément une coïncidence qui méritait d'être signalée.

(3) *Etablissements de saint Louis*, 1. I, ch. xci.

(4) Voyez p. 76 et 78. Ajoutons cependant que les législations primitives ne confient pas au tribunal le soin de décider suivant les circonstances et de prévenir les fraudes; on conçoit, dès lors, que nos anciennes coutumes aient réglé elles-mêmes la question et aient déterminé, *a priori*, combien de fois l'exception de garantie pourrait être opposée.

(5) Comparez les textes cités page 113.

(6) Voyez p. 114, notes 1, 2, 3.

connaître, la doctrine du moyen âge repousse ici l'application du vieux principe germanique; néanmoins le demandeur sera d'abord tenu de verser 60 sous à la Cour (1), c'est-à-dire, la plus forte des amendes encourues autrefois par les voleurs; son adversaire aura droit en outre au remboursement des frais (2) et même à des dommages-intérêts d'après la coutume de Bourgogne (3).

Nous avons ainsi achevé notre étude de l'action de chose emblée. En analysant ceux de nos textes, qui sont relatifs à l'action de chose adirée, nous allons maintenant assister à une notable transformation de la théorie que nous avons exposée jusqu'à présent. Nous nous trouverons pour la première fois, en présence d'une véritable action civile intentée contre un tiers avec lequel le propriétaire n'a jamais contracté.

Section VI. — *Action de chose adirée.*

L'action de chose adirée est une action civile, avons-nous dit à la page 93; le demandeur réclamant seulement la restitution de l'objet litigieux, un premier jugement est rendu par la Cour sur la question de propriété; puis commence une instruction criminelle dirigée par la justice elle-même et la conclusion peut en être une condamnation pour vol prononcée contre le détenteur de la bête.

Ce serait du reste une erreur que de croire que le poursuivant se fonde uniquement sur son droit de propriété conçu d'une façon abstraite. Bien loin d'être identique à la *rei vendicatio* des Romains, l'action de chose adirée rappelle encore le temps où le propriétaire n'obtenait justice qu'à la condition de se plaindre d'un délit. Si notre plaideur aspire à rentrer en possession de son meuble c'est qu'il ne l'a ni vendu, ni donné, ni engagé, ni prêté; ayant perdu la chose

______

(1) *Coutume d'Amiens*, art. 76 (Thierry, t. I, p. 146) : « Et s'il avient chose que aucune âme enterche aucune chose sor autrui et il ne le puet prover, il paie soixante sols de *faus enterchier.* »

(2) *Etablissements de saint Louis*, liv. I, ch. xci.

(3) Ch. xiv (p. 16) : « Costes et loials grieves. » Comparez dans le même sens le *Miroir de Souabe* (2ᵉ partie, règle 93, fol. 55). D'après ce dernier texte si l'objet volé a été détérioré dans l'intervalle, le demandeur fixera lui-même le chiffre des dommages-intérêts à condition de prêter serment.

contre son gré, il la réclame comme réparation du préjudice qu'il a subi. Cette observation explique comment certaines coutumes ont pu autoriser l'emploi de notre action tout en continuant cependant à appliquer la règle traditionnelle d'après laquelle les meubles n'ont pas de suite.

L'action de chose adirée correspond donc à une époque de transition entre la législation primitive et le triomphe du droit romain. Rappelons (1) qu'antérieurement au quatorzième siècle notre action ne paraît pas avoir été généralement admise par les coutumes françaises ; nous ne pouvons pas affirmer qu'elle ait été en usage ailleurs que dans les royaumes latins d'Outre-Mer, en Normandie et en Angleterre.

D'après le livre de Jean d'Ibelin (2) la procédure débute encore ici par une saisie pratiquée par le propriétaire de l'animal égaré. Si la saisie s'opère sans obstacle, la chose perdue est apportée devant la Cour et le revendiquant prononce la formule suivante : « *Sire, tel chose que je perdis, je l'ais trovée o tel : faites la garder tant que dreit en seit coneu entre mei et lui* » (3).

Supposons maintenant que le demandeur ne puisse pas mettre la main sur l'objet qu'il sait cependant être possédé par un tiers. A l'origine, il eût fallu nécessairement recourir à l'action directe de vol ; car on ne peut déroger au droit commun que si la perquisition domiciliaire a amené la découverte de l'animal suivi à la trace ; c'est seulement alors qu'un soupçon grave pèse sur le défendeur.

(1) Voy. p. 95.
(2) Chap. cxxxi.
(3) D'après la *Coutume de Bayonne*, ch. cii, § 1, le meuble litigieux n'est pas mis sous la main de justice pendant les délais de l'instance ; après s'en être emparé le demandeur le confiera à un tiers séquestre ; néanmoins son adversaire a la faculté de rentrer en possession à la condition de présenter une caution suffisante : « Si aquet de cuy sera le trobe en poder d'autruy per que le pusque mostrar far la mete en man de fideu per lenquest dou mayre adaquet en cuy poder sera : pero si après que en man de fideu sera, lo qui laboihs la requer a mailheute, aberla, ab sufficiente fidance, si no que fos abenude per layreyci. » Comme on le voit, la *Coutume de Bayonne* consacre une doctrine plus moderne que celle de Jean d'Ibelin ; notre document français conserve d'une façon moins nette que le livre du jurisconsulte d'Outre-Mer le souvenir du temps où le propriétaire ne rentrait en possession de son meuble qu'à la condition de se plaindre d'un délit.

Lorsque l'action de chose adirée fut imaginée, le point de vue dut nécessairement se modifier ; d'une part, en raison du changement survenu dans l'état social et dans les idées, on considéra comme impossible de permettre à un particulier de fouiller la maison d'autrui alors surtout que le prétendu propriétaire ne se plaint d'aucun délit : d'autre part, cependant, la tradition exigeait que les membres de la Cour eussent sous les yeux pendant les débats la bête même dont il était question au procès. J'ajoute qu'il y avait un intérêt pratique de premier ordre à empêcher la disparition du meuble litigieux et que les praticiens ne tardèrent pas à s'en apercevoir. Pour toutes ces considérations, nous ne devons pas nous étonner de voir Jean d'Ibelin autoriser le plaideur à défendre à son adversaire de se dessaisir pendant le procès de la chose qu'il sait être chez lui. Accompagné de témoins, le revendiquant se rend auprès du détenteur de la chose et commence par le sommer de la lui rendre « *Tel chose que vos avez est mée et je la perdi : si voz pri que la me rendés.* » Si cette mise en demeure ne produit pas de résultats, le propriétaire reprend la parole et prononce la formule suivante. « *Donc vos defent ge de par le seignor, que voz ceste chose qui est meie (et die quei) ne partés de votre poier tant que dreit en seit coneu entre mei et voz. Et de ceste defence que je voz fais, trais ge à garant ces proudomes qui ci sont.* » Le demandeur se transporte ensuite devant la Cour et formule sa prétention, sans que la partie adverse soit là pour y répondre immédiatement « *Sire, tel (et le nome) a tel chose qui est mée, que je perdis ; et je li ais requise et il ne me la viaut rendre : si me claims à vos de lui par l'assise, et en offre à fornir l'assise et voz pri et requier que voz me faites dreit par l'assise.* » L'affaire est alors entre les mains du seigneur, bien que l'instance ne soit pas encore liée au sens propre du mot. Après une citation directe adressée par la justice au défendeur celui-ci se présente devant la Cour et est interrogé par le président. « *Tel (et le nome) m'a dit que vos avés tel chose qui est soe que il perdi : rendes-li ou faites la venir en mon poeir tant que raison en seit coneu entre vos et lui.* » Si le comparant affirme qu'il ne détient pas la chose, notre document ne nous dit pas si le revendiquant a le droit d'établir par témoins le fait de la possession ou si au contraire il faut nécessairement recourir à une action directe de vol. Cette dernière conjecture nous paraît quant à nous la plus vraisemblable ; mais il importe en tous cas d'observer qu'au treizième siècle la théorie romaine de *l'actio ad exhibendum* n'avait pas encore pénétré dans les royaumes latins de l'Orient. Si en sens inverse le particulier cité devant la Cour avoue qu'il a chez lui la bête revendiquée, notre monument lui impose l'obligation de la séquestrer entre les mains du tribunal pendant le cours du procès.

Après avoir ainsi analysé le chapitre 131 du livre de Jean d'Ibelin, il convient de faire remarquer que d'après les Assises d'Antioche (1) le propriétaire ne se borne pas à saisir le meuble mais entraîne en même temps le recéleur devant la cour. Les deux parties formulent immédiatement leurs conclusions et il ne reste plus ensuite qu'à fournir la preuve promise. En définitive nous constatons un double courant de législation relativement à l'action de chose adirée.

Si maintenant nous arrivons à la théorie de la preuve, nous aurons à signaler des innovations beaucoup plus notables, que celles dont nous avons parlé jusqu'ici. Tandis que tout à l'heure la charge de la preuve incombait au défendeur, le propriétaire du meuble perdu établira directement la vérité de son dire ; et son adversaire ne sera pas admis à faire sa preuve en sens inverse (2). Comme on le

----

(1) *Cour des bourgeois*, ch. ix (p. 62) : « Si quelqu'un perd un cheval arabe, un hongre, un mulet ou toute autre espèce de monture, et que le trouvant aux mains d'un autre homme, il prend et amène le recéleur à la Cour et dit : « Messieurs, cette bête est à moi et je l'ai perdue, le licou ayant été rompu ; maintenant je l'ai trouvée chez cet homme et je suis prêt à prouver devant les assises du pays que je dis la vérité. »

(2) *Assises de la Cour des bourgeois de Jérusalem*, ch. ccxxvi ; Jean d'Ibelin, ch. cxxxi ; Jacques d'Ibelin, ch. liv ; *Assises d'Antioche ; Cour des bourgeois*, ch. ix ; *Charte communale de Rouen* (Ordonn., t. I, p. 306). Si on compare le chap. ccxxvi des *Assises de la Cour des bourgeois de Jérusalem* (Beugnot. ch. ccxxxi), du ch. lxxxviii (Beugnot, ch. xc) du même monument, on voit clairement que le système de preuve est différent lorsque le propriétaire réclame le meuble qu'il donne comme égaré ou lorsque au contraire il intente la demande de chose emblée ; on arrive à la même conclusion en rapprochant l'un de l'autre le § 18 et le § 179 des *Vieilles coutumes de Bordeaux ;* mais ici la différence est moins accentuée que tout à l'heure ; tandis que l'entierceur n'est nullement contraint de rendre ses allégations vraisemblables, le maître de la bête perdue doit jurer : « Que la mula fossa sua et que perguada l'aguos » ; dans les deux hypothèses la charge de la preuve incombe en réalité au défendeur.

voit, la tradition germanique s'est affaiblie, mais les praticiens d'outre-Mer, et les juristes normands et anglo-normands sont encore bien loin de concevoir la recherche de la vérité judiciaire comme le font aujourd'hui les magistrats de nos cours et tribunaux; nous hésiterons encore moins à constater le caractère relativement archaïque de notre procédure lorsque nous aurons terminé l'analyse de nos documents.

Le livre de Jean d'Ibelin et les Assises d'Antioche sont en effet d'accord pour décider que le poursuivant devra avoir recours à la preuve par témoin et au serment. Les témoins jureront d'abord « *que il le virent de celle chose qu'il requiert saisi et tenant come dou sien* ». Le défendeur sera du reste autorisé à « lever » un des témoins, conformément au droit commun, et c'est alors de l'issue du combat judiciaire que dépendra le gain ou la perte du procès; telle est au moins l'opinion qui nous paraît la plus vraisemblable, en présence des termes employés par les Assises d'Antioche. Lorsque les témoins ont ainsi établi le fait de la possession du plaideur, celui-ci affirme lui-même par serment « *que il ne l'a* (la chose) *vendue ne donée ne prestée ne engagiée ne aliénée en aucune manière, par quei il ne la puisse et deive recouvrer par l'assise.* » Ainsi au lieu de rechercher directement, comme nous le faisons aujourd'hui, si le droit de propriété figure dans le patrimoine du revendiquant, les Cours de l'époque féodale examinent d'abord si ce dernier a été à une certaine époque en possession régulière de l'objet ; elles apprécient en second lieu si l'ancien détenteur n'a pas cessé de l'être de son plein gré et en vertu d'un contrat qui lui ôte aujourd'hui tout motif de se plaindre ; nous avons dit par avance qu'à ce point de vue nos vieux textes juridiques français présentent une remarquable analogie (1) avec les sources de la législation hindoue.

Lorsque le demandeur ne parvient pas à fournir la preuve qu'il a promise, la cause est perdue pour lui ; mais il ne semble pas qu'il fût condamné à une amende, d'une part, en effet, les textes sont absolument muets sur ce point et, d'autre part, la loi du talion était hors de cause. Nous ne

(1) Voy. p. 50, note 2.

devons pas oublier en effet que notre action étant civile, le poursuivant ne formule aucune accusation de vol ni directement ni indirectement; si son adversaire encourt la peine du vol ce sera à la suite d'une procédure criminelle tout à fait nouvelle, qui, comme nous allons le voir, pouvait être spontanément entamée par la Cour, après clôture du débat sur la question de propriété. Ceci admis, il n'est pas besoin d'insister plus longtemps sur les avantages de l'action de chose adirée et on comprend ce passage de la Fleta (1) dans laquelle le praticien conseille au propriétaire de réclamer son meuble comme perdu alors même qu'en fait il aurait été volé.

Il nous reste maintenant à supposer que le jugement a été rendu en faveur du poursuivant et que l'objet litigieux lui a été en conséquence restitué. Prévoyant cette hypothèse, Jean d'Ibelin (2) se borne à nous dire que le défendeur devra intenter une action de garantie contre son auteur et obtenir ainsi le remboursement du prix de vente ; c'est devant le tribunal saisi de la première affaire que sera porté le nouveau débat ; et si le vendeur nie son obligation de garantie, « *l'autre le deit prover par deus léaus garenz de la loi de Rome qui facent que leaus garenz : et l'un en peut torner l'autre par gage de bataille, se la chosee vaut un marc d'argent ou plus.* » Ainsi, le livre de Jean d'Ibelin ne s'explique pas nettement sur la question de savoir si après le premier jugement la Cour commence une instruction criminelle ; à cet égard, au contraire, nous trouvons de précieux renseignements dans les Assises d'Antioche (3). D'après ce dernier monument le possesseur après avoir restitué la bête doit chercher l'homme qui la lui avait vendue et l'amener devant la Cour. Si ce dernier ne peut pas expliquer la détention de l'objet, la justice lui appliquera les peines du vol ; on le considère comme ayant lui-même commis le délit ou au moins comme s'étant approprié sans droit la bête égarée ; ce passage des Assises d'Antioche démontre de plus en

(1) Voy. p. 93, note 2.
(2) Ch. cxxxi.
(3) *Cour des bourgeois*, ch. ix.

plus que l'on pouvait se servir de l'action de chose adirée, même en cas de vol (1).

En résumé, la naissance de notre action est un fait important dans l'histoire de la revendication mobilière ; car, elle correspond au moment où les praticiens en arrivèrent à séparer l'élément civil et l'élément criminel ; mais, pour que le triomphe du droit romain fût complet, il fallait que les juristes du moyen âge en vinssent à concevoir le droit réel dans le sens moderne du mot et à le distinguer du droit personnel. Ce nouveau progrès n'était pas encore complètement réalisé à la fin du treizième siècle ; déjà cependant cette nouvelle évolution commençait, comme nous allons nous en convaincre en étudiant dans notre chapitre II celles de nos sources qui sont relatives à l'hypothèse où le propriétaire du meuble en a volontairement abandonné la possession.

CHAPITRE II

CAS OU LE PROPRIÉTAIRE DU MEUBLE EN A VOLONTAIREMENT ABANDONNÉ LA POSSESSION.

Au moyen âge, avons-nous dit, le propriétaire d'un meuble prêté ou donné en gage a seulement la faculté de contraindre soit l'emprunteur, soit le créancier gagiste à lui restituer son bien ou au moins à lui en payer la valeur ; il ne peut pas réclamer directement la chose à son détenteur actuel, quel qu'il soit. En d'autres termes, en règle générale, nos vieilles coutumes ne connaissent pas d'action en revendication mobilière et si la victime du vol obtient toujours pleine satisfaction, c'est grâce aux voies de recours que lui fournit la procédure criminelle.

Notre méthode consistera à démontrer d'abord à l'aide

(1) La *Charte communale de Rouen* (*loc. cit.*) nous parle également d'une procédure criminelle commençant immédiatement après que le jugement a été rendu sur la question de propriété: « ... Si possit ostendere legali testimonio viciuorum, suum esse quod clamat, reddetur ei et latro vel falsonarius judicabitur per communiam et ponetur in palorico... »

des textes la proposition que nous venons de formuler ; nous nous demanderons ensuite pour quels motifs la vieille tradition germanique s'est conservée si longtemps dans notre pratique française; enfin, après avoir signalé les dérogations que subit déjà notre règle à la fin du treizième siècle, nous rechercherons quelle est la procédure à suivre dans les cas exceptionnels où il est permis de revendiquer un meuble prêté ou donné en gage.

Malgré les affirmations contraires de M. Raynaud, nous croyons aisé d'établir que notre règle a été appliquée en France au moyen âge, au Midi comme au Nord, et cela d'une façon générale; dans l'intérêt de notre démonstration, nous ferons du reste valoir des arguments de plus d'un genre.

a. La très ancienne Coutume de Bourges (1) énumérant les actions mobilières cite les actions de prêt, de dépôt, de dépouille et de larrecin, et elle ajoute expressément que l'action romaine de revendication n'est pas en usage dans les *cours laies.* Pierre de Fontaines (2) nous donne la même solution sous une autre forme en témoignant que, « *se aucuns requiert une chose comme sive et* NE DIT PLUS, *nostre usage ne recoit mie tel claim.* » ..... (3).

b. Nous avons démontré que ni la demande de chose emblée ni l'action de chose adirée ne peuvent être utilisées

(1) Art. 55 (Bourdot de Richebourg, t. III, p. 880) : « ... En demande de meuble n'a seulement que quatre actions : en prest, en depost, en despouille et en larrecin. Car combien que de droict y ait une aultre action, que l'en appelle reivendication, elle (n') a lieu en court laye (et est action réelle à laquelle l'on a trois garans). Et aussi de coustume n'a point de action ypotheque de meuble, combien qu'elle y soit de droict. » En raison de l'importance capitale de ce texte nous avons cru devoir le reproduire ici en entier, bien que nous l'ayons déjà cité en partie à la page 11. Si nous avons ajouté (n') à la leçon de Bourdot de Richebourg, c'est que le sens du texte l'exige impérieusement; les mots mis entre guillemets nous paraissent enfin constituer une addition au texte primitif.

(2) *Conseil à un amy,* XII, 3.

(3) Signalons aussi le passage suivant de Jean Bouteiller, tit. XLIII, p. 320 : « Ledit revendeur disant du contraire et que par *coustume notoire, puis que il ne la calengoit emblée, il n'y faisoit à recevoir.* Et d'autre part si à recevoir faisait et que ravoir la deust, ci devoit ce estre parmy rendant autant que couste lui avoit, car par *coustume localle* puis que comme emblée ne le demandoit, ainsi en devoit-il estre juge. Et ce furent par conseil les coustumiers d'accord : que puis que comme emblée ne le demandoit que payer devoit le coust. »

dans le cas qui nous occupe actuellement; d'autre part, aucun texte ne nous décrit la procédure de revendication mobilière. Étant donné l'esprit de notre vieille législation, ce silence de nos documents n'est-il pas significatif (1) ?

c. Nous trouvons dans un grand nombre de nos sources la maxime : « Les meubles n'ont point de suite », « mobilia non habent sequelam », et le sens de cet axiome ne saurait être douteux, croyons-nous, pour quiconque lira soit le commentaire de Guillaume Terrien sur la coutume de Normandie (2), soit les explications données par Boyer et par Bessian de Pressac dans les passages reproduits plus bas (3).

(1) M. de Folleville et M. Ortlieb citent à l'appui du système que je défends les *Etablissements de saint Louis*, liv. II, ch. xvii et les *Assises de la Cour des bourgeois de Jérusalem*, ch. lxxxviii, ccxliv (Beugnot, ch. xc, ccxlix). M. Raynaud, p. 107, objecte avec raison qu'en prêtant le serment, dont parlent ces textes, le demandeur a pour but d'établir l'existence du délit et de faire condamner son adversaire comme voleur ; mais pour défendre notre thèse il suffit de compléter le raisonnement et de remarquer qu'il n'existe dans nos documents aucune allusion à une procédure spéciale, au moyen de laquelle le propriétaire du meuble prêté rentrerait en possession quel que fût le détenteur.

(2) P. 258 : « comme chose adirée. Par ce texte appert qu'on peut suyvir un meuble non pas seulement comme chose emblée mais aussi comme chose adirée. Qui est contre l'opinion de plusieurs praticiens qui disent que meuble n'a point de suite en Normandie, si on ne le suit comme chose emblée. Laquelle règle n'est escrite en la coutume de ce pays, mais est prinse des autres coustumiers de France. » Il résulte de ce passage qu'au moment où écrivait Guillaume Terrien, c'est-à-dire au milieu du seizième siècle, on soutenait encore en Normandie que l'action en revendication ne pouvait pas être intentée en matière mobilière. Terrien reconnaît que cette doctrine est exacte d'après le droit commun de la France ; il la croit au contraire étrangère à la coutume normande, et pour justifier son opinion il étend le sens primitif du mot « adiré ». Pour notre auteur les choses adirées ne sont plus seulement les choses égarées, perdues par cas fortuit, et sous l'influence des idées romaines, il s'exprime de la façon suivante : « Mais je puis bien poursuyvre le meuble et le vendiquer comme à moi appartenant et comme chose adirée : qui est à entendre en quelque sorte que j'en aye esté dessaisi, sans mon fait et consentement, quia quod nostrum est, sine facto nostro ad alium transferri non potest. »

(3) Le passage suivant d'Antoine Favre est également tout à fait décisif. — *Codex Fabrianus definitionum forensium et rerum in sacro Sabaudiæ senatu tractatarum.* Genevæ, 1640, lib. VI, tit. xxvii, ad. sc. Trebell, definitio XI (p. 756) « ita si qua immobilia alienaverit, vindicari ea utique quandocumque possunt ; mobilia non item quod eorum exhibitio certaque demonstratio difficilior sit ac magnam ad multiplicandas pro re minima lites materiam præbeat. Unde et illud est quod Galli dicere solent « Les meubles n'avoir point de suyte. » Id est extra manus ejus qui dominus fuit licet plenum alienandi jus non habuerit, neque fideicommissi neque pigno-

Le propriétaire d'un meuble ne peut pas intenter d'action en revendication contre un tiers, avec lequel il n'a pas contracté, l'acheteur d'un objet prêté ou donné en gage est immédiatement protégé à l'égard de tous, et non pas seulement à l'égard des créanciers hypothécaires du vendeur; telle est au treizième siècle la portée de notre règle (1).

d. Si maintenant nous abandonnons le point de vue dogmatique, il ne sera pas nécessaire de recourir à une analyse minutieuse de nos coutumiers pour y découvrir des applications pratiques de notre règle. Le *livre de Jostice et de Plet* (2), supposant que l'emprunteur donne en gage le meuble prêté, déclare que le contrat de gage produira tous ses effets. Les Assises de la cour des Bourgeois du royaume de

ris aut alio ullo jure, mobilia vindicari posse. » Voet s'exprime enfin de la façon la plus nette dans le même sens, *Commentar. ad Pandectas, coloniæ Allobrognm*, 1778, lib. VI, tit. I, De rei vindicatione, n° 12 (tome I, p. 330).

(1) Après M. Denyssen, dans sa *Dissertatio inauguralis*, Lugduni Batav., 1796, M. Raynaud (*op. cit.*, p. 113), soutient au contraire que la maxime « les meubles n'ont pas de suite » est simplement une forme abrégée de la règle « les meubles n'ont pas de suite par hypothèque ». A l'appui de son affirmation cet auteur cite les textes suivants, qu'il regarde comme tout à fait décisifs. Jean Desmares, décision 165 : « Meuble n'a point de suite, c'est à entendre quand est tenu à juste titre et à bonne foi et que par exécution le créancier auroit vendu et livré iceux biens de son obligé et sans opposition, avec la solennité qui y appartient. » *Coustumes notoires du Chastelet de Paris*, art. 23 : « meuble n'a point de suite mesmement quand il est tenu à juste titre et à bonne foy ; et la coutume est vraie au cas que par exécution aucun créancier aurait vendu et livré les biens de son obligé sans opposition pour la dette ; ils ne pourroient être suivis sur l'acheteur. » Aux deux textes que nous venons de reproduire, il convient d'ajouter un passage emprunté à la *Coutume angevine de* 1411, n. 288 (Beautemps-Beaupré, tome I, p. 564). « Celui qui achate meuble et en prend la possession si le vendeur doibt à aucun aucune somme de deniers, l'achateur n'en peut estre poursuy comme détenteur de tel meuble obligé puisqu'il est hors des mains du debteur; *car meuble n'a point de suyte.* Autre chose seroit si le meuble estoit arresté par justice à la requeste d'aucun créancier, ung autre seroit bien receu à opposicion pour sa dette pour estre payé sur tel meuble. » Ayant ainsi exposé la thèse de M. Raynaud, il nous est facile de la combattre ; les documents sur lesquels repose le système contraire au nôtre appartiennent au quatorzième et au quinzième siècles; or à cette époque il est certain qu'à Paris et en Anjou la vieille règle germanique, abrogée en principe, avait été seulement maintenue dans une hypothèse particulière; en ce qui concerne le treizième siècle, notre affirmation n'est donc en aucune façon contraire aux sources.

(2) L. XIX, t. XXXV, § 3 : Et se aucuns engage choses que l'en li ait prestées, li gages vauf. Et s'il engage choses qu'il a toloistes et ce soit seu, li gages ne vaut riens. »

Jérusalem (1) ne permettent plus au propriétaire de revendiquer le bien prêté, lorsque celui-ci a été saisi chez l'emprunteur.

e. Lorsque nous étudierons les coutumes du seizième siècle, nous verrons que, d'après le droit commun, il n'existe qu'un seul délai de prescription : c'est le délai de prescription pour les immeubles ; on ne parle pas, au contraire, de l'usucapion des meubles ; or, comment expliquer cette remarquable lacune de notre droit coutumier ? précisément par cette considération que si le meuble n'a pas été volé, l'usucapion n'est pas nécessaire pour protéger l'acquéreur ; ce dernier, en effet, ne peut pas être inquiété par le véritable propriétaire. Que ce motif soit exact, c'est ce que nous attestent de la façon la plus formelle un célèbre professeur du seizième siècle, S. Boyer (2) , et un praticien auvergnat de la même époque, Jean Bessian de Pressac (3).

(1) Ch. XL (Beugnot, ch. XL également). « Ici dirons la raison de celui qui preste son cheval ou sa mule à celui qui est pleges a autre ou est en dete et comment on li peut prendre par dreit la beste. Bien sachies que ce un home preste une soue chevauchure à un autre home et celui à qui il l'a prestée li dit : demain vos rendrai la vostre chevauchure et vos l'en loices mener et il est tes hom que soit en dettes ou pleges à un autre home : *celui home à qui il est pleges ou en dette li puet bien tollir votre chevauchure et payer se, par droit et par l'asise de la terre.* » Voyez également dans le même sens le ch. LXXXIV du même coutumier : « S'il avient que uns hons veut faire bonté au sien amy et li a faite la bonté, ce est qu'il li a prestée sa beste ou la fait chevaucher de devant luy sur la beste en la sele et il chevauche derieres lui et celui vostre ami est tes hom qui seit detour ou plege d'aucuns hom ou d'aucune feme et ils l'encontrent chevauchant sur vostre beste ou par sei ou par devant vous et vous derieres lui : la raison comande que celui ou cele à cui il est pleges ou dettes li peut bien tolir la beste por sa dette ou por sa plegerie aquitter : car ce est dreit par l'asize et bien vos gardes à qui vous faites honor et bonté qu'il seit tel personne que vous ni puisses perdre par raison; car bien est provée chose que la beste seit seue, puis que il chevauche devant vous et vos derieres. »

(2) *Consuetudines Bituricenses* (Des coutumes touchant prescription, § 7, folio 35) : « Hic vero loquitur in actione rei venditae bonorum mobilium cui de consuetudine non praescribitur nisi XXX annis ut dictum est, vel non habet locum usucapio, cum mobilia non habent sequelam. »

(3) *Arvernorum consuetudines*, ch. XVII, des Prescriptions, art. 1 (p. 125 *in fine*) : « Secundo per hanc consuetudinem derogatur usucapionibus rerum tam mobilium quam immobilium quoniam testa Boerio in § finali (des coustumes touchant praescription) per hanc consuetudinem in regno generalem et maxime in Ducatibus Alvernie, Borbonii, Burgundiae et Biturigum, sunt sublatae usucapiones ; etiam introductae pro rebus mobilibus: *in quibus videbatur tantum tempus non esse necessarium ad securitatem*

f. Comme nous l'avons déjà constaté, la plupart des droits municipaux du midi de la France accordent un privilège à ceux qui ont acheté des objets mobiliers un jour de foire ou sur le marché public ; en cas de revendication l'acquéreur aura la faculté d'exiger le remboursement du prix de vente. Or, n'est-il pas curieux que les textes auxquels nous faisons allusion se placent exclusivement dans l'hypothèse où la bête réclamée a été, soit volée, soit enlevée avec violence (1), et ne sommes-nous pas en droit d'en conclure que la législation méridionale refuse toute action en revendication au propriétaire qui a volontairement prêté sa chose ou qui l'a donnée en gage ? Notre argument acquiert encore plus de force si l'on rapproche les coutumes de Toulouse, d'Avignon, de Saint-Gilles, etc., de l'art. 2280 — 2° du Code civil.

g. Si enfin nous consultons les sources, dans lesquelles l'esprit nouveau se manifeste déjà, il ne sera pas difficile de découvrir au-dessous d'innovations encore timides l'antique principe germanique toujours vivant et toujours appliqué. C'est ainsi que le livre Roisin (2) nous montre tout le conseil de la commune de Lille et un grand nombre de bourgeois délibérant sur un projet de règlement local, en vertu duquel le propriétaire fut désormais autorisé à revendiquer, dans un cas tout à fait exceptionnel, les objets mobiliers, dont il s'était volontairement dessaisi.

Après avoir ainsi analysé nos documents français du moyen âge, nous nous croyons autorisé à conclure que peu de règles sont aussi certaines que la nôtre et ont été observées d'une manière plus générale et pendant plus longtemps (3). Il suffit en outre, à notre sens, de lire les

acquirentibus proebendam ; que magna praestatur per aliam regni consuetudinem generalem : per quam dicitúr (que meubles n'ont point de suyte). »

(1) Voyez les nombreux textes cités par nous, p. 149.

(2) Edition Brun-Lavainne, p. 90, n. 111 : « Lois est, et estaulissement fais par tout le consel et plenté dou commun de la ville que on ne puet prester *sour les chozes chi desous nommées* que on ne les rait par l'estaulissement, tout ensi et pour autant que chi desous est deviset, n. IV. » On ne puet prester deniers ne mailles sour cuir qui soit commenchiés a taner que on ne le rait pour nient : ne sour toille qui soit au tellier que on ne le rait pour le tissage, etc.... »

(3) Sans discuter d'ailleurs la question, M. Franken (p. 270) constate in-

monuments que nous venons de citer pour être convaincu
de cette vérité à savoir que l'origine de la maxime « les
meubles n'ont pas de suite » doit être cherchée dans l'histoire de la procédure et non pas dans la théorie de la possession ; peu importe dès lors que l'acquéreur de l'objet prêté
soit ou non de bonne foi ; l'abus de confiance de l'emprunteur n'étant pas châtié par la loi pénale du moyen âge,
aucune action criminelle ne peut être intentée contre son
complice, et par suite le propriétaire ne dispose d'aucun
moyen en vue de contraindre le détenteur actuel de la bête
à la lui rendre (1).

Ayant ainsi accompli la première partie de notre tâche,
il convient d'examiner brièvement pour quels motifs la
véritable action en revendication mobilière s'introduisit si
tard dans notre pratique française. Sans revenir sur les
recherches, déjà consacrées à l'origine de notre théorie,
nous nous bornerons à appeler l'attention sur ce fait à savoir qu'au moyen âge le propriétaire du meuble prêté ou
donné en gage est armé d'une façon particulièrement efficace à l'égard de l'emprunteur ou du créancier gagiste. A
Metz, au commencement du treizième siècle, la lettre de
commune paix nous apprend qu'avant de poursuivre
son débiteur le créancier pratiquait lui-même une saisie
de gages, à la seule condition de remettre l'objet saisi à la
justice (2) : d'après le droit commun de notre époque, dès que
l'échéance de la dette est arrivée, le créancier est autorisé à
mettre la main sur les biens du fidéjusseur et cela sans être
assisté de représentants du tribunal (3) ; la coutume de
Bayonne (4) permet enfin aux bourgeois de cette ville de

cidemment l'existence de notre règle dans les sources françaises; et il
constate qu'à ce point de vue les documents français sont encore plus nets
que les coutumiers allemands de la même époque.

(1) Sur le droit allemand du moyen âge, voyez Laband, pp. 70, 80, 89.
Notons que les sources allemandes se bornent à faire allusion à notre règle
sans la formuler dans une maxime analogue à notre brocard français :
« Les meubles n'ont pas de suite. » L'axiome connu « Hand muss hand
wahren » (la main doit défendre la main) est relatif à l'obligation de garantie imposée aux auteurs du possesseur actuel (*Zœpfl. Deutsche Rechtsgeschichte*, § 110, p. 203).

(2) Prost. *Ordonnance des majours*, p. 228.

(3) *Coutume de Bayonne*, LIII, 1.

(4) CIV, 1, 2, 3.

« marquer » c'est-à-dire de s'emparer de marchandises appartenant aux compatriotes de leurs débiteurs étrangers. Si à ces méthodes d'exécution si promptes et si efficaces nous joignons les nombreux moyens imaginés en vue de contraindre le débiteur à payer volontairement sa dette, nous serons en droit de conclure qu'au moyen âge la propriété des meubles était en réalité garantie d'une façon satisfaisante ; aussi les jurisconsultes coutumiers de cette époque ne furent-ils pas conduits par les nécessités de la pratique à imaginer la classification des droits en droits réels et en droits personnels.

A l'appui de notre manière de voir citons plusieurs documents du treizième et du quatorzième siècle. C'est ainsi que le livre de Jostice et de Plet (1) prévoyant le cas où les bœufs livrés sont saisis chez le locataire, permet au bailleur de les revendiquer si sa créance n'est garantie par aucune espèce de sûreté spéciale. Supposons-nous en sens inverse que des précautions ont été prises pour sauvegarder les droits du propriétaire des bœufs (un meuble a été donné en gage, un fidéjusseur est intervenu), le saisissant sera protégé contre toute revendication des objets saisis. En définitive dans le passage que nous venons d'analyser le livre de Jostice et de Plet applique la règle « les meubles n'ont pas de suite », lorsque le bailleur n'a rien à redouter de l'insolvabilité du locataire ; dès qu'il en est autrement on juge nécessaire de déroger aux anciens principes. N'aperçoit-on pas là prise sur le vif la différence essentielle entre les conceptions de nos vieux praticiens et celles des jurisconsultes modernes habitués aux idées abstraites et familiarisés dès longtemps avec la méthode analytique des prudents de l'ancienne Rome ?

L'étude à laquelle nous venons de nous livrer à propos du Livre de Jostice et du Plet, VIII, 5 § 2 in f. nous fournit du reste une transition naturelle pour arriver aux brèches déjà faites au système primitif à la fin du treizième siècle.

---

(1) L. VIII, tit. V, § 2, *in f.* « Se aucuns a loé bues chascun an por six mines de mestive et il en preigne plège et les bos soent pris por la dete de celui qui les a aloez et cil qui la chose est la denit, il ne l'aura pas ; mes se il les a bailliez sanz gage et sans plège, il les aura. »

Signalons avant tout les Fors de Béarn et les coutumes de
Beauvoisis comme ayant complètement abandonné la vieille
doctrine germanique. Les Fors de Béarn semblent avoir été
rédigés sous l'influence des idées romaines et les solutions
qu'ils consacrent sont en parfaite harmonie avec celles des
jurisconsultes du Digeste ; c'est ainsi que le For de Morlaas (1)
prévoyant l'hypothèse où l'emprunteur a aliéné le meuble
prêté, permet au propriétaire de contraindre l'acquéreur à lui
restituer l'objet vendu sans droit ; c'est ainsi que le For général (2) nous parle d'une action en revendication pour le
cas où le créancier a saisi des objets n'appartenant pas à son
débiteur. Il est également certain que Philippe de Beaumanoir avais puisé dans le *Corpus juris civilis* des maximes
comme celle-ci « *car cascun a loi de demander ce qui doit estre
sien à celi qui le tient* (3). » Mais l'illustre bailli de Clermont ne
se borna pas à copier ses modèles, les Paul et les Ulpien, et
dans l'intérêt du commerce il en vint à modifier leur enseignement. D'après les coutumes de Beauvoisis (4), le possesseur du meuble opposera avec succès une fin de non-recevoir
à l'action en revendication du propriétaire lorsque les conditions suivantes se trouveront réunies : il sera d'abord nécessaire que la vente ait eu lieu publiquement sur le marché du

(1) Rubr. LXVI, art. 227, p. 170 : « Si une bestie lexi o comani, on que
la trobi, la fax per mie ab dus testimonis : si donexs poder no l'abi dat de
bener a d'aqueg a coey comanade lere, et ab mon grat non sere feyt, o
pague o conde non abi recebut et si jurat abi testimoni, qu'em valere. »
(2) Rubr. XLVI, art. 134, p. 53.
(3) Chap. xxxi, n. 16. Notons en outre que d'après Beaumanoir, LIV, 3,
le propriétaire a le droit de revendiquer les meubles à lui appartenant,
lorsque ces derniers sont saisis entre les mains d'un tiers. « Neporquant,
se autres vient avant qui proeve la coze prise à soie, il le doit r'avoir. »
(4) *Coutumes de Beauvoisis*, XXXIV, 47 : « Cil avoue bon garant qui
met avant resnable cause comment le coze li vint qui li est demandée ; si
comme il l'aceta en plein marcié commun, à veue et à seue de bone gent ;
car por ce sont li marcié establi, c'on y puist vendre et aceter communé-
ment. Neporquant, on doit courre au devant des fraudes et des baras, qui
sunt fes es marciés aussi comme es autres liex ; si comme de cix qui acatent
as gens qui ne sunt pas de conneissance danrées qui n'afièrent pas à l'aceu-
teur et à mendre pris, le tiers ou le moitié qu'elles ne valent ; car en tix
marciés ne pot on noter nulle loiaté. Donques, se tix cozes sunt porsivis
d'aucun qui les puist prover à soies, eles li doivent estre rendues et déli-
vrées ; et cil quiere son garant qui malicieusement les aceta. » La dernière
phrase du texte démontre, selon nous, que l'ancien propriétaire ne peut pas
rentrer en possession, même en remboursant le prix de vente, si son adversaire a acheté de bonne foi et en plein marché.

lieu « *en plein marcié commun, à veue et à seue de bone gent* ».
Il faudra en outre que l'acquéreur ait été de bonne foi et
Beaumanoir nous indique avec une grande sagacité à quels
signes on reconnaîtra si cette condition est remplie. Si la
double preuve dont nous venons de parler est faite par le
défendeur, son adversaire perdra son procès et il n'aura
même pas la faculté de reprendre sa bête, contre remboursement du prix de vente. En définitive, la doctrine de notre
jurisconsulte se rapproche sensiblement de celle qui est formulée par l'art. 2279 du Code civil (1) avec cette différence
cependant que l'adage « en fait de meubles, possession vaut
titre » est applicable même si l'opération n'a pas été conclue
sur le marché public; c'est là du reste une différence secondaire qui s'explique aisément si on compare l'organisation commerciale des temps modernes à celle qui existait au
moyen âge, et il n'en reste pas moins vrai de dire que le
livre de Beaumanoir est en avance de cinq siècles au moins
sur les coutumiers qui parurent en même temps que lui. Si
le meuble a été volé ou perdu, la victime du délit sera contrainte de restituer le prix de vente au détenteur actuel lorsque ce dernier a acheté de bonne foi en plein marché (2) et
dans cette hypothèse encore, il est permis de renvoyer à
l'article 2280 du Code civil.

Nous avons enfin ajouté que le droit municipal de l'Anjou
doit être rapproché des Fors de Béarn et de la coutume de
Beauvoisis ; déjà à notre époque la coutume angevine ap-
pliquant dans notre matière la théorie générale de la saisine,
consacre le principe de l'usucapion des meubles après une
possession d'an et jour (3). Ayant ainsi interprété les tex-

---

(1) D'accord sur ce point avec la grande majorité des jurisconsultes contemporains nous estimons que l'art. 2279 du Code civil se borne à accorder
une fin de non-recevoir au possesseur de bonne foi contre lequel est intentée une action en revendication de meubles ; en analysant les ouvrages des
derniers auteurs coutumiers nous aurons l'occasion de démontrer la vérité
de notre affirmation.

(2) *Coutumes de Beauvoisis*, ch. xxv, n° 22. « Cil qui porsuit se coze
qu'il perdi ou qui fu emblée ou tolue, ne la r'aura pas, s'il ne rent à l'aceteres
ce que li en paia, car puisqu'il l'aceta sans fraude et en marcié, il ne doit
pas recevoir lo perte de son argent por autrui meffet. »

(3) *Compilatio de usibus Andegaviæ*, n° 35 (Beautemps-Beaupré, tome I,
p. 49).

tes (1), qui, à notre connaissance, repoussent d'une façon complète la tradition germanique, nous devons mettre en lumière les atténuations qu'avait subies notre règle au treizième siècle.

A la fin du siècle précédent les Assises de la cour des bourgeois du royaume de Jérusalem (2) prévoyant l'hypothèse où un artisan vend un objet mobilier qui lui a été remis pour le réparer, permettaient déjà au propriétaire de le revendiquer entre les mains du détenteur, à la seule condition de payer à ce dernier le salaire de l'artisan ; et un peu plus tard le livre Roisin (3), la seconde coutume d'Amiens (4) et la charte municipale de Roye (5) consacrent identiquement la même solution (6).

(1) Un texte rémois du treizième siècle, le *Liber Practicus de consuetudine remensi*, art. 21, permet également au véritable propriétaire de revendiquer le meuble saisi entre les mains d'un tiers (Varin, *Archives législatives de Reims*, tome I, p. 38).

(2) Ch. xci (Beugnot, ch. xciii). Ici orrés la raison dou cousturier qui couse les dras des gens et s'enfuit o tout et de tous autres menestraus. S'il avient que l'on done ces dras à un cousturier par coudre o por rapareiller ou se l'on donne sa tele à un tisserand par faire, ou aucun autre aver à aucun autre menestrau pour adouber, et le menestral s'enfuit o tout ou il enguage l'euvre ou le vent ou done celuy aver ou quelque autre choze que ce soit et il avient que le sire retrueve puis son aveir ou sa robe sur aucun, le droit commande que il doit recouvrer sa chose, par enci qu'il doit jurer sur sains que il celui aver ne presta ne vendi ne dona, ni engagea, ains li bailla ses dras ou sa robe por apareiller, si com est dit dessus. Et atant deit recouvrer sa chose tout quitement. Voirement tant y a que l'assise commande que se le menestrau avoit rien fait de servise en cele chose, que ce que le sire de la chose en devret doner au menestrau, si devret doner à celui qui pert tot ce qu'il aveit doné en cele chose.

(3) Édition Brun-Lavaine, p. 90, nos III et IV.

(4) Art. 102 (p. 176) Derekief s'auscuns de mestier a aucune cose à faire ou à refaire, quel cause ke che soit, et il le met en wages, chil qui la cose sera la r'ara pour rieut, fors tant qu'il est tenus à rendre à cheli en quel main il trouvera la cose che qu'il en appartenoit à le déserte du menestrel qui faite l'aroit ; et se chil cui la cose est disait qu'il eust paié le déserte avant, et le volait jurer par son sairement, il en seroit creus et le r'aroit pour nient. »

(5) Art. 47 (p. 231). Voyez également dans le même sens la *très ancienne Coutume de Bourges*, art. 54. Cette exception à notre règle est admise en Allemagne.

(6) Le ch. xc des *Assises de la cour des bourgeois de Jérusalem* est relatif à la vente frauduleusement faite par un domestique d'objets mobiliers appartenant à son maître ; ce dernier aura le droit d'exiger la restitution de son bien ; mais il intentera l'action de vol ou l'action de chose emblée ; en définitive le propriétaire est considéré comme n'ayant cessé de posséder

Après avoir observé que cette première dérogation aux anciens principes nous est attestée non seulement par nos documents français mais aussi par les sources allemandes du moyen âge, il convient maintenant d'en rechercher l'origine. M. Goldschmidt (1) estime que si, dans notre hypothèse, le propriétaire peut, à titre exceptionnel, reprendre son meuble où il le trouve, cela tient à ce fait qu'à l'époque féodale les serfs seuls exercent les petits métiers réservés plus tard aux artisans ; tant que le chanvre à tisser se trouve entre les mains du serf, le seigneur n'est pas dessaisi et il cesse seulement de posséder à partir de l'infidélité commise par le tisserand ; dès lors n'est-il pas exact de reconnaître que la chose a été enlevée au propriétaire contre son gré?

Bien que M. Laband et plus récemment M. Franken aient prêté à M. Goldschmidt l'appui de leur adhésion, nous ne nous rallions pas à la conjecture dont nous venons de parler. Je remarque d'abord que la disposition exceptionnelle, dont il s'agit, est empruntée non pas à des monuments relatifs au droit féodal mais aux Assises de la cour des Bourgeois et aux coutumes de villes de commune telles que Lille et Amiens ; j'ajoute qu'avec la doctrine de M. Goldschmidt on ne comprend pas pour quel motif le revendiquant est tenu de payer au possesseur de l'objet fabriqué le salaire dû à l'artisan ; il est enfin certain que dans notre cas le propriétaire n'use pas de l'action de chose emblée. Pour tous ces motifs, il nous semble préférable de rattacher aux besoins du commerce la faveur accordée au propriétaire des matières premières. Nul ne saurait nier en effet que la méthode de la division du travail ne fût en honneur à notre époque, au moins dans une certaine mesure ; à propos de la fabrication des draps, le livre Roisin nous montre qu'avant

qu'au moment de la vente ; à notre sens le ch. xc des *Assises* ne formule donc pas une exception à la règle « les meubles n'ont pas de suite ». Et nous pourrions répéter la même observation relativement au titre XXXV de la *Somme rurale* (p. 246). Dans ce chapitre Jean Bouteiller s'occupe d'un détournement commis par une femme au détriment de son mari et il nous dit que ce dernier doit « ravoir (son meuble)... comme de *chose emblée*, j'açoit que cy ne chée punition de larrecin. » M. Franken (p. 271) signale au contraire les deux passages que nous venons de signaler comme dérogeant à notre vieux principe germanique.

(1) Cité par M. Laband, *op. cit.*, et par M. Ranken, p. 271.

d'être livrée à la consommation la marchandise passait successivement entre les mains de plusieurs corporations. Si telle était l'organisation du travail, il était naturel que les industriels sentissent le besoin d'une protection efficace et on conçoit que le conseil de la ville de Lille et un grand nombre de bourgeois aient délibéré en commun sur ce sujet; dans le système de M. Goldschmidt on ne comprendrait pas au contraire qu'il fût nécessaire de déroger au droit commun et l'existence même du règlement municipal dont nous parle le livre Roisin serait tout à fait inexplicable.

A côté de l'exception dont nous venons de nous occuper, il est nécessaire d'en citer une seconde qui a été introduite à peu près en même temps que la première et qui nous est signalée par les mêmes sources. D'après les Assises de la Cour des Bourgeois de Jérusalem (1) et la seconde coutume d'Amiens (2), le propriétaire de la chose louée aura le droit de la revendiquer, si le locataire la vend ou la donne en gage et il ne sera jamais tenu de payer à l'acheteur le montant du prix de vente (3); c'est là une remarquable solution et il semble impossible au premier abord d'expliquer pourquoi les intérêts du bailleur sont sauvegardés d'une façon plus énergique que ceux du prêteur; comment se fait-il que le contrat de prêt et le contrat de louage ne soient pas assimilés à nôtre point de vue ? c'est que le contrat de prêt est plus ancien dans notre droit que le contrat de louage ; ce dernier correspond à des besoins relativement modernes et l'influence romaine ne fut pas étrangère à son introduction dans notre pratique française. Si on se souvient de cette origine du contrat de louage, on ne s'étonnera pas, croyons-nous, de ce que le bailleur n'ait pas eu à sa disposition les moyens énergiques de coercition qui appartenaient au propriétaire à l'égard de l'emprunteur. En raison de son antiquité même le contrat de prêt avait pour conséquence de donner au

(1) Ch. xcix (Beugnot, ch. cii).
(2) Art. 99 (t. I, p. 175). « Derekief, s'aucuns loue aucune sieue cose et chil a cui la cose est louée le vent ou met en wages, *chil qui la cause est, le r'ara pour nient.* »
(3) Cette exception à la règle n'est pas signalée par les sources allemandes du moyen âge; M. Franken omet également de la relever même dans les Coutumes françaises.

prêteur la faculté d'exécuter promptement le débiteur récalcitrant (1); rien de semblable n'existait relativement au louage
d'objets mobiliers et dès lors n'est-il pas facile de comprendre
pourquoi les praticiens arrivèrent de bonne heure à considérer comme régulière l'action en revendication du meuble
loué intentée contre le possesseur actuel (2)?

Pour terminer l'étude des exceptions apportées à la maxime
« les meubles n'ont pas de suite », il ne nous reste plus désormais qu'à signaler l'art. 100 de la seconde coutume d'A-
miens. Prévoyant l'hypothèse où un contrat de prêt a été
conclu, ce document permet au propriétaire de réclamer sa
chose entre les mains d'un tiers, à la condition d'indemniser
ce dernier ; l'acquéreur de la bête sera en droit de réclamer
le remboursement du prix de vente. Comme on le voit, les
rédacteurs de la seconde coutume d'Amiens sont déjà placés
à un point de vue tout à fait moderne et il est assurément
curieux de constater une parfaite unité de doctrine entre ce
vieux droit municipal du treizième siècle et plusieurs législations de l'Europe contemporaine.

Nous aurons achevé de parcourir le chemin que nous nous
sommes tracé, si après avoir étudié notre règle en elle-
même, analysé ses motifs et énuméré les dérogations
qu'elle subit, nous ajoutons enfin quelques mots sur la procédure à suivre dans le cas où l'animal n'a été ni volé ni
perdu. La demande de chose emblée et l'action de chose
adirée étant ici hors de cause, quelle est la marche à suivre
si la revendication du meuble est admise, à titre exceptionnel ? En rapprochant l'un de l'autre les passages peu nombreux qui s'occupent de cette question il est facile de conclure
à une remarquable analogie entre notre procédure et celle de
l'action de chose adirée ; ici encore la charge de la preuve incombe au demandeur et, si ce dernier succombe, il n'est con-

(1) Aucun document ne permet de supposer que l'emprunteur devînt
propriétaire de l'objet prêté ; aussi n'est-ce pas de ce côté qu'il convient
de chercher le motif de la différence établie entre le contrat de prêt et le
contrat de louage.

(2) T. I, p. 175. « Derekief s'aucuns preste aucune soie cose, et chil a cui
ele est prestée le vent ou met en wages, chil qui le cose est, s'il le veut
ravoir, le racatera de tant d'argent comme il ora sus, soit d'acort, soit
d'enwagement : mais chil à cui il ora presté la cose li est tenus de rendre
et le damache qu'il i ora par la cause du racat. »

damné à aucune amende envers la justice. Observons aussi que même dans notre hypothèse le propriétaire insiste dans ses conclusions non pas sur la cause qui a mis dans son patrimoine le droit de propriété mais sur les motifs pour lesquels l'objet est sorti de ses mains. Si, d'ailleurs, nos documents sont d'accord sur ces différents points, il convient cependant de signaler quelques divergences de détail. D'après le ch. 99 des Assises de la Cour des Bourgeois de Jérusalem, le revendiquant doit produire deux témoins « *qui fussent que garens ce est qu'ils jurent sur sains que cele beste estoit de celui* » : mais cette preuve ne suffit pas et notre coutumier impose au plaideur l'obligation d'affirmer lui-même sous la foi du serment « *que icele beste ne vendy ne dona ni engagea mais que enci la lua come est dit dessus* » (1). Si au contraire nous analysons les fors de Béarn, nous constatons que deux cojurateurs viennent seulement confirmer le serment du propriétaire en prononçant les paroles sacramentelles : « Par ces saints : c'est la vérité et il dit la vérité » ; nous ne trouvons plus ici deux preuves distinctes (2).

Comme on le voit, notre législation coutumière du treizième siècle est encore imbue à un haut degré de l'esprit

(1) Le ch. xci des *Assises de la cour des bourgeois de Jérusalem* (Beugnot, ch. xciii) se contente du serment du demandeur, lorsque le meuble a été confié à un artisan. Cette différence entre la solution du ch. xcix et celle du ch. xciii s'explique, à notre avis, par des considérations analogues à celles qui avaient inspiré l'ancien article 1781 du Code civil et peut-être aussi par ce fait que le contrat de louage d'ouvrage sera dans notre hypothèse généralement conclu sans témoins.

(2) Notons aussi que Beaumanoir applique, en matière mobilière, le principe du droit canonique « spoliatus ante omnia restituendus » ; à ce point de vue encore Beaumanoir est grandement en avance sur les praticiens de son époque, ch. xxxii n. 15. « En aucun cas me puis-je bien plaindre de novelle dessaizine, tout soit ce que je n'aie pas esté en saisine de la coze, dont je me plains, an et jor ; si comme se je sui en saizine d'un queval ou d'une autre beste ou de mueble quel qu'il soit ou d'aucune despuele que j'ai gaignié et labourée en mon nom sans auctorité d'autrui, se on m'oeste aucune de ces cozes et je le requier, je doi estre resaisis et quiet cil en amende ; mes, moi resaisi, se cil qui le m'osta prueve le coze à soie il le r'aura. Et par ce pot on entendre c'on pot bien estre resaisis de tel coze par coustume qu'on en porterait après le hart, si comme s'en avoit le coze dont ou seroit resaisis, mal tolue ou emblée, et il est prové clerement. » M. Bourcart, *Thèse de doctorat sur les actions possessoires*, Paris, 1880, p. 191, interprète ce passage de Beaumanoir comme nous l'avons fait nous-même.

du droit primitif, et si déjà des concessions importantes ont été faites dans l'intérêt du commerce, il est cependant exact d'observer que l'enseignement des jurisconsultes de l'ancienne Rome n'a pas encore exercé une influence décisive sur la pratique judiciaire de cette époque. Cent ans plus tard au contraire la situation ne sera plus la même ; les avocats citeront comme arguments des textes du Digeste et du Code et feront prévaloir les solutions romaines sur les usages locaux les mieux établis en vertu de l'adage « quod principi placuit legis habet vigorem ». C'est à cette évolution nouvelle que nous allons assister en étudiant, dans notre troisième partie générale, les monuments des quatorzième et quinzième siècles.

TROISIÈME PÉRIODE

Époque de transition. — XIVe et XVe siècles.

En analysant les sources coutumières des douzième et treizième siècles, nous avons eu l'occasion de signaler un mouvement d'idées, qui tend à séparer de plus en plus en matière de procédure l'élément civil de l'élément criminel. Tandis que d'après le droit primitif, l'action criminelle est purement et simplement une action privée, on trouve déjà une conception différente dans certains textes du moyen âge et l'exception devient la règle pendant la période dont nous abordons l'étude. Gardons-nous cependant de croire que la législation se soit brusquement transformée à cet égard et que les praticiens de notre époque aient exclusivement réservé l'action publique aux représentants du pouvoir social. En instituant auprès des cours de justice un procureur du roi ou du seigneur chargé de poursuivre d'office la répression des crimes et des délits, le droit du quatorzième siècle accomplit sans aucun doute une réforme très importante; le particulier lésé put désormais se soustraire aux conséquences de la loi du talion (1), et « *dénoncer* » le fait à la justice, sans se porter directement accusateur; néanmoins même en ayant recours à la « *dénonciation* » (2) la vic-

---

(1) Le passage suivant de Jean Bouteiller montre que l'existence de la loi du talion dans la procédure primitive a eu une influence considérable sur le développement de notre droit criminel. Somme rurale, tit. XXVIII, p. 172, de talion : « ...Mais pour le présent par les sages a esté advisé et ordonné d'avoir en Cour de justice procureur d'office, qui fait les conclusions criminelles par information précédente et oste cette manière d'action de talion. »

(2) Jean Bouteiller, tit. XXXIV, p. 221 : « Si peux et dois scavoir que selon les sages ils sont quatre manières de crimes qui par justice font à punir si comme par dénonciation, par présent meffait, par accusation de

time du délit demande la punition du coupable au même titre que le procureur du roi ; son rôle n'est pas identique à celui qui est assigné à la partie civile par le Code d'instruction criminelle.

Grâce au changement que nous venons de signaler, il était possible d'introduire dans la pratique française une véritable action en revendication des meubles et l'étude des textes romains fournit aux légistes le moyen de substituer à la coutume germanique une législation plus raffinée et plus savante. Aussi voyons-nous les jurisconsultes des quatorzième et quinzième siècles classer les actions en actions réelles et en actions personnelles suivant la nature du droit qu'il s'agit de protéger (1) ; le juge ne recherche plus si oui ou non un délit a été commis, si oui ou non la possession du meuble a été enlevée au demandeur à tort et contre son gré ; c'est l'existence même du droit de propriété qui est l'objet du débat ; avant de rendre son jugement la Cour examinera quels sont les titres des deux adversaires et remontant la série des auteurs successifs se prononcera sur la validité des aliénations. Notons enfin que, dans l'intérêt même de la sécurité publique, on élargit la notion du délit de vol fort étroite, on s'en souvient, à l'époque barbare et au moyen âge ; au quatorzième siècle, un arrêt du parlement de Paris nous prouve que l'abus de confiance n'échappait plus au châtiment (2) et un peu plus tard Claude Liger (3) reproduit, dans toute son ampleur, la théorie romaine du furtum.

Après ces considérations générales, arrivons à la division de notre sujet. Comme les mêmes actions pèuvent être intentées dans l'hypothèse où il y a eu soustraction frauduleuse et dans le cas où l'emprunteur a aliéné le meuble

partie formée et par publique renommée dont enqueste et information précédente est faite. »

(1) *Livre des droiz et commandements*, n° 661 (tome II, p. 142) ; *Grand coutumier de France*, ch. xiv, p. 745 ; *Très ancienne coutume de Bretagne*, ch. liii et ch. cxx ; Jean Bouteiller, tit. XXIV, p. 126, n'emploie le terme d'action réelle qu'en matière immobilière ; c'est sans doute là une trace de la législation du siècle précédent qui repoussait l'action en revendication mobilière.

(2) Boutaric, *Actes du Parlement de Paris*, n° 5799 (anno 1319).

(3) Part. IV, ch. xi, p. 211, et partie IV, ch. xv, p. 220.

prêté, nous croyons devoir renoncer à la méthode suivie dans les deux parties précédentes. Un premier chapitre sera consacré au vieil adage « les meubles n'ont pas de suite » ; nous aurons ainsi l'occasion de déterminer dans quelle mesure la doctrine primitive est encore en honneur à l'époque dont nous nous occupons. Dans notre seconde partie, nous assisterons au progrès des idées nouvelles et à la naissance d'actions complètement inconnues aux juristes de l'âge antérieur ; nous étudierons d'une façon spéciale chacune des actions entre lesquelles le propriétaire du meuble a la faculté de choisir, étant supposé bien entendu qu'il n'a pas contracté avec le détenteur actuel.

CHAPITRE PREMIER

DE LA MAXIME « LES MEUBLES N'ONT PAS DE SUITE. »

Comme nous l'avons déjà dit, la très ancienne coutume de Bourges établit formellement qu'à la fin du quinzième siècle les principes traditionnels étaient encore respectés dans certaines parties de la France ; quelques années plus tard, Sébastien Boyer apporte son témoignage dans le même sens et, si on rapproche le commentaire du professeur de Bourges des livres de Guillaume Terrien, de Bessian de Pressac, d'Antoine Favre et de Voet (1), aucun doute ne pourra subsister. Concluons donc que dans plusieurs provinces de notre pays, d'après le droit commun même, si nous en croyons toutes les vraisemblances, le système de procédure présentait encore, au milieu de la Renaissance, la remarquable lacune dont nous avons parlé ; la propriété des meubles paraissait suffisamment garantie par les actions criminelles, d'une part, les actions de prêt et de dépôt, d'autre part ; la revendication mobilière n'était pas en usage dans les *cours laies*.

Si d'ailleurs la vieille règle n'a pas encore disparu, il est cependant vrai de dire que son domaine d'application s'est

(1) Comp. pp. 167 et 169.

notablement rétréci ; au treizième siècle nous signalions seulement quatre coutumes comme accordant dans tous les cas au propriétaire de meuble une action en revendication ; cent ans plus tard le nombre de ces coutumes s'est déjà accru dans de très grandes proportions et le droit municipal de Paris (1) compte parmi ceux qui ont adopté le principe nouveau. La transformation que je viens de signaler est due principalement à l'autorité de plus en plus grande reconnue au Digeste et au Code ; sur ce point le livre de Jean Bouteiller ne peut laisser aucune espèce de doute et, grâce à la Somme rurale, nous avons la bonne fortune de recueillir en quelque sorte de la bouche même des réformateurs les motifs du changement apporté à la législation primitive. « *Tout veu il fut dit que le droit de reivendication sortiroit et tendroit lieu nonobstant coustume du contraire laquelle en ceste partie n'estoit pas tollérable contre le droit escript et la constitution du prince qui a vigneur de loy et par la loy escripte. Quod principi placuit legis habet vigorem... Fait et conseillé par les plus notables advocatz et conseilliers du parlement telz comme maistre Jehan Canart monseigneur des Mares, maistre Jehan Aucier maistre Jehan de Hambancourt et maistre Eustace de la pierre (2)* ».

Si la vieille règle germanique tomba en désuétude dans beaucoup de provinces, grâce à l'influence des idées romai-

(1) Indépendamment des deux passages de Jean Bouteiller cités à la page suivante, il convient encore de signaler en ce sens l'art. 159 des *Coutumes notoires* : « ....et se le dit orfèvre treuve en nature ses dits joyaux, il puet iceux faire arrester et les poursuir comme siens, jusques à ce qu'il soit payé du prix sur lequel il les auroit baillés au premier courratier, et ne pert point la seigneurie en quelque main qu'ils soient, jusques à ce qu'il soit payé dudit prix. Probata cum sequenti anno 1369 die 17 januarii per 24 aurifabros de Parisius in causa Roberti du Val aurifabri actoris et Angelae Malegaille reae ».

(2) *Somme rurale*, tit. XLIII, p. 320. Comparez également le même tit. XLIII, p. 319 : « ...Le dit bourgeois disait du contraire que puis que la scienne chose scavoit, ravoir la devoit ne comme emblée ne lui estoit nécessité de la calenger, *car par droit en luy estoit de la clamer sienne par droit de reivendication puisque sa chose trouveroit estre* ou de la clamer sienne comme emblée et puis qu'il avoit esleu premier le droit de reivendication, a recevoir y faisoit et sa chose devoit ravoir. Tout vu il fut jugé par le prévost de Paris que le bourgeois rauroit sa toille sans paier le principal prest sur ce fait ne usure. » Remarquons-le en outre, des procès comme ceux racontés par Bouteiller étaient de nature à faire comprendre aux praticiens les avantages de l'action réelle sur l'action personnelle.

nes, ce n'est pas à dire cependant que les praticiens se bornèrent à transporter dans notre pays la doctrine consacrée par le code de Justinien, sans lui faire subir aucune modification.

A l'origine on appliqua dans notre hypothèse la théorie coutumière de la saisine d'an et jour; après ce laps de temps le possesseur actuel n'aura plus à redouter les poursuites de l'ancien propriétaire; au treizième siècle, la compilatio de usibus et consuetudinibus Andegavie (1) nous parle de cette prescription d'an et jour et à la fin du siècle suivant nous trouvons la même solution dans le coutumier poitevin connu sous le nom de Livre des Droitz et commandements (2).

Si l'usucapion de trois ans ne tarda pas à s'implanter en Anjou (3), il n'en fut pas de même dans toutes les coutumes qui avaient rejeté l'adage : « Les meubles n'ont pas de suite ». En général, on ne nous parle d'aucune prescription spéciale pour les meubles et l'acquéreur n'est à l'abri des poursuites qu'après l'expiration du délai de 30 ans (4). La loi unique C., liv. VII, t. xxxi ne s'applique pas et c'est là un vestige de la législation précédente.

Signalons encore les deux règles suivantes qui subsistèrent même dans les provinces où la revendication mobilière était en usage et qui contribuèrent à conserver à notre pratique française une certaine originalité. D'une part, les actions possessoires sont inconnues, lorsqu'il s'agit de meubles, et, d'autre part, les créanciers ne sont pas autorisés à suivre les meubles de leur débiteur entre les mains des

(1) N° 35, p. 49.

(2) N° 51, p. 346. Jean Bouteiller voulant sans doute appuyer la coutume sur les textes du droit romain classique nous parle d'une prescription d'un an. *Somme rurale*, tit. XXVII, p. 154.

(3) *Coutume d'Anjou de* 1463, art. 323 (Beautemps-Beaupré, tome III, p. 441). Il est assez remarquable que sous l'influence des idées romaines l'auteur du Grand coutumier de France au quatorzième siècle, liv. II, ch. viii et Masuer au quinzième, tit. XXII, p. 324, adoptent également le principe de l'usucapion de trois ans; cependant la doctrine romaine ne triompha sur ce point ni à Paris ni en Auvergne; comme nous le verrons, au seizième, au dix-septième et au dix-huitième siècles, les meubles se prescrivent par trente ans d'après la coutume de Paris comme d'après la coutume d'Auvergne.

(4) Voyez le chap. i de la quatrième partie, section I.

tiers ; l'acquéreur n'a pas à craindre d'être saisi par les créanciers de son vendeur.

Nous disons d'abord que le tribunal statuera immédiatement sur la propriété de l'objet litigieux ; aucun débat ne sera préalablement engagé sur le point de savoir lequel des deux plaideurs aura l'avantage de conserver la possession à titre intérimaire (1). Cette solution paraîtra toute naturelle si on se souvient des théories que nous avons développées relativement à la marche des idées dans notre matière. Comme à l'origine le propriétaire n'avait à sa disposition qu'une action criminelle, il ne pouvait même pas être question à cette époque d'un recours possessoire. Plus tard, à la vérité, le demandeur s'appuie sur son droit de propriété envisagé en lui-même, qu'il s'agisse de meubles ou d'immeubles ; néan-

(1) *Grand coutumier de France*, l. II, ch. xix, Masuer, tit. XI, n° 16, p. 166 : « Et n'a lieu le cas de nouvelleté pour choses mobiliaires sinon que ce fust en conséquence de quelque immeuble. » *Coutume de la ville et Septène de Bourges*, art. 56 : « Saisine de meuble se perd en un moment. » Cet adage signifie à notre sens qu'il n'y a pas d'actions possessoires en matière mobilière et ne doit pas être interprété comme reproduisant sous une autre forme le brocard : « Les meubles n'ont pas de suite. » Ainsi on ne peut conserver aucune espèce de doute sur l'existence de notre règle qui est d'ailleurs attestée par un nombre considérable de textes appartenant à une époque plus rapprochée de la nôtre. Signalons cependant quelques dérogations à la doctrine généralement admise. Jean Bonteiller nous dit expressément dans sa *Somme rurale*, l. I, t. XXXI, p. 189 : « Se peut asseoir complainte de nouvelleté soit sur chose *mobiliaire*... puisqu'on en auroit possession acquise par temps suffisant. » Claude Liger, n° 1012, p. 369, autorise également le recours à la procédure de l'applégement et du contr'applégement même lorsqu'il s'agit d'un meuble particulier : « Sont nommez applégements et contr'applégements par coustume, parce qu'il est de coustume espéciallement d'Anjou et du Maine quant aucun se dit dessaisi par autre de *sa chose* soit *meuble ou héritaige*... etc. » La coutume angevine de 1463 donne au contraire une solution opposée et repousse nettement les applégements en matière mobilière, art. 389, Beautemps-Beaupré, t. III, p. 500, des applegemens faiz pour meubles « par la coustume, usage et commune observance du pais d'Anjou, on ne se puet appleger par raison d'aucuns biens meubles sinon en succession universelle ; et fut depposée ladicte coustume en l'assise d'Angiers par devant maistre Jehan Breslay licencié en lois, juge ordinaire d'Anjou pour la partie de Jehan Bonvoisin à l'encontre de Robert de Charnacé et fut le dix-huitième jour de juing l'an 1465. » Nous ne pensons pas d'ailleurs que ce jugement de 1465 ait introduit un droit nouveau ; au quatorzième siècle, en effet, les coutumes glosées d'Anjou nous donnent de nombreux exemples d'applégements et de contr'applégements et il n'est jamais question que d'immeubles ou d'universalités de meubles ; le sentiment de Claude Liger semble donc avoir été isolé.

moins la justice continue à garder sous sa main le meuble litigieux pendant les délais de l'instance. Or c'était là une pratique qui diminuait sans aucun doute l'utilité des actions possessoires.

Nous arrivons enfin à la seconde règle signalée par nous c'est-à-dire à la maxime : « Les meubles n'ont pas de suite par hypothèque ». C'est là un brocard célèbre qui a été recueilli dans l'art. 2119 du Code civil et dont il est intéressant de rechercher l'origine.

Les travaux des historiens modernes ont depuis longtemps montré que le droit d'exécuter les biens de leur débiteur et notamment ses immeubles a été reconnu assez tard aux créanciers (1). Lorsque l'usage de l'écriture se répandit et que le pouvoir social eût acquis des forces, les lettres obligatoires revêtues du sceau du roi ou du seigneur eurent pour effet d'attribuer aux créanciers porteurs de ces lettres un droit de gage général sur les biens de leur débiteur (2). Les immeubles ainsi engagés pouvaient être saisis même dans le cas où ils étaient possédés par des tiers acquéreurs ; il

---

(1) Il est intéressant de constater que pendant tout le cours des quatorzième et quinzième siècles, les créanciers sont tenus d'exécuter les meubles avant de saisir les immeubles. Bouteiller, l. II, ch. xiii, p. 768 ; *Livre des droiz et commandements*, n° 248, tome I, p. 406 ; Claude Liger, p. 785. Nous trouvons également la même règle dans le droit coutumier des Kabyles contemporains du Jurjura (Hanoteau et Letourneux, *La Kabylie et les coutumes kabyles*, tome III ; *Procédure civile*, tit. XI, p. 33).

(2) Claude Liger, n° 1097, p. 414 : « Ypothecque est une obligacion générale contenant une convention de gaige sans tradicion promise et accordée de debteur à son créditeur en seurté de la debte. » N° 1101, p. 415 : « Ypothecque est de telle nature selon la coustume dudit pais, que quant le créancier requiert exécution sur son debteur de ce qui lui est deu et qui appert par lectres obligatoires la justice doit tenir en main de court des biens de l'obligé jusques à la valleur de la debte... » Cette conception de l'hypothèque se sépare nettement, comme on le voit, de la conception romaine. Notons que d'après le droit angevin le débiteur n'est pas autorisé à constituer une hypothèque spéciale sur quelques-uns de ses biens et que le droit de gage général, dont nous venons de parler, procure aux créanciers pourvus de lettres obligatoires un droit de préférence suivant l'ordre des dates (Claude Liger, n° 1095, p. 413). Bouteiller donne de l'hypothèque la définition suivante qui ne se confond pas avec celle de Claude Liger, *Somme rurale*, l. I, tit. XXV, p. 137 : « Obligation d'hypothèque est quand aucun oblige par forme d'hypothèque tous ses biens meubles et par espécial héritages pour l'accomplissement d'aucuns contracts ou conventions où il se lie. » Même étant donnée la doctrine de Bouteiller, l'hypothèque, comme on le voit, frappe nécessairement tous les meubles.

n'en était pas de même des meubles en vertu de l'adage :
« Les meubles n'ont pas de suite ».

Nul ne saurait s'étonner que cette différence entre les
deux grandes catégories de biens ait continué à être admise, même après la naissance de l'action en revendication
des meubles. Permettre aux créanciers d'inquiéter les tiers
acquéreurs des meubles de leur débiteur, c'eût été évidemment rendre ces derniers indisponibles entre les mains de
leur propriétaire, et dès le quatorzième siècle le commerce
était déjà assez actif, pour qu'il fût impossible de l'entraver
de cette façon. Ce fut donc pour répondre aux besoins d'une
société en progrès que l'on conserva dans une hypothèse
spéciale la vieille pratique germanique (1).

En résumé, nous croyons trouver l'origine de la règle
formulée par l'art. 2119 du Code civil dans ce fait que, d'après le droit du moyen âge comme d'après la législation
coutumière, les actes authentiques entraînent de plein droit
hypothèque générale sur les biens du débiteur.

Si on admet comme exact le mouvement d'idées que nous
venons de signaler, on ne sera pas surpris de constater que
la plupart des praticiens de notre époque reproduisent notre
adage dans sa forme primitive, et se bornent à en restreindre la portée par leurs commentaires. « Les meubles
n'ont pas de suite », nous disent-ils (2). Ajoutons que l'action hypothécaire étant inconnue dans notre hypothèse, les
tiers acquéreurs sont à l'abri des poursuites des créanciers,
sans qu'il y ait lieu d'examiner s'ils sont oui ou non de
bonne foi.

A ces deux points de vue, la jurisprudence du Parlement
de Paris occupe dès le quatorzième siècle une place à part.

(1) Jean Bouteiller, l. I, tit. XXV, p. 136 : « Si scachez que obligation
sur biens meubles ne contrainct ne lie l'obligé que s'il demeure en la possession de ses biens, sans que ce soit par l'auctorité de loy et par inventaire sur ce faite. » Claude Liger, n° 1093 et n° 1116, pp. 413 et 415. *Coutumes d'Anjou de* 1463, art. 324 (Beautemps-Beaupré, tome III, p. 442);
Masuer, tit. XXX, n° 13, p. 421, art. 7 des *Privilèges et coustumes des foires,*
texte reproduit par Pierre Pithou dans son *Commentaire de la coutume de
Troyes* (1609) comment. de l'art. 72, p. 157.

(2) Voyez en ce sens tous les textes cités à la note 3 de la page précédente. Notons cependant que Bouteiller n'emploie aucune espèce de formule.

Les Coutumes notoires (1) ajoutent déjà à l'ancien brocard
les mots « par hypothèque » comme le feront deux cents ans
plus tard les rédacteurs de toutes nos coutumes. Mettant à
profit les idées romaines en matière d'action Paulienne, les
magistrats parisiens exigeaient en outre que le tiers acquéreur fût de bonne foi (2). Si en traitant avec le débiteur le
possesseur actuel du meuble s'est consciemment associé à
un acte frauduleux, les créanciers seront autorisés à saisir
les objets vendus, comme s'ils étaient encore entre les
mains de leur ancien propriétaire.

Ayant ainsi accompli la première partie de notre tâche,
demandons-nous quelles sont les actions entre lesquelles
peut choisir le propriétaire du meuble dans les coutumes
qui n'ont pas conservé la doctrine germanique dans sa
pureté primitive.

CHAPITRE II

ACTIONS QUI APPARTIENNENT AUX PROPRIÉTAIRES DES MEUBLES

En raison de la conception du vol, qui prévaut à notre
époque, la victime du délit sera dans tous les cas autorisée à
prendre la voie criminelle. La procédure variera du reste
suivant que le meuble aura ou non été retrouvé. Dans cette
dernière hypothèse, le poursuivant aura recours à l'accusation, ou bien au contraire, préférera la simple dénonciation.
Tandis que l'accusation expose le demandeur à subir, en
cas d'échec, la peine du talion, le dénonciateur est seulement condamné à l'amende s'il ne peut prouver la vérité
de son dire, et cette amende même il pourra l'éviter en se
désistant de sa plainte et en affirmant sa bonne foi avec
serment (3).

(1) Art. 23. Notons au contraire que Jean des Mares, art. 165, nous dit
simplement : « Les meubles n'ont pas de suite », imitant en cela tous les praticiens de notre époque à l'exception du rédacteur des *Coutumes no-*
toires.
(2) *Coutumes notoires*, art. 23 ; Jean des Mares, art. 165.
(3) *Coutume d'Anjou de* 1411, n° 106 (Beautemps-Beaupré, tome I, p. 441)

Si nous supposons en sens inverse que l'objet dérobé ait été découvert entre les mains de quelqu'un (1), le propriétaire formera la demande de chose emblée.

A côté des actions criminelles que nous venons d'énumérer, le progrès des idées et des mœurs amena successivement la naissance de plusieurs actions civiles ; il convient de montrer comment s'accomplit, à notre sens, la réforme à laquelle nous venons de faire allusion.

Tandis que, pendant la période précédente, l'action de chose adirée figure seulement dans quelques textes, il n'en est plus de même au contraire à notre époque. La pratique générale de la France autorise la victime du vol à réclamer seulement la restitution de l'objet volé en concentrant le débat sur la question de propriété (2), sauf au procureur du

« En jurant qu'il cuidoit avoir bon droit de faire ledit dénonciement et qu'il ne se délaisse que par deffault de preuve, et paiera l'amende de la loy. Mais s'il procede tant qu'il descende en enqueste et face production de tesmoings ou il se delaisse cheoir en terme la cause tenant, se il se délaisse depuis il fera amende de XXX sous en Anjou ; et en celui cas on ne prendra point ledit serment. »

(1) Relativement à la perquisition domiciliaire, les textes de notre époque consacrent des solutions différentes. *a* Dans certaines coutumes, le propriétaire conserve encore la faculté d'entrer de force dans la maison d'un particulier, à la seule condition d'être accompagné d'un sergent. Au dix-huitième siècle, Valin fait allusion à cet usage tout en constatant qu'il a disparu. *Commentaire sur la coutume de la Rochelle et du pays d'Aunis.* La Rochelle, 1756. *Comment. sur l'art.* 20 (tome I, p 475). « On avait donc droit sans autre autorité que celle du sergent dont on était accompagné, d'entrer chez celui à qui l'on imputait la soustraction du meuble et l'on pouvait impunément jeter des regards curieux sur ce qui était dans la maison. Cela n'était donc pas une pratique à conserver. » *b* Dans la *Coutume de Labejean* (1313) p. 53, la victime du vol peut requérir les consuls d'avoir à fouiller telle ou telle maison ; le bailli du seigneur assistera aux recherches. *c.* Enfin déjà au commencement du quatorzième siècle, Jacobi insiste avec beaucoup de force sur les inconvénients de la perquisition domiciliaire ; d'après lui, le juge ne doit l'autoriser que si des soupçons graves pèsent sur le maître de la maison. En principe, la victime du vol sera réduite à l'action ad exhibendum (*Aurea Practica libellorum,* Rubr. 93 *De actione furti nec manifesti,* n° 6, p. 373). Un peu plus tard, Gérard de Montfaucon (2e partie, ch. x, n. 10, p. 789) nous parle également de l'action ad exhibendum. Si le défendeur nie la possession « le juge peut par son office interroger par serment le dict ajourné. »

(2) *Coutumes glosées d'Anjou et du Maine,* n. 21 et glose (Beautemps-Beaupré, tome I, p. 208 et 210) ; *Registre criminel de la justice de Saint-Martin des Champs,* p. 11 ; *Très ancienne coutume de Bretagne,* ch. cix : « et en cognoistroit le juge seculier quant à faire et restablir la chose. » La *Très ancienne coutume de Bretagne* semble connaître à la fois l'action de

roi à entamer d'office une instruction criminelle. Comme
d'autre part la notion du vol s'était élargie, on arriva à
mettre dans tous les cas une action civile à la disposition
du propriétaire de meubles. C'est à cette action civile que
se rattache, à mon sens, la revendication mobilière du nord
de la France (1), et notamment la « rentrerie » dont nous
parle un commentateur de la coutume de Reims, Gérard
de Montfaucon (2).

Dans les provinces du centre, de l'ouest et du sud-ouest,
la réforme du droit antérieur suivit une direction un peu
différente ; dès le treizième siècle, nos sources françaises
nous parlent relativement aux immeubles de l'applégement
et du contre-applégement (3) ; dans cette procédure le débat
porte exclusivement sur le fait de la possession ; le demandeur se plaint d'avoir été dessaisi de l'immeuble depuis une
période de temps inférieure à l'an et jour, et il fait agréer
par la justice une caution, un « plège » pour nous servir de
la langue du moyen âge ; cette caution garantira l'obligation
imposée au plaideur d'être et fournir à droit. En sens
inverse, le possesseur actuel réclame de son côté la sai-

chose adirée et la procédure d'adveu et de contr'adveu (Comp. ch. LIII,
CXIX et CXX). Notons en outre que le ch. CXX nous indique un nouvel avantage de l'action de chose adirée ; grâce à cette action le demandeur ne
court pas risque d'être condamné à l'amende en cas d'échec et, de plus il
saisira les tribunaux séculiers même si un clerc possède actuellement le
meuble volé, sauf ensuite à l'officialité à poursuivre le prêtre au criminel.

(1) Le passage suivant de Jean Bouteiller ne peut, croyons-nous, laisser
aucune espèce de doute sur l'exactitude de la doctrine que nous dévelop-
pons au texte ; l'action en revendication de la *Somme rurale* tient le milieu entre l'action de chose adirée et la véritable revendication mobilière.
L. I, tit. XXVII, p. 154 : « Action de reivendication... quant aucuns dé-
tiennent la chose d'autruy sans et oultre le gré de celluy à qui elle est :
pour la ravoir peut-on intenter action de reivendication. *Car souvent on
ne veult pas clamer la chose comme emblée,* pour cause de crime qui s'en
pourroit ensuivir ; *toutesfois est-ce une même substance ;* mais la reivendication est plus gracieuse et ne amaine crime si la rigueur du juge ne voit
que larrecin par furt si soit embatu. »

(2) Ce commentateur de la *Coutume de Reims* vivait au quinzième siècle. Le passage auquel nous faisons allusion est emprunté à son second
commentaire sur la *Coutume de Reims,* Ire partie, ch. x (Varin, *Archives
législatives de la ville de Reims,* tome I, p. 789). Des reivendications et
rentreries de biens meubles : « L'action de reivendication de leurs biens
meubles que l'on nomme vulgairement à Reims et à l'environ rentreries,
se peut intenter et mouvoir par un chacun soy disant propriétaire d'aucune
pièce de meubles, etc... »

(3) Sur la procédure de l'applégement et du contre-applégement, voyez

sine, l'*avoue*, comme le dit un de nos textes ; sa situation ne ressemble pas à celle qui est faite au défendeur dans la pratique contemporaine, et il doit lui aussi présenter une caution ; c'est le contre-applégement. Pendant les débats, l'immeuble litigieux sera mis sous la main de justice et ce séquestre provisoire rendu indispensable par les mœurs du moyen âge explique à son tour la forme même de la procédure.

Lorsque l'étude des lois romaines conduisit les praticiens du quatorzième siècle à garantir d'une façon plus complète la propriété des meubles, la procédure de l'applégement et du contre-applégement leur fournit un modèle qu'ils s'empressèrent d'imiter ; on imagina l'adveu et le contre-adveu.

L'action à laquelle nous venons de faire allusion fut dès l'origine une action en revendication ; rien ne prouve qu'elle eut le caractère d'action possessoire ; au contraire les textes montrent toujours le propriétaire avouant la chose elle-même et non pas seulement la saisine (1) ; c'est seulement au seizième siècle que certains auteurs donnent à notre voie de recours le nom de moyen possessoire, tout en reconnaissant que le jugement tranche en même temps la question de propriété. Le désir de retrouver dans la législation coutumière la symétrie du droit romain et de découvrir dans nos usages nationaux quelque chose d'analogue à l'*interdictum utrubi*, telle est, selon nous, la véritable base de cette doctrine qui est notamment celle d'Imbert (2).

La théorie de l'adveu et du contre-adveu ressemble d'ailleurs dans ses grandes lignes à celle de l'action en revendication ou rentrerie ; c'est ainsi qu'à Reims comme en Poitou, le meuble litigieux est saisi par un sergent sur la requête du propriétaire et reste pendant l'instance sous la garde du tribunal. Notons cependant que dans le nord de la France nous ne trouvons rien de semblable à une revendication

principalement les *Coutumes glosées d'Anjou*, nᵒˢ 67 et suiv., pp. 267 et suiv.

(1) L'étymologie du mot *aveu* vient compléter notre démonstration ; comme nous l'établissons en effet à la p. 198, ce terme signifie réclamation, revendication.

(2) *Institutiones forenses*, liv. I, ch. xvii, de réintegrande et adveuz, p. 100. Comparez également le passage suivant de Délalande, *Coutume*

formulée par le défendeur; le contre-adveu est inconnu. Ajoutons que si l'advouant donne caution, il n'en est pas de même du demandeur dans les coutumes analogues à celle de Reims.

Cette dernière observation nous conduit par une pente naturelle à dire un mot de la dernière action civile, dont nous ayons à nous occuper. En Anjou, en Poitou et probablement dans d'autres provinces, le propriétaire a la faculté de choisir entre l'adveu et la demande simple. Tandis que la procédure de l'adveu empêche la disparition du meuble, le particulier qui intente la demande simple n'est pas tenu de fournir caution; et c'est ce dernier avantage qui explique l'existence de notre moyen de recours.

Nous nous occuperons successivement de la demande de chose emblée, de la revendication mobilière, de la procédure d'adveu et de contre-adveu et enfin de la demande simple.

A. *Demande de chose emblée.*

La procédure que nous avons longuement décrite aux p. 112 et suiv. continua à être en usage pendant tout le cours du quatorzième siècle. Le n. 109 du Livre des Droiz et commandemens reproduit le ch. 91 du L. I des Établissements de saint Louis, le Registre criminel de la justice de Saint-Martin des Champs nous parle encore, comme nous l'avons dit, de l'antique formalité du dépôt des quatre deniers et enfin Jean Bouteiller fait de fréquentes allusions à notre action qu'il nomme action de furtive (1).

d'Orléans, note sur art. 454, tome II, p. 325 : « Aveu, en termes de partique et droit français, est ce qui s'appelle chez les jurisconsultes *vindicatio rei mobilis*, ou, comme veulent quelques-uns, c'est une action qui ressemble à l'interdit *utrubi*. »

(1) *Somme rurale*, liv. I, tit. XXVII, p. 158 : « Action de furtive... quant aucun achète chose emblée, il luy convient rendre la chose sans qu'il rait le pris que achete la mais la pert par cette action. » Comparez aussi le passage suivant du même coutumier, liv. I, tit. XXXV, p. 244 et 245 : « ...saches que celuy en qui main elle seroit trouvée auroit mestier de trouver son garand ou autrement le juge ne le lairroit pas paisible de larrecin. » Ainsi, lorsque le propriétaire de la chose « la calenge emblée » pour employer les expressions de Bouteiller, l'action est criminelle et la charge de la preuve incombe au défendeur, sans que son adversaire soit même tenu de rendre sa prétention vraisemblable.

Au quinzième siècle, au contraire, il n'y a plus concordance parfaite entre toutes les règles dont l'ensemble forme notre théorie. Bien qu'une accusation de vol soit implicitement contenue dans la formule prononcée par le propriétaire et que le possesseur actuel encoure la peine réservée aux voleurs s'il ne parvient pas à se justifier (1), l'idée primitive s'est déjà obscurcie. Nous sommes contraints de signaler l'existence d'un élément civil à côté de l'élément criminel, loin de pouvoir ramener toutes les solutions de détail à cette notion fondamentale à savoir que le poursuivant tire vengeance de l'injure par lui reçue.

Aussi devons-nous énumérer les innovations suivantes qui mettent en pleine lumière l'esprit dans lequel est conçue la législation coutumière du quinzième siècle.

a. — Si l'objet prêté est volé chez l'emprunteur, la demande de chose emblée sera intentée par le propriétaire, pourvu que le commodataire ne soit pas en faute (2).

b. — Dans le droit angevin la procédure de l'adveu et du contre-adveu fut utilisée en matière criminelle (3). On ne considérait plus comme possible de permettre au poursuivant de saisir extrajudiciairement l'objet volé et de conduire lui-même le possesseur actuel devant le tribunal ; dès lors il était naturel que le sergent chargé d'arrêter le meuble litigieux agît suivant les formes consacrées par la coutume poitevine dans l'hypothèse où le propriétaire réclame seulement la restitution de son bien.

c. — L'enquête a remplacé le duel judiciaire qui n'avait pas encore disparu au quatorzième siècle (4).

d. — En se désistant avant le commencement de l'enquête le poursuivant a le moyen de ne pas payer l'amende

(1) *Coutume d'Anjou de* 1463, § 98 (Beautemps-Beaupré, tome III, p. 260) : « ...Et sy le deffendeur ne peut monstrer excusation par garand de celuy qui la luy a baillée ou autre deffence il demeure crimineux et sera pugny selon la nature du cas. » Voyez dans le même sens la *Coutume d'Anjou de* 1411, § 79 (Beautemps-Beaupré, t. I, p. 432).

(2) Claude Liger, n. 1280, p. 476.

(3) *Coutume d'Anjou de* 1411, § 79 ; *Coutume d'Anjou de* 1463, § 98 : « S'aucun est trouvé saisy d'aucun meuble et autre l'adveüe sur luy.... »

(4) Claude Liger, n. 802, p. 289. Si on rapproche ce passage du ch. XII du liv. I des *Établissements de saint Louis* et du n. 109 du *Livre des droiz et commandemens*, on constate que toutes les dispositions relatives au combat judiciaire ont été supprimées.

de soixante sous ; il doit cependant jurer qu'il se désiste seulement par faute de preuves (1).

B. *Revendication mobilière ou rentrerie.*

La revendication mobilière de notre époque se rattache encore par les liens les plus étroits à l'action de chose adirée et à la demande de chose emblée. C'est ainsi que le tribunal compétent pour statuer sur la question de propriété est celui dans la juridiction duquel le meuble a été découvert (2). C'est ainsi que des précautions sont prises contre la mauvaise foi du possesseur actuel et que ce dernier est dans une certaine mesure considéré comme suspect. Cette observation domine tout notre sujet ; elle ne doit pas cependant nous faire oublier que nous avons à nous occuper d'une véritable action en revendication dans le sens romain du mot.

Après ces considérations préliminaires, entrons plus profondément dans notre sujet. La procédure débute par une saisie de l'objet litigieux (3) ; cette saisie est opérée par un sergent, sur la requête du demandeur, sans que l'autorisation du tribunal soit nécessaire. La chose est enlevée réellement et de fait au détenteur et placée sous la main de justice ; un tiers présentant des garanties spéciales peut être constitué séquestre (4), peut être nommé gardien de la saisie comme nous dirions aujourd'hui.

Au moment même où il accomplit sa mission, le sergent doit en outre, d'après le Grand coutumier de

(1) *Coutume d'Anjou de 1411*, n. 79 (Beautemps-Beaupré, tome I, p. 432).

(2) Gérard de Montfaucon, l. I, ch. x (Varin, *Archives législatives de Reims*, tome I, p. 789) ; *Grand coutumier de France*, l. II, ch. xvi, p. 225.

(3) *Grand coutumier de France*, loc. cit., et l. III, ch. liii, p. 532. Ce dernier texte contient un modèle d'exploit en matière de revendication mobilière et mérite à ce titre d'être examiné avec soin : « ...que ung sac de toile, lequel a esté trouvé en la puissance dudict et lequel par certain sergent du roy nostre sire à la requeste dudit a esté mis en la main du roy nostre dict seigneur comme en main de justice... » Voyez aussi Gérard de Montfaucon, même passage qu'à la note précédente.

(4) Gérard de Montfaucon, Ire partie, ch. x, n. 2, p. 789 : « ... Et par ung sergent ou officier d'icelle justice qui icelle chose mectera en garde et dépost en lieu seur es termes d'icelle justice jusqu'à ce que par le juge soit ordonné. »

France, donner assignation au défendeur d'avoir à comparaître devant la juridiction compétente dans un délai déterminé. A Reims, si nous en croyons Gérard de Montfaucon, le possesseur est tenu de prendre l'initiative et de signifier à son adversaire une opposition à la saisie; ce dernier lancera ensuite son ajournement.

Si à l'époque fixée les deux parties se présentent devant la Cour, cette dernière sera autorisée à confier au saisi la garde du meuble revendiqué. Lorsque cette hypothèse se réalise, le défendeur est toujours contraint de fournir caution en vertu de la coutume de Reims; d'après le Grand coutumier de France, le tribunal peut le dispenser de cette obligation en raison de sa solvabilité.

La question de la possession intérimaire étant ainsi réglée, le poursuivant dépose ses conclusions, qui méritent d'être analysées avec soin. Si on rapproche l'un de l'autre le ch. cxxxi du Livre de Jean d'Ibelin, d'une part, et le ch. liii du L. III du Grand coutumier de France, d'autre part, on mesurera aisément le chemin parcouru en moins d'un siècle. Les Assises de la Haute Cour reproduisent une formule que nous avons trouvée également dans les textes lombards et dans les lois hindoues; le demandeur affirme qu'il a possédé la chose et qu'elle lui a été enlevée contre son gré. Au contraire, le Grand coutumier de France nous montre le plaideur exposant ses titres de propriété, établissant qu'il a acquis régulièrement le meuble dont il s'agit (1).

(1) « Et primo que en tel temps *il acheta de tel ledict sac* et depuis en a jouy et usé et possessé paisiblement et publiquement sans contredict au veu et sceu, etc... Et sans ce que depuis icellui temps il feist ou ait faict chose quelconque par quoy il en deust perdre la possession et saisine. » Masuer, tit. X, p. 154 : « Les moyens par lesquels quelqu'un peut vérifier être propriétaire de la chose contentieuse. » La formule de la revendication mobilière, que nous trouvons dans la *Somme rurale* de Jean Bouteiller, l. I, t. XLIII, p. 320, ne fait pas au contraire mention des causes d'acquisition. « Ne oncques n'avoit fait chose pourquoy sienne ne fust, dont par droit de reivendication ravoir la devoit. » C'est à peu de chose près la formule même de l'action de chose adirée; cependant, grâce aux explications de Bouteiller dans ce même t. XLIII du l. I et dans d'autres passages de la *Somme rurale*, il est certain que cet auteur ne confondait pas l'action dont il s'agit avec l'ancienne action de chose adirée. « Le bourgeois disoit du contraire et que par le droit de reivendication puis que sa chose trouvoit ravoir la devoit franchement. »

Arrivant au système de preuve, nous nous bornerons à constater que le poursuivant est tenu de justifier ses allégations (1) et que la théorie de la garantie conservée dans son ensemble a cependant été modifiée à trois points de vue. Le *Stylus Parliamenti* (2) de Guillaume du Breuil, nous fournit d'abord un curieux exemple des procédés employés au quatorzième siècle pour atténuer la rigueur du formalisme primitif. En sollicitant de la Cour un « jour de garant », le défendeur devra faire protestation expresse de soutenir le débat au fond, si son auteur n'obéissait pas à la citation ou refusait de reconnaître son obligation. A défaut de réserve formelle le droit antérieur serait appliqué (3). Ajoutons qu'au quinzième siècle la coutume de Reims semble autoriser d'une façon indéfinie l'appel en cause des auteurs successifs (4). Là où la coutume antérieure édictait des règles précises et impératives, le droit du quinzième siècle s'en remet à la Cour du soin de réprimer la fraude, et cette latitude de plus en plus grande accordée aux juges révèle un notable progrès dans les esprits. La réforme dont nous venons de parler paraît d'ailleurs inconnue aux monuments du quatorzième siècle (5) et il ne semble même pas que la doctrine de Gérard de Montfaucon fût conforme au droit commun de son époque (6). En

(1) Bouteiller, l. I, tit. XLIII, p. 319 : « il offroit à mestre en voir qu'elle estoit sienne. » Masuer, tit. X, n. 16, p. 154.

(2) Chap. xii, § 2, *De dilatione garendi* , « ..Sed caveat reus quod dum primam dilationem pro garendo petit, protestationem faciat de defendendo causam vel garendisator nollet comparere vel si compareret nollet tamen in se causam suscipere vel defendere. » Voyez dans le même sens Gérard de Montfaucon, IIe partie, ch. vii, n. 8, p. 778.

(3) Si l'auteur cité devant le tribunal refuse de reconnaître son obligation de garantie, le possesseur doit immédiatement faire réserve expresse de lui demander plus tard la restitution du prix et des dommages-intérêts. *Stylus Curiae Parlamenti*, ch. xii, *De dilatione garendi*, § 22. Gérard de Montfaucon, IIe partie, ch. vii, n. 11.

(4) Gérard de Montfaucon, IIe partie, ch. vii, n. 14. Dans le même sens, Masuer, tit. II, n. 19, p. 40.

(5) Bouteiller, liv. I, tit. XXXIII, p. 215, reproduit encore la doctrine primitive en vertu de laquelle on ne peut avoir recours plus de trois fois à l'exception de garantie ; le nombre des garants appelés successivement en cause ne peut être supérieur à trois.

(6) Claude Liger, n. 802, p. 769, restant fidèle au droit traditionnel de l'Anjou, enseigne au quinzième siècle que le nombre des auteurs appelés en garantie ne peut pas dépasser sept ; et dans la première moitié du siècle

troisième lieu, plusieurs auteurs du quinzième siècle repoussent certaines conséquences de la vieille règle germanique en vertu de laquelle le défendeur primitif est complètement mis hors de cause lorsque son auteur reconnaît son obligation de garantie (1).

Notons enfin, en terminant, qu'aucun texte ne nous parle d'une amende spéciale qui frapperait le revendiquant, en cas d'échec.

C. *Procédure d'adveu et de contre-adveu.*

Lorsque le mot aveu est employé par des textes relatifs à notre sujet, il doit être entendu dans le sens de revendication; avouer une chose, c'est la réclamer. Cette signification spéciale de notre terme paraît d'abord fort éloignée de s a signification ordinaire, mais l'étonnement cesse bientôt si on adopte les idées de M. Diez relativement à l'étymologie du verbe « avouer » (2). Cet écrivain rattache, en effet, avouer au vocable *advocare* et non pas à *a* et à *vouer* (3), dès lors avouer devait nécessairement exprimer l'idée de tirer à soi, de revendiquer.

suivant, François Mingon examine le point de savoir si oui ou non la coutume ancienne doit être observée à cet égard (*Commentaria in consuetudines ducatus Andegavensis*, 1530, comment. sur art. 146, fol. 61). Mingon nous apprend que le Style en usage dans les tribunaux angevins consacrait formellement la vieille pratique; il se demande seulement si la coutume de 1508 n'a pas abrogé cette disposition du Style.

(1) Je fais allusion aux deux innovations suivantes. D'une part déjà au quatorzième siècle le *Stylus Curiae parlamenti* permet au défendeur originaire d'assister aux débats après sa mise hors de cause et de présenter des moyens de défense, afin de sauvegarder son droit sur le meuble (*Stylus Curiae parlamenti*, pars I, ch. xii, *De dilatione garendi*, § 6, p. 419); au quinzième siècle, Masuer, tit. II, n. 18, p. 40, donne la même solution, et permet même à l'acheteur de former appel de la décision rendue contre le vendeur (tit. XXXV, n. 33, p. 579). En sens inverse, Gérard de Montfaucon, IIe partie, ch. xii, n. 13, p. 779, autorise le revendiquant à se réserver au moyen d'une protestation expresse le droit d'exiger du défendeur primitif le payement de ses dommages-intérêts si l'auteur appelé en garantie est insolvable.

(2) *Etymologisches Wörterbuch der romanischen Sprachen* (au mot *Avouer*, tome II, p. 213).

(3) En sens contraire, M. Littré, *Dictionnaire de la langue française* aux mots *Aveu* et *Avouer*. M. Littré cite d'ailleurs plusieurs exemples empruntés à notre littérature du seizième et du dix-septième siècle et qui tendent à prouver que dans la langue courante notre mot a conservé fort

La procédure d'adveu et de contre-adveu diffère seulement par des nuances peu importantes de la procédure de revendication mobilière ou rentrerie (1) et ces différences de détail se ramènent toutes à ce fait que la revendication mobilière a son origine immédiate dans l'action de chose adirée et qu'il n'en est pas de même de l'adveu. Comme nous l'avons déjà dit, la procédure dont nous nous occupons a été imitée de l'applègement.

Le propriétaire du meuble litigieux forme son aveu devant un sergent et fournit caution d'être et fournir à droit. Le sergent saisit l'objet ligitieux (2), notifie l'aveu au possesseur et le somme de comparaître devant le tribunal dans un délai de huitaine pour se contr'avouer ou pour voir délivrer la possession à son adversaire à défaut de contr'aveu (3).

Lorsque le détenteur veut soutenir le procès il doit se présenter dans le délai de huitaine, se prétendre expressément propriétaire de l'objet et former en réponse aux allégations de son adversaire une revendication du même meuble, c'est le contr'aveu. A La Rochelle (4) le contr'aveu devait être lui-même applègé, et il existait une analogie

tard une signification très voisine de la nôtre. Amyot, *Agésilas*, 3 : « Leotychides sut si bien faire que Agis, en présence des tesmoings, déclara qu'il l'advouoit pour son fils. » *Horace*, IV, 16. *Bérénice*, IV, 4.

(1) Il est certain que dans plusieurs pays, et notamment dans le Poitou, le propriétaire de meubles a toujours le droit de recourir à l'aveu. En était-il de même en Anjou, à La Rochelle, en Saintonge, ou au contraire notre procédure s'appliquait-elle exclusivement aux objets volés, sauf à intenter la demande simple dans les autres hypothèses ? Cette dernière solution est incontestable relativement au droit angevin (Coutume de 1463, § 98, p. 260 ; Coutume de 1508, art. 146); Huet (*Coutume de La Rochelle*, 1688, note sur art. 20, p. 178) interprète de cette façon l'art. 20 de la *Coutume de La Rochelle*, qui est conçu cependant d'une façon très large. Dans le, même sens, voyez Valin, *Coutume de La Rochelle*, 1756, note sur art. 20 (tome I, p. 475) ; comparez également Jean Vigié, *Coustumes d'Angoumois et de La Rochelle*, 1650, p. 461.

(2) Si d'après le droit commun, l'autorisation de justice n'est ancunement requise, il n'en est pas de même au contraire d'après le *Livre des droiz et commandemens*, n. 776, tome II, p. 205. Ce coutumier rend compte des opinions entre lesquelles se partageaient les praticiens poitevins du quatorzième siècle. L'auteur laisse en définitive toute latitude au tribunal d'ordonner ou non le séquestre, suivant les circonstances.

(3) Comp. *Coutume de La Rochelle*, art. 20.

(4) Art. 20. Huet., *Coutume de La Rochelle* (1688), commentaire sur l'art. 20, p. 178.

complète entre notre procédure et celle qui lui avait servi de modèle, en Poitou au contraire, aucune obligation de ce genre n'était imposée au défendeur (1).

Après le contr'aveu, la Cour ordonnera de rendre le meuble au détenteur, à la condition que ce dernier fournira caution.

Cette question préliminaire étant ainsi réglée, le débat sera jugé conformément aux principes que nous avons exposés à propos de la revendication mobilière proprement dite.

D. *Demande simple* (2).

La demande simple existe seulement dans les coutumes où la procédure d'aveu et de contr'aveu est en usage. Nommée aussi revendication mobilière (3) par quelques-uns, notre action a dû sa naissance à l'influence des idées romaines ; il convient cependant de remarquer qu'en matière immobilière, le propriétaire n'était pas tenu de recourir à l'applègement et au contr'applègement ; en restreignant le débat à la question de propriété, il lui était loisible d'agir par demande simple ; il était dès lors naturel d'accorder la même faculté aux propriétaires de meubles.

Si nous comparons la procédure de la demande simple à

(1) *Très ancienne coutume du Poitou* citée par Ducange, Gloss. au mot adventum. Poitou, 385. Tours, 370. Bayonne, tit. XIV, art. 1, etc. Si on se rappelle l'origine de notre procédure, on ne sera pas étonné de la ressemblance entre l'adveu et le contr'adveu d'une part, la « vindicatio » et la « contra vindicatio » d'autre part ; cette analogie était déjà signalée au seizième siècle par Imbert (*Institut. for.*, l. I, ch. XVII, p. 100). En effet, le contr'applègeant devait nécessairement « advouer la saisine », comme nous dit un texte, se prétendre en possession.

(2) Claude Liger, n. 398 et 400, p. 157 ; Imbert, *Institutiones forenses*, l. I, ch. XVII, p. 100.

(3) *Livre des droiz et commandemens*, n. 131, t. I, p. 372 : « De chose menblau faire action real. De demande de chose meubleau faire action real puet l'en bien en aucun cas, si comme l'en diroit tel meuble est miens et si me appartient par l'eschoete ou par la succession d'autruy qu'il nommera, et en moult d'autres manières en icelle matière de rei vindicatione. » Claude Liger, n. 397 : « Rei vendicacion est action réelle appartenant au seigneur d'aucune chose corporelle contre le pocesseur d'icelle pour le recouvrer et ravoir. » N. 398, p. 157 : « ....il peut icelle demander au pocesseur davant juge compectant *par rei vendicacion hoc est par simple demande* et action petitoire. Et doit en son propoux dire les tiltres et moyens comment icelle chose lui appartient. »

celle de l'aveu, nous arriverons à ce résultat à savoir que le poursuivant n'est pas tenu de fournir caution ; en revanche le meuble n'est pas mis sous la main de justice (1), et le défendeur restant en possession, son adversaire court le risque de voir disparaître son bien.

Après avoir ainsi mis en lumière le remarquable mouvement d'idées qui s'est opéré en France pendant le cours du quatorzième et du quinzième siècle, abordons l'étude de l'époque connue sous le nom d'époque coutumière. En analysant les sources et les auteurs appartenant aux seizième, dix-septième et dix-huitième siècles, nous aurons l'occasion de montrer la doctrine française s'éloignant de plus en plus de son point de départ jusqu'au moment où pour des motifs absolument étrangers aux rédacteurs des lois barbares et aux praticiens du moyen âge, la jurisprudence du Châtelet de Paris repousse de nouveau la solution du droit romain.

(1) Claude Liger, n. 400, p. 157 : « Mais celui qui est en pocession de la dicte chose dont le plait pend en simple demande sur le petitoire doit demourez saisi jusques ad ce que sentence soit donnée et rendue contre lui. »

QUATRIÈME PÉRIODE

Époque coutumiére proprement dite. XVIᵉ, XVIIᵉ et XVIIIᵉ siècles.

Déjà formé au commencement de notre période, le droit coutumier subit encore des modifications assez importantes, grâce au travail persévérant de la jurisprudence et de la doctrine. Désireux de donner satisfaction aux besoins nouveaux nos praticiens et nos magistrats interprétèrent d'une façon très large les vieilles coutumes transformées en lois par suite de leur rédaction officielle ; mettant à profit la multiplicité de ces codes et le nombre relativement minime de leurs articles, ils arrivèrent à réaliser de véritables progrès. La théorie de la revendication mobilière va nous fournir l'occasion de constater la tendance que nous signalons chez les jurisconsultes français des dix-septième et dix-huitième siècles. Comme nous l'avons en effet annoncé dans l'introduction même de ce livre, le triomphe du droit romain fut de courte durée. Si la tentative faite au dix-septième siècle par le parlement de Paris n'eut pas une heureuse fortune, le besoin de réforme s'accentua quelques années plus tard ; pour atteindre le but, plusieurs méthodes furent proposées et l'une d'elles obtint les suffrages du Châtelet de Paris.

Concluons donc qu'un remarquable mouvement d'idées s'accomplit au cours des trois siècles dont nous abordons l'étude. Ce serait cependant une erreur de croire que le droit Coutumier proprement dit ait complètement rompu avec la tradition et que les conceptions primitives n'aient pas laissé de traces chez les écrivains immédiatement antérieurs à la rédaction du Code civil. Au milieu de dispositions relativement modernes, nous rencontrons des usages qui nous reportent au temps de la loi Salique. Il est même très intéressant de remarquer à quel point ces vieilles institutions sont détournées de leur sens originaire et quel est l'étonnement de certains auteurs en présence de ces véritables épaves. C'est ainsi que sous les règnes de Louis XV et de Louis XVI l'antique clameur de haro sert en Normandie à augmenter les honoraires des sergents et à tourner la loi sur la contrainte par corps (1). Daniel Jousse rattache de même à l'ordonnance de 1667 et à une question d'élection de domicile les textes qui, en matière de revendication mobilière, attribuent la compétence au tribunal dans le ressort duquel l'objet litigieux a été saisi (2).

Sans insister davantage sur ces considérations préliminaires, arrivons à la division de notre sujet. Notre méthode consistera à consacrer un chapitre spécial à chacun des trois siècles pendant lesquels s'est développé le droit coutumier proprement dit. Dans le premier chapitre nous exposerons d'ailleurs la théorie générale, sauf à signaler ensuite les innovations qui se produisirent.

CHAPITRE I

SEIZIÈME SIÈCLE.

Comme ceux de l'époque précédente, les criminalistes de notre période empruntent aux jurisconsultes romains leur définition du vol ; le dépositaire coupable d'abus de confiance est donc assimilé à un voleur et traité comme tel (3). Les Cours se reconnaissent néanmoins le droit de renvoyer le prévenu des fins de la plainte, si des circonstances atténuantes se rencontrent dans la cause (4) ; il importe donc

______

(1) Nous supposons, bien entendu, que la clameur de haro est élevée en matière mobilière. Voyez d'ailleurs à ce sujet les développements dans lesquels nous entrons dans la section II du chapitre I.

(2) *Traité de l'administration de la justice*, Paris, 1771, tome I, p. 345.

(3) Muyart de Vouglans, *Les Loix criminelles de France dans leur ordre naturel*. Paris, 1780, liv. III, tit. VI, nos 6 et 10, p. 280 et 285.

(4) Encyclopédie méthodique. *Jurisprudence* (Panckoucke, éditeur). Paris, 1782, tome III, p. 661, vo *Dépôt*. « On peut aussi, quand le dépositaire nie le dépôt, prendre la voie de l'information, parce qu'en ce cas la

en définitive d'examiner s'il s'agit de punir un vol proprement dit ou, au contraire, un abus de confiance.

La règle que nous venons de faire connaître nous amène à adopter de nouveau le système d'exposition qui nous a servi relativement aux quatorzième et quinzième siècles ; nous nous demanderons dans quels cas et à quelles conditions le propriétaire est autorisé à intenter la revendication mobilière ; nous décrirons ensuite rapidement la procédure suivie dans notre hypothèse.

SECTION PREMIÈRE. — *Dans quels cas et à quelles conditions la revendication mobilière peut-elle être intentée ?*

Les commissaires du roi chargés de présider à la rédaction officielle des Coutumes trouvèrent en usage dans une notable partie de la France la procédure d'aveu et de contr'aveu et la procédure analogue de la revendication mobilière ou rentrerie ; ils le constatèrent expressément dans un grand nombre de textes (1). En sens inverse aucun article de Coutume ne reproduit en lui attribuant son sens originaire le vieil axiome de notre droit national « Les meubles n'ont pas de suite ». Plusieurs lois municipales consacrent cependant une des conséquences de la règle traditionnelle et gardant le silence sur l'usucapion des meubles nous parlent seulement de la prescription des immeubles.

Ainsi, en raison peut-être de l'opposition des conseillers au parlement de Paris, on ne fit aucune mention directe du brocard qui n'avait cependant disparu ni des Palais de Justice ni des Écoles. Cet accident de rédaction eut une

---

conduite du dépositaire est une espèce de vol et de perfidie. Cependant, dans ce cas, le juge doit avoir égard aux circonstances particulières. C'est le seul moyen de concilier à cet égard la jurisprudence des arrêts qui ont permis ou refusé la preuve du dépôt par la voie de l'information et de la procédure extraordinaire. »

(1) Bretagne anc., 130, 198 ; nouv., 120. Anjou, 146, 419, 420. Maine, 161, 435. Poitou anc., 325 ; nouv., 406. La Rochelle, 20 et 25. Xainctonge, 114, *Acs*, tit. XVI, art. 8 à 12. Bayonne, XIV, 1, 10, 11. *Fors et costumas de Bearn* (1551), rubr. *De interdicts*, art. 3. Berry, XVII, 8. Nivernais, XXI, 16. Dunois, 55, 56. Touraine anc., XXXV, 7 ; nouv., 370. Lodunois, XXXVI, 6. Orléans anc., 379, 380 ; nouv., 454, 455. Etampes, 167. Melun anc. 78 ; nouv., 325. Reims, 406. Lille, VII, 25. Douai, V, 11.

influence considérable sur le développement ultérieur de notre jurisprudence. Ne se trouvant pas en présence d'une disposition formelle, nos jurisconsultes français s'approprièrent les classifications savantes des prudents Romains et répudièrent une pratique surannée dont ils ne comprenaient plus le motif.

Dès le seizième siècle le droit de propriété est envisagé d'une façon abstraite et une action réelle est attachée à tout droit de propriété. Exprimée nettement par Pyrrhus Engleberneus (1), Guillaume Terrien (2), Pierre Pithou (3), Charondas le Caron (4), Antoine Favre (5), Jean Papon (6), cette conception nouvelle nous montre combien on s'était éloigné du point de départ. Désormais le propriétaire de meubles aura la faculté d'intenter une véritable action en revendication, sans qu'il y ait lieu de rechercher comment il a perdu la possession de son bien.

Si cette réforme semble avoir été accomplie d'une façon

(1) *Consuetudines Aurelianenses.* Parisiis, 1543, cap. XVII, f° 146 . « Bona mobilia *vendicari* a domino suo possunt adversus quemcumque.... Glossa. Hic dicit quod si bona mea mobilia ad aliquem pervenerint, possum ea *vendicare* et petere ut exhibeantur et ut deponantur apud tertium. »

(2) *Commentaire du droit civil tant public que privé observé au pays et duché de Normandie,* 2ᵉ édition. Paris, 1578, liv. VIII, ch. I, p. 258 (glose) : « Et pourtant si j'avoye presté ma robe ou baillée en garde ou perdue, laquelle on eust depuis vendüe à un autre, je la pourroye vendiquer de celuy que j'en trouveroye saisi, combien qu'il en fust possesseur à juste titre, voire et l'eust-il achété en plein marché (comme il fut dit par arrest le 7 de juillet 1527) sauf son recours de garantie contre celui de qui il l'auroit eüe. »

(3) *Commentaire sur la coutume de Troyes,* Paris, 1609. Comment. de l'art. 72, p. 157 : « Mais celuy qui a vendu aulcune chose mobiliaire, sans terme, la peult poursuyr pour estre payé du pris etiam contre un tiers achepteur et *la vendiquer comme sienne* à faulte de payement. »

(4) *Pandectes françaises,* Paris, 1637, liv. IV, ch. XXXI, p. 565. De la revendication ou spéciale action réelle. « Et en ceste action est traitté de la propriété de la chose soit mobiliaire ou immobiliaire et chacun la vindique et maintient luy apparténir. »

(5) *Codex Fabrianus definitionum forensium et rerum in sacro Sabaudiae senatu tractatarum,* Genevae, 1610, lib. VI, tit. XXVII, ad Sc. *Trebell.* *definitio,* XI, p. 756 : « *Apud nos* (en Savoie) jus commune obtinet, ut bonorum mobilium aeque ac immobilium persecutio salva sit adversus quemlibet possessorem, sive *dominii* sive pignoris jure a vero domino aut a pignoratitio creditore *vindicentur.* Ita senatus in causa dominorum de Monton et N. Joannis Blanchard, 6 id. april 1593. »

(6) Instrument du Premier Notaire de Jean Papon. Lyon, 1576. Livre Iᵉʳ du *prest commodable,* p. 30.

très générale il ne faut cependant pas oublier les témoignages de Sébastien Boyer, de Bessian de Pressac, d'Antoine Favre lui-même, en faveur du maintien de la tradition ; ces passages démontrent que le sens de notre adage n'était pas encore oublié du temps de ces auteurs. Remarquons-le, au surplus, même après le changement de la jurisprudence la lutte continua longtemps devant les tribunaux et les anciens avocats transmirent à leurs confrères plus jeunes le brocard qu'ils avaient vu appliquer. Encore au dix-septième siècle Josias Berault (1) fait allusion à ces résistances d'une partie des praticiens et, cent ans plus tard, les auteurs nous racontent des procès qui se terminèrent par le succès du revendiquant mais qui n'auraient même pas été soulevés à l'époque classique du droit romain (2). Enfin, dans les dernières années de la législation coutumière, Raviot (3), répétant sans doute une explication antérieure au triomphe du principe nouveau, cherche dans la maxime « Les meubles n'ont pas de suite », l'origine

(1) *Commentaire sur la coutume de Normandie*, Rouen et Paris, 1776 note sur l'art. 522, tome II, p. 488 « ...qui est ce que nous disons que nous pouvons poursuivre notre meuble dans 30 ans non seulement comme chose emblée mais aussi comme chose égarée. *Qui est contre l'advis de quelques-uns qui disent pour prouver leur opinion que meuble n'a point de suyte en Normandie :* ce qui s'entend par hypothèque quand il est hors de la puissance du debteur..... mais je pourray bien par revendication qui a aussi bien lieu pour meuble que pour immeuble poursuivre le meuble à moi appartenant, en quelque sorte que j'en aye esté désaisi soit prest, dépost, perte ou autre moyen, et je pourrai vendiquer de celui que j'en trouverai saisi, bien qu'il soit possesseur à juste titre, voire l'eust-il acheté en plein marché sauf son recours de garantie contre son vendeur. » (Arrêt de juin 1527.)

(2) Chabrol, *Commentaire de la coutume d'Auvergne*, chap. XXIV, art. 53, tome III, p. 378 : « Les meubles n'ont pas de suite pour les créanciers mais peuvent être suivis et réclamés par les propriétaires. On l'a jugé ainsi pour la dame Nodière veuve du sieur Consul contre le sieur Pallebot par une sentence de la sénéchaussée d'Auvergne sans date. »

(3) *Arréts notables du Parlement de Dijon recueillis par Perrier avec des observations sur chaque question par Guillaume Raviot*. Dijon, 1735, question 287, tome II, p. 461 : « Ainsi en Bourgogne ne plus qu'en aucun autre pays coutumier de la France, le meuble n'est point susceptible de substitution, puisque la coutume par un article exprès qui est le quatrième au titre des rentes dit : que les meubles n'ont point de suite; maxime qu'on peut dire être devenue la loi générale du royaume. » Raviot ne se méprend pas du reste sur la portée de l'article cité par lui.

de la règle qui interdit les substitutions en matière mobilière.

En résumé, au point de vue doctrinal, il subsista encore
quelques souvenirs du temps où l'élément criminel n'était
pas séparé de l'élément civil ; il n'en fut pas de même au
contraire dans la pratique. Au plus tard, dès les premières
années du dix-septième siècle, les Parlements du nord de la
France, comme ceux du midi, accordaient uniformément
une action en revendication au propriétaire de meubles, en
raison même de son droit de propriété. Ce serait, à notre
sens, une erreur de croire que sur un point quelconque de
notre pays la maxime « en fait de meubles possession vaut
titres », ait remplacé immédiatement l'adage « Les meubles
n'ont pas de suite (1) ». Entre l'époque représentée notamment
par l'article 55 de la Coutume de la Ville et Septène de
Bourges et le moment où fut imaginée la jurisprudence du
Châtelet, se place une période pendant laquelle aucune fin
de non-recevoir ne pouvait être opposée à l'action en revendication.

(1) En sens contraire, voyez Ortlieb, p. 99 et 110. « Cet auteur pense
que l'ancienne pratique s'est maintenue : 1° dans la *Coutume d'Orléans*.
Nous renvoyons au passage de Pyrrhus Engleberneus reproduit plus haut;
2° dans la *Coutume de Melun*, art 325, et dans la *Coutume d'Etampes*,
art. 167. Ces deux textes nous semblent au contraire rédigés de la façon
la plus générale « Est loisible à toute personne vendiquer chose mobiliaire à luy appartenant; » 3° dans la *Coutume d'Anjou*, art. 146, et dans
la *Coutume du Maine*, art 161. M. Ortlieb a perdu de vue l'art. 420 de la
Coutume d'Anjou : « ...Si tel meuble lui est demandé ou vendiqué par
adveu ou autrement. » Bien loin d'avoir résisté jusqu'à la fin à l'influence
des idées romaines, le droit angevin a repoussé la vieille tradition dès la
fin du treizième siècle. Pour s'en convaincre il suffit de consulter les textes
cités dans notre seconde et dans notre troisième parties générales et de se
reporter à notre théorie de la *demande simple*; 4° dans la *Coutume de
Bretagne*, 130, 154, 201 anc.; 120, 145, nouv. Nous ne croyons pas que
ces textes soient décisifs; en outre l'art. 274. anc. nous paraît conçu de
la façon la plus générale. « Chose mobiliaire se prescrit par le laps et
espace de dix ans » et il en est de même de l'art. 284 nouv. Enfin Ber-
trand d'Argentré traduit « advouoit » par « vendicaret » (sur art. 196.
nouv., p. 1267); 5° dans la *Coutume de Reims*, 406; je renvoie au livre de
Gérard de Montfaucon et à nos développements antérieurs; 6° dans la
Coutume de Saintonge, 114. Il n'est pas certain que dans la *Coutume de
Saintonge* le propriétaire ne puisse pas avoir toujours recours à l'adveu comme
dans la *Coutume de Poitou*. A supposer même qu'en cas d'abus de confiance la voie de l'adveu ne fût pas ouverte, il est évident que la demande
simple était possible, comme dans la *Coutume de La Rochelle* (art. 25).

Ayant ainsi fait connaître d'une manière générale dans quel sens eut lieu l'évolution de notre droit, il convient maintenant d'exposer d'une façon précise quelle fut la doctrine du seizième siècle relativement à la prescription des meubles et aux actions possessoires. En terminant nous ajouterons quelques mots sur un brocard, dont nous avons déjà parlé et qui est ainsi conçu : « Les meubles n'ont pas de suite par hypothèque ».

Comme nous l'avons déjà constaté, la plupart de nos coutumes françaises s'occupent exclusivement de la prescription des immeubles et gardent le silence sur l'usucapion des meubles. Dans la suite des temps, ce silence de nos lois municipales fut diversement interprété. Si certains praticiens comprirent que l'usucapion des meubles était inutile sous l'empire de notre vieille législation nationale, la tradition ne tarda pas à se perdre. Dès lors les jurisconsultes français se posèrent la question de savoir s'il était préférable de recourir au droit romain ou si au contraire les meubles devaient être assimilés aux immeubles au point de vue de l'acquisition par le laps de temps. Ce dernier parti l'emporta sans conteste grâce aux souvenirs du passé. Bugnyon (1), Imbert (2) et leurs contemporains (3) se rappelaient avoir entendu dire à leurs anciens que l'usucapion de trois ans était abrogée en France ; ils le répétèrent sans se rendre compte du changement intervenu. A cet égard les Parlements du droit écrit suivirent une jurisprudence identique à celle des Parlements du Nord et il est exact d'affirmer qu'au seizième siècle on ne discutait même pas la doctrine d'après laquelle les meubles se prescrivent seulement par trente ans sous l'empire des Coutumes muettes (4).

(1) *Loix abrogées*, liv. I, ch. CLXXXIV.

(2) Imbert, *Enchiridion juris scripti Galliae*, vº *Usucapion*, p. 305. Lyon, 1588 « d'autant qu'usucapion est aujourd'hui tollue et qu'ils (les meubles) ne pouvoient être prescrits que par le laps de trente ans, » et *Institutiones forenses*, l. I, ch. XXXV, nᵒˢ 7, 8.

(3) Fontanon sur Masuer, tit. XXII des *Prescriptions*, p. 324 : « Vray est que l'usucapion de trois ans pour choses mobiliaires est aujourd'hui abrogée en France. Boyer, *In Consuetudines Bituricas*, rubr., III, 7. *Decisiones Burdegalenses, Decis*, 182, nº 12. La *Coutume de Berry*, XII, 10, dit également ment d'une façon expresse : « Usucaption n'a point de lieu. »

(4) Chasseneutz se prononce cependant en faveur de l'usucapion de trois

A côté du droit commun, que nous venons de résumer, il importe cependant de signaler quelques divergences (1). Si trois législations municipales assurent la propriété du meuble à celui qui l'a possédé, soit pendant cinq ans (2), soit pendant dix ans (3), d'autres Coutumes en plus grand nombre consacrent le principe de l'usucapion de trois ans.

Ces dernières Coutumes se divisent naturellement en trois groupes. Citons d'abord à l'Ouest les Coutumes importantes de l'Anjou et du Maine (4). Ces Coutumes suivent la doctrine de Justinien au moins quant aux points principaux. Le défendeur à l'action en revendication obtiendra gain de cause s'il est de bonne foi et s'il justifie d'une possession continue de trois ans ; sa possession devra en outre être fondée sur un juste titre. Cette dernière condition avait certainement pour conséquence de diminuer la faveur accordée à la possession ; d'après la pratique angevine du seizième siècle il est en effet certain que les transports de meubles n'étaient pas constatés par écrit. L'art. 419 de la Coutume d'Anjou est néanmoins formel et le premier commentateur de la Coutume de 1506, François Mingon, insiste avec force sur la nécessité du juste titre ; d'après cet auteur, le titre putatif serait insuffisant (5).

Si relativement aux conditions que nous avons énumérées jusqu'à présent, le droit angevin reproduit la théorie du

ans, bien que la *Coutume du duché de Bourgogne*, rubr. XIII, § 8 soit nettement en sens contraire. *Consuetudines ducatus Burgundiae, Coloniae Allobrogum*, 1616, rub. XIII, § 8, p. 1746. Le raisonnement de Chassenentz mérite d'être reproduit : « Et facit, quia hae consuetudines introductae ad diminuendum lites ut dicitur in proœmio earundem, ex quo non est verisimile quod voluit auferre usucapionem et illam in longius tempus protrahere, cum ipsa usucapio sit inventa ad hoc, ut sit litium finis. » Dans le même sens, Charondas le Caron, *Pandectes du droit français*, l. II, ch. xxii, p. 270.

(1) Nos Coutumes contiennent des dispositions relativement à la prescription des épaves. Je renvoie aux nombreux textes réunis par Ortlieb, p. 97. Je me borne à signaler la *Coutume de Boulenois*, art. 22 qui, pour ce cas spécial, a conservé le délai du moyen âge, l'an et jour.

(2) Bretagne anc., 274. Valenciennes, 94.

(3) Bretagne nouv., 284.

(4) Anjou, 419. Maine, 434.

(5) Franciscus Mingon. *Commentaria in consuetudines ducatus andegavensis*, 1530, comment. sur art. 419, f° 231. « Et excludit textus titulum invalidum. »

Bas-Empire, il n'en est pas de même au contraire relativement à celle qu'il nous reste à faire connaître. D'après notre art. 419, l'usucapion est subordonnée à la présence du véritable propriétaire. Si nous en croyons François Mingon, le propriétaire est considéré comme présent, lorsqu'il habite dans la même province ou lorsque d'après les circonstances de fait, il peut être regardé comme n'ayant pas ignoré la possession du défendeur.

Les Coutumes de Melun, 169, de Sedan, 324, de Clermont en Argonne, XIV, 8, et d'Amiens, 163, se contentent de la bonne foi et n'exigent pas le juste titre; elles se séparent, à ce point de vue, des Coutumes d'Anjou et du Maine.

Nous rangerons enfin dans un troisième et dernier groupe, d'une part, la Coutume de Franche-Comté (1) et la Coutume de Thionville (2), d'autre part, les nombreux textes d'origine belge (3) qui se bornent à poser le principe de l'usucapion de trois ans, en renvoyant au droit écrit pour les règles d'importance secondaire.

Ajoutons que nos auteurs coutumiers du seizième siècle (4) suivent la doctrine romaine et déclarent les meubles volés imprescriptibles.

Après avoir ainsi fait connaître les solutions du droit du seizième siècle, en matière de prescription des meubles, arrivons aux actions possessoires. Lorsque l'objet litigieux est mobilier, la voie possessoire n'est pas ouverte au revendiquant et le tribunal se prononcera immédiatement sur la propriété. Nous avons déterminé l'origine de cette curieuse règle de notre droit; en raison de la nature des meubles, les jurisconsultes de notre époque comprirent qu'il y aurait danger à confier nécessairement l'objet litigieux à l'un des

---

(1) *Comté de Bourgogne*, 51.

(2) Tit. XV, art 2. — Voy. également la *Coutume de Péronne* (Bourdot de Richebourg, tome II, page 611).

(3) Pays du Franc de Bruges, 183. Eclon Rubr., VIII, 2. Bouchaute, XV, 3. Rousselaere, XVII, 1. Gand, XIX, 2. Courtrai, XI, 4. Waes, XI, 3, Luxembourg, XV, 2.

(4) Charondas le Caron, *Pandectes du droit français*, 1705. Comment. sur art. 260, (tome I, p. 534), p. 211; François Mingon, *Consuetud. duc. andegav.*, art. 419, f° 231.

deux plaideurs et ils maintinrent la pratique ancienne qui s'était formée dans un temps où l'élément civil n'était pas encore séparé de l'élément criminel, et où la revendication mobilière proprement dite était inconnue (1).

C'est, nous l'avons dit, au quatorzième siècle que remonte le principe formulé aujourd'hui par l'article 2119 du Code civil; mais, tandis que pendant la période précédente les auteurs se bornaient à restreindre à un cas spécial l'application de la règle « Les meubles n'ont pas de suite », au seizième siècle, au contraire, la formule ancienne est modifiée et l'on ajoute à la maxime primitive les mots « Par hypothèque » qui en atténuent la portée (2).

Sous cette forme nouvelle notre brocard figure dans toutes les Coutumes ou à peu près et il est connu aussi bien dans le Midi que dans le Nord. A notre époque, du reste, on se souvient encore de ses origines et il signifie seulement que les créanciers ne sont pas autorisés à saisir entre les mains d'un tiers acquéreur les meubles qui ont appartenu à leur débiteur. Lorsque les rédacteurs de la Coutume de Paris veulent exprimer en outre cette idée, que le prix des meubles saisis n'est pas distribué entre les créanciers d'après l'ordre de leurs hypothèques générales, ils croient nécessaire de le dire expressément (3). L'article 170 en vertu duquel « Les meubles n'ont pas de suite par hypothèque », ne doit donc pas être traduit de la manière suivante : « il n'y a pas d'hypothèque sur les meubles (4) ».

Si à cet égard nous constatons le maintien de la tradition,

---

(1) Après la démonstr tion faite par Ortlieb, p. 106 et 107, je crois inutile d'insister sur ce point. Si cela était nécessaire nous pourrions encore ajouter de nombreux textes à ceux que cite notre auteur.

(2) Ferron, *Consuetudinum Burdigalensium commentariorum libri duo.* Lugduni, 1565, tit. VIII, § 20, p. 293, nous dit encore : « Quod autem vulgo practici isti nostri jactitant, mobilia sequelam non habere : ita intelligi, etc. »

(3) Art. 178, 179, 180, 181. Cependant Charondas le Caron, comment. de l'art. 170 (p. 145), nous dit déjà « La vulgaire règle du droict françois que meuble n'a point de suite est entendue pour le regard de l'hypothèque, à sçavoir qu'en meubles hypothèque n'a lieu. »

(4) Comp. Augeard, *Arrêts notables des différents tribunaux du royaume*, tome I, p. 920 : « Mais quoique la distribution des meubles par hypothèque ait été conservée dans les pays de droit écrit, on n'y a pas cependant suivi la maxime du droit romain qui veut que les meubles même ayent suite par hypothèque, lorsqu'ils ne sont plus entre les mains

il n'en est pas de même au contraire relativement aux conditions d'application de notre règle. A l'exception de Jean des Mares et du rédacteur des Coutumes notoires les écrivains antérieurs ne s'expliquaient pas sur la bonne foi de l'acquéreur. En sens inverse un assez grand nombre de Coutumes exigent formellement que le tiers détenteur soit de bonne foi (1); même dans les Coutumes muettes, l'action Paulienne ou révocatoire empruntée au droit romain protégeait les créanciers contre les fraudes de leur débiteur et la complicité de son co-contractant (2). Ainsi, grâce à l'influence croissante des idées romaines, notre règle sert, au seizième siècle, à protéger les acquéreurs de bonne foi contre les poursuites des créanciers des propriétaires antérieurs; elle ne révèle plus seulement l'insuffisance du système de procédure. Pour comprendre les destinées ultérieures de la revendication des meubles, il importait beaucoup, nous le verrons, de signaler le rôle joué par l'action Paulienne dans notre matière.

Notons, en terminant, que, d'après la plupart des auteurs du seizième siècle, notre maxime est opposable aux créanciers ayant une hypothèque générale sur tous les biens de leur débiteur et ne l'est pas aux créanciers pourvus d'une hypothèque spéciale sur tel ou tel meuble. Conforme à l'esprit du droit antérieur, cette doctrine de Guillaume Terrien (3), de Boyer (4), de Bessian de Pressac (5), de Rebuffe (6), offrait en outre à leurs yeux le sérieux avantage de concilier la tradition française avec les enseignements des jurisconsultes romains. Bien que combattu par Chasse-

---

du débiteur. » A cet égard les *Coutumes d'Anjou, du Maine et de Normandie* consacrent une doctrine semblable à la jurisprudence des parlements du droit écrit.

(1) Melun, 313; Chaumont, 65; Sens, 131; Sedan, 273; Bar, 60, etc.

(2) Pierre de l'Hommeau, *Maximes générales du droict françois*. Paris, 1657, liv. III, règle XIV, p. 171.

(3) *Commentaire du droit civil* tant public que privé observé au pays de Normandie, liv. VIII, chap. i, p. 258.

(4) *Commentar. in consuetud. Bituric. titul. de consuetud. hypothecae*, § 2.

(5) *Arvernorum consuetudines*, ch. xxiv, art. 52, p. 215 et suiv.

(6) En l'Apostille sur les ordonnances royaux au titre de la *Gabelle du sel*, ouvrage cité par Fontanon notes sur Masuer, tit. XXX, n° 13, p. 421.

neutz (1), ce système a exercé une notable influence sur notre pratique. S'il n'a pas eu pour résultat d'introduire en France l'usage des hypothèques conventionnelles portant sur un meuble déterminé, il a servi à fortifier la position des créanciers ayant un privilège spécial ; c'est à la théorie exposée par Guillaume Terrien qu'il convient de rattacher notamment l'article 2102 du Code civil et le droit de suite accordé au bailleur et improprement appelé droit de revendication.

SECTION II. — *Procédure de l'action en revendication mobilière.*

Pendant tout le cours du seizième siècle, les Parlements observèrent une jurisprudence uniforme relativement à la procédure à suivre, lorsqu'une action en revendication mobilière est intentée. Cette procédure est identique à celle que nous avons décrite dans la troisième partie générale de cette étude, et par ses caractères principaux elle nous rappelle le temps où la victime était obligée de recourir à l'action du vol ou à la demande de chose emblée. C'est seulement un peu plus tard qu'une réaction s'accomplit dans l'esprit des magistrats et des commentateurs et qu'il sembla nécessaire, dans l'intérêt de l'ordre public et de l'équité, de protéger les possesseurs de meubles contre des saisies abusivement pratiquées par des plaideurs téméraires.

Si d'ailleurs nous trouvons dans toutes les provinces, le principe fondamental de la saisie du meuble litigieux opérée par un sergent, sans autorisation préalable du tribunal, toutes les Coutumes ne donnent pas le même nom à notre procédure et ne la réglementent pas, dans les détails, exactement de la même façon. Ici l'adveu et le contre-adveu sont usités, là on a conservé le vieux nom d'entiercement. Tandis que les Coutumes du Nord, celles de Lille, de Douai, de Reims nous parlent de revendication mobilière, le droit normand permet au propriétaire d'user de la clameur

______

(1) *Consuetudines ducatus Burgundiae*, Rubr., V, § III, n° 4, p. 963. Après avoir rapporté l'opinion de Boyer, Chassenentz ajoute « sed non credo eam veram quia ubi lex non distinguit, nec nos distinguere debemus. »

de haro afin de rentrer en possession du bien, qu'il ait ou non cessé de posséder de son plein gré. Dans tous les cas au surplus le plaideur a la faculté de s'en tenir à la demande simple.

a. *Procédure d'adveu et de contre-adveu.* — En ce qui concerne la procédure de l'adveu et du contre-adveu, nous nous bornons à renvoyer aux développements, dans lesquels nous sommes entrés à propos des sources des quatorzième et quinzième siècles. Si nous analysons les Coutumes de l'ouest et du sud-ouest de la France (1), nous retrouverons les usages antérieurement étudiés. Je signale la caution fournie par le demandeur, la revendication formulée devant le sergent, la saisie (2), le contre-adveu et enfin l'amende de 60 sous qui atteint le plaignant en cas d'échec (3).

Si au point de vue des formalités à remplir aucune réforme n'est à signaler, il n'en est pas de même au contraire, en ce qui concerne l'exception de garantie. Bien que l'ordonnance de 1667 n'ait pas encore réglé la matière, les ordonnances de Charles VII et de François Ier et la jurisprudence des tribunaux ont déjà tenu compte du mouvement des idées et des plaintes formulées par les plaideurs contre les lenteurs de la justice. C'est ainsi que les trois jours de garant accordés autrefois successivement au défendeur sont réduits à

____

(1) Anjou, 146 ; Maine, 161 ; Bretagne anc., 130, 198 ; nouv., 120 ; Poitou anc., 325 ; nouv., 406 ; La Rochelle, 20 et 25 ; Xainctonge, 114 ; Acs, tit. XVI, art. 8 à 12 ; Bayonne, XIV, 1, 10, 11 ; Touraine anc., XXXV, 7 ; nouv., 370 ; Lodunois, XXXVII, 6 ; *Loysel, Institutes, Coutum.*, 754. « Pour simples meubles on ne peut intenter complainte mais en iceux échet aveu et contre-aveu. »

(2) Déjà au seizième siècle, en Poitou, le meuble n'était séquestré qu'en vertu d'une décision du tribunal. *Imbert, Institut. forenses*, livre I, ch. XVII, p. 100. « Mais s'il s'oppose au contr'adveu, le sergent ne séquestrera pas la chose, ains baillera adjournement. » Voyez également la fin du passage. Notons que le tribunal compétent est celui dans le ressort duquel a été effectuée la saisie du meuble litigieux. C'est là une curieuse règle qui remonte au temps où la victime du vol levait le cry et traînait de force son adversaire récalcitrant devant la juridiction la plus voisine.

(3) Par exception dans la pratique du Poitou le demandeur est condamné à l'amende simple et non pas à l'amende de 60 sous. C'est là une des différences signalées entre la procédure d'adveu et de contr'adveu, d'une part, et la procédure d'applègement et de contr'applègement, d'autre part. Bouchel, *La Bibliothèque ou thrésor du droit français*. Paris, 1667, vº *Applègement*, tome I, p. 221.

un seul (1). C'est ainsi que dès le seizième siècle aucune restriction n'est plus apportée aux droits de la défense et que les auteurs respectifs peuvent être sans limitation aucune appelés devant le tribunal, sauf à ce dernier à réprimer la fraude. Les Coutumes de la Lorraine (2), qui en 1519 suivent la tradition ancienne et restreignent à trois le nombre des garants, doivent donc être considérées comme renfermant une disposition exceptionnelle. Dans les Coutumes muettes l'ancienne règle sera écartée (3); tel est déjà le sentiment de François Mingon bien que le style angevin en usage au moment où il écrit ne permette pas de remonter au delà du septième garant.

b. *Entiercement.* — L'entiercement dont nous parle la coutume d'Orléans (4) se rattache sans doute directement à l'entiercement du moyen âge et la procédure d'applégement et de contre-applégement n'a pas ici servi de modèle. Néanmoins Fournier (5) et Delalande (6) nous apprennent qu'en pratique on se servait de l'art. 20 de la Coutume de La Rochelle pour compléter les art. 454 et 455 de la Coutume d'Orléans. Les formalités de l'aveu et du contr'aveu étaient observées ; cependant l'avouant n'était pas tenu de fournir caution (7). Ajoutons que déjà en 1509 le droit municipal d'Orléans est en avance sur la plupart des autres lois municipales et ne permet pas aux sergents de pénétrer de leur seule autorité dans les maisons des particuliers (8); si la chose ne peut pas être vue à l'œil, l'entiercement sera impossible.

(1) Ordonnance d'avril 1453, art. 65 (Isambert, tome IX, p. 227). Ordonnance de Villers Cotterets, août 1539, art. 18 à 21 (Isambert, tome XII, p. 604).

(2) *Les plus principalles et générales coustumes du duchié de Lorraine* (édition Bonvalot). Paris, 1878, p. 64.

(3) *Consuetudines ducatus andegavensis*, art. 146, fol. 71.

(4) Anc. 379, 380. Nouv. 454, 455.

(5) *Coustumes d'Orléans*, note sur art. 454.

(6 *Coutumes d'Orléans*, note sur art. 454, tome II, p. 325.

(7) Fournier, *loc. cit.*

(8) Dans le même sens Étampes 167; Melun, anc. 73; nouv. 325. La même doctrine semble avoir prévalu en Poitou. Isambert, *Institut. forenses*, liv. I, ch. XVII, p. 100. Notons du reste que l'action *ad exhibendum*, sera intentée sous l'empire des Coutumes d'Étampes, de Melun, de Poitou. Au contraire, la Coutume d'Orléans repousse formellement l'action *ad exhibendum*. Anc. 382 ; Nouv. 444.

c. *Revendication mobilière* (1) proprement dite. — C'est sous ce nom que notre action était connue dans l'Est et dans le Nord et même à Paris. Nous n'avons pas à relever d'autre particularité que la saisie qui, comme nous l'avons dit, était pratiquée par un sergent, sans autorisation préalable de la justice (2).

d. *Procédure du haro.* — A la fin du seizième siècle, l'ancienne clameur de haro, qui nous reporte à des âges très reculés, a été transformée par le savoir-faire des praticiens normands en un moyen d'introduire certaines instances civiles. Le « cri » sera régulièrement poussé par le propriétaire des meubles, même s'il ne peut se plaindre d'aucun délit. Grâce à la clameur de haro le détenteur sera contraint de donner caution, comme son adversaire du reste. Si la partie est dans l'impuissance de trouver immédiatement un répondant, le sergent l'emprisonnera et touchera ainsi des honoraires plus élevés. Pendant les débats, la chose restera sous la main de la justice ; enfin une condamnation à l'amende punira le plaideur téméraire (3).

Que faut-il penser de cette procédure et comment expliquer que la clameur de haro ait été en usage en matière mobilière ? Si Godefroy (4) range d'une façon générale la clameur de haro parmi les voies possessoires, un passage de Bérault (5) nous permet de supposer que relativement aux meubles la clameur de haro servait de préliminaire à un

(1) Melun, anc. 73 ; nouv. 325 ; Étampes, 167 ; Reims, 406 ; Lille, VIII, 25 ; Douai, V, 11.

(2) Cependant Charondas le Caron, *Pandectes françaises*, liv. IV, ch. xxxi, p. 566, donne déjà une solution opposée. « Quant à la chose mobiliaire celuy qui la vindique, la fait ordinairement arrester par *authorité de justice* pour la vindiquer et afin de la faire voir et reconnoistre par ceux, par lesquels il entend vérifier qu'elle luy appartient, ce que le juge permet si celuy *justam et probabilem causam habet, propter quam exhibere desideret.*

(3) *Coutume de Normandie de* 1583, art. 54 à 59.

(4) *Commentaire sur la coutume de Normandie*, 1626, comment. sur art. 54.

(5) *Commentaire sur la coutume de Normandie*, 1606, comment. sur l'art. 55. « Toutesfois estant trouvé en la saisine d'un qui seroit resséant et domicilié et non suspect de fuite et solvable et du fait duquel on ne se plaignist, ce seroit luy faire une espèce d'injure que de crier haro sur lui pour le faire mener prisonnier qui est une voye rigoureuse et aucunement approchante de poursuite criminelle.... En ce cas la *simple action* seroit

débat au fond sur la question de propriété (1). En harmonie parfaite avec nos traditions nationales en matière d'actions possessoires, cette théorie cadre à merveille avec les résultats généraux de nos recherches sur l'histoire de la procédure. Malgré son étrangeté apparente, la procédure du haro est à peu près identique à celle de l'adveu et du contre-adveu (2). Ces deux institutions ont la même origine et le même objet, toutes deux représentent l'avant-dernier terme de ce mouvement juridique et social qui aboutit à la substitution des actions réipersécutoires aux actions pénales. La clameur de haro, comme la saisie préalable du meuble litigieux, nous rappelle le temps où l'élément criminel n'était pas encore séparé de l'élément civil.

Il est du reste intéressant de constater que la pratique ancienne s'est maintenue dans les îles anglo-normandes. A Jersey, à Aurigny, à Guernesey, la clameur de haro est encore en usage; dans la dernière de ces îles, le demandeur et ses témoins récitent la prière du pater noster avant de « lever le cry (3) ».

CHAPITRE II

DIX-SEPTIÈME SIÈCLE.

Pendant les trois siècles qui séparent la fin du moyen âge du commencement du règne de Louis XIII, nous avons vu se former progressivement une doctrine nouvelle qui, sous

plus séante ou bien un *arrest* sur le meuble pour le *faire séquestrer.* » En 1599, Jacques le Bathelier, seigneur d'Aviron, comment. sur art. 54 (tome I, p. 260) n'apportait encore aucune limitation au droit de « lever le cri ».

(1) En ce sens, M. Olivier de Gourmont, *Thèse de doctorat sur la possession des meubles.* Caen, 1879, p. 112 et M. Albert Tiphaigne, *La clameur de haro,* 1880, p. 23.

(2) Il suffit, pour s'en convaincre, de rapprocher l'art. 20 de la *Coutume de La Rochelle* des art. 54 et suiv. de la *Coutume de Normandie* Notons que d'après d'Aviron, tome I, p. 260, le tribunal compétent est celui dans le ressort duquel le haro a été crié. C'est là un remarquable trait commun de la procédure d'adveu et de la procédure du haro. Nous n'avons pas à revenir sur l'origine de cette règle.

(3) Albert Tiphaigne, *La clameur de haro,* p. 29 et 30.

l'influence des idées romaines, s'éloigne chaque jour davantage des traditions germaniques. Le moment est venu de jeter un coup d'œil en arrière et de comparer la jurisprudence française des dernières années du seizième siècle à la législation que nous avons exposée d'après les Assises de Jérusalem, les vieilles coutumes de Bordeaux et les autres monuments de la même époque.

Tandis qu'au moyen âge la victime du vol n'est plus admise à se plaindre, une fois l'année écoulée, les contemporains de Loysel répètent le vieil adage romain : « rei furtivae aeterna auctoritas esto ». Autrefois le propriétaire du meuble se voyait refuser l'autorisation de poursuivre le tiers détenteur, dans le cas où il avait volontairement abandonné la possession. Maintenant, en sens inverse, la propriété mobilière est protégée outre mesure. L'action en revendication durera trente années et il est à craindre que le défendeur ne devienne la victime d'un adversaire de mauvaise foi ; en raison même de la nature des ventes mobilières, il lui sera en effet difficile de justifier de son titre et de celui de son auteur.

Si la naissance tardive de notre action explique les changements apportés par notre pratique à la législation romaine, le système mixte que nous venons de résumer ne pouvait évidemment satisfaire les jurisconsultes du dix-septième siècle. Vivement préoccupés de l'équité, désireux de donner satisfaction aux besoins du commerce, les commentateurs et les magistrats devaient fatalement réagir contre la prescription de trente ans.

Dès l'année 1628 un avocat au parlement de Normandie, Jacques Godefroy (1), se prononçait en faveur des principes romains, sans tenir compte de l'art. 522 (2) de la Coutume. L'argumentation de Godefroy est fort intéressante, et bien qu'en définitive son opinion n'ait pas prévalu parmi ses confrères du barreau normand, elle méritait néanmoins d'être rapportée (3).

(1) *Commentaire de la Coutume de Normandie*, Rouen, 1776, note sur art. 522, tome II, p. 494.

(2) « Toutes actions personnelles et mobilières sont prescrites par trente ans. »

(3) « ... Car outre que mobilium vilis et abjecta est possessio, c'est une

Quelques années après le moment où écrivait Godefroy, les avocats et les conseillers au Parlement de Paris réunis autour du président de Lamoignon émettaient le vœu significatif que la propriété du meuble fût acquise à celui qui le possède de bonne foi depuis un an (1).

Ainsi certains auteurs s'efforçaient de réformer sur notre sujet la législation coutumière, en abrégeant le délai de la prescription. Le Parlement de Paris chercha dans une autre direction la solution du problème. Son arrêt du 7 février 1636 inaugura une jurisprudence nouvelle qui, si elle eût triomphé, eût arrêté un siècle plus tôt l'évolution de notre droit (2).

Inspirée par des considérations d'équité, cette jurisprudence ne correspondait pas du reste aux besoins économiques des sociétés modernes. Il convient cependant de constater que cette transaction entre les deux intérêts en présence fut préconisée au siècle suivant par un commentateur de la Coutume du Maine, M. de Parence, et qu'elle a été adoptée par plusieurs législations de l'Europe contemporaine.

M. de Machault du Beuil avait chargé une « revenderesse publique » nommée la Mante, d'aliéner deux pendants d'oreilles. Celle-ci les engagea à un nommé Ménard qui lui-même les remit en gage au sieur Molière, lieutenant de l'artillerie, comme garantie d'une dette de 2000 livres. Ainsi le sieur Molière tenait les pendants d'oreilles non pas d'une revenderesse publique, mais d'un simple particulier.

dure loy, d'obliger les possesseurs d'en justifier le titre quinze ou vingt ans après qu'ils les peuvent avoir achetez, vû que les marchez ne s'en font que verbalement et le plus souvent sans la présence et assistance d'aucuns témoins. Autrement, si cette ouverture étoit tolérée, il seroit facile au vendeur de mauvaise foi de répéter les meubles vendus des héritiers des acheteurs en prouvant qu'ils luy ont appartenu et devant la vente d'iceux... C'est pourquoy encore que Imbert en ses *Institutions forenses* écrive que les lois romaines d'après lesquelles les meubles estoient prescrits par trois ans sont amobiliez et la recherche d'iceux prorogée à trente ans, je trouve plus d'équité et de seureté pour le repos des hommes de borner la revendication desdits meubles, soit à un an, soit à trois conformément à la loy unique. » C. *De usucap. transf.*

(1) Arrêtés du président de Lomoignon. 3ᵐᵉ partie, tit. XXIX, nᵒ 22. « Possession d'un an suffit pour la prescription des choses mobilières. »

(2) Bardet, *Recueil d'arrêts*, avec notes de Claude Berroyer. Paris, 1690, liv. V, chap. iv, tome II, p. 317.

M. de Machault ayant eu connaissance de ces divers contrats de gage « fit saisir et arrester les pendans d'oreilles entre les mains du sieur Molière et luy fit donner assignation par devant le prévost de Paris ou son lieutenant civil aux fins de voir dire qu'il les lui rendroit et restitueroit. »

Une sentence intervint aux termes de laquelle le possesseur actuel fut condamné à restituer l'objet contre remboursement des 2000 livres.

Cette condition sembla illégale à M. de Machault qui fit appel. Lorsque l'affaire vint devant le Parlement, son avocat insista sur la jurisprudence constante de la Cour. Pour M. Molière, Me Bataille répondit en établissant la bonne foi de son client. Enfin M. l'avocat général Bignon établit qu'il s'agissait d'une « interversion de dépôt » et qu'en conséquence la l. 8 C. mandati et la l. 11 Cod. tit. Dig. donnaient gain de cause à l'appelant. Cependant l'avocat général s'en remit au jugement de la Cour et protesta seulement que l'intérêt du public exigeait un règlement définitif de la question dans un sens ou dans l'autre ; il ne prononça pas le mot de vol. La Cour confirma le jugement de première instance et imposa à M. de Machault l'obligation de restituer les 2000 livres.

En résumé, par son arrêt du 7 février 1636, le Parlement de Paris consacra la doctrine d'après laquelle l'acquéreur de bonne foi est autorisé à se faire indemniser par le revendiquant, si le meuble n'a pas été volé, dans le sens *moderne* du mot, mais a été aliéné sans droit par le dépositaire. L'arrêt de 1636 nous révèle donc une tentative intéressante en vue de séparer, *en matière civile*, l'abus de confiance et le vol ; le déposant n'est pas assimilé à la victime du vol et subit les conséquences de la faute qu'il a commise en plaçant mal sa confiance. Il convient au surplus d'avouer que l'arrêt de 1636 ne fit pas jurisprudence et que l'essai de réforme, dont nous avons parlé, aboutit à un *échec* (1).

Nous aurons terminé notre analyse des sources juridiques du dix-septième siècle quand nous aurons appelé l'attention

(1) Voyez l'arrêt de 5 mars 1637 (Bardet, livre, VI, ch. VII, tome II, p. 378).

sur le titre VIII de l'ordonnance de 1667 (1). Ce titre VIII est relatif à l'exception de garantie et il nous décrit une procédure qui, sans rompre avec la vieille tradition germanique (2), réalise cependant d'utiles innovations de détail. C'est ainsi que le défendeur primitif ne sera mis hors de cause que s'il le demande (3); il lui sera d'ailleurs loisible de faire suivre les débats par un avocat qui interviendra au besoin.

CHAPITRE III

DIX-HUITIÈME SIÈCLE.

Le mouvement d'idées que nous avons signalé dans le chapitre précédent s'accentua et se généralisa au cours du dix-huitième siècle. La multiplicité des transactions commerciales rendit décidément intolérables les lois qui avaient suffi aux hommes des générations précédentes, et cette fois encore la transformation du commerce aboutit à d'importants changements dans la jurisprudence. Au quatorzième et au quinzième siècle, le cadre trop étroit de la vieille procédure formaliste avait été brisé grâce à l'influence des idées romaines et la naissance de la revendication mobilière avait donné satisfaction à de réels besoins. Au dix-huitième siècle, au contraire, le progrès consista à limiter les droits du propriétaire de meubles en vue de faciliter les opérations commerciales. Partis des deux extrémités opposées de l'horizon, les praticiens du moyen âge et les magistrats des temps modernes finirent par se rencontrer. Si cependant les réformes accomplies grâce à la hardiesse des tribunaux du dix-huitième siècle eurent pour conséquence de faire

(1) Pour l'explication du titre VIII de l'Ordonnance civile du mois d'avril 1667, voyez principalement le *Commentaire* de Jousse. Paris, 1767, tome I, p. 205 et suiv., et Pothier, *Traité de la Procédure civile*, 1re partie, chap. II, sect. VI, art. 2 (tome X, p. 44 et suiv.).

(2) L'art. 11 refuse d'une façon absolue au demandeur toute action en recouvrement des dépens contre le défendeur originaire.

(3) Art. 9. « En garantie formelle, les garantis pourront prendre fait et cause pour le garanti, lequel sera mis hors de cause, s'il le requiert avant la contestation. »

échouer la revendication dans la plupart des hypothèses où la demande de chose emblée n'était pas admise, il faut se garder de considérer comme synonymes la maxime nouvelle : « En fait de meubles possession vaut titre » et l'adage ancien : « Les meubles n'ont pas de suite ». Les conseillers au Châtelet de Paris ignoraient absolument les traditions nationales sur notre sujet et ils se déterminèrent pour des motifs qui n'auraient pas été compris par les rédacteurs des Assises de Jérusalem ou des vieilles Goutumes de Bordeaux.

Avant d'entrer plus profondément dans la matière il convient de noter que si le but des réformateurs fut le même, ils employèrent, pour l'atteindre, des méthodes diverses. Les auteurs du Code civil eurent la faculté de choisir entre plusieurs théories.

Nous commencerons par dire quelques mots sur la procédure de la revendication des meubles au dix-huitième siècle. Énumérant ensuite les fins de non-recevoir qui peuvent être opposées au demandeur, nous examinerons successivement l'hypothèse où il y a eu soustraction frauduleuse et le cas où aucun vol n'a été commis, en prenant ce terme dans le sens du Code pénal de 1807. Si en effet, au point de vue criminel, le délit d'abus de confiance ne s'est pas encore détaché du délit de vol, plusieurs jurisconsultes du dix-huitième siècle ont précisément proposé de ne pas traiter de la même façon, *en matière civile*, le propriétaire auquel son bien a été enlevé et le déposant, victime de la mauvaise foi du dépositaire.

SECTION I. — *Procédure de l'action en revendication mobilière.*

A la différence des sources juridiques du moyen âge les auteurs de notre époque nous parlent d'une véritable revendication mobilière. La procédure de cette action réelle est d'ailleurs à peu près uniforme dans toutes les provinces.

A mesure que l'on s'éloigna du temps où l'élément civil n'était pas séparé de l'élément criminel, on comprit de moins en moins les procédés violents auxquels avait recours le propriétaire d'après l'usage antérieur. Aussi défendit-on aux sergents de séquestrer les meubles litigieux, sans un jugement formel du tribunal rendu après connaissance de cause. La pratique antérieure semble s'être maintenue au moins dans quelques coutumes, pour le cas où le détenteur de l'objet est un passant ou un vagabond (1).

Au cours de notre période, nous voyons que la commission du juge est indispensable à La Rochelle (2), en Poitou (3), à Paris (4), à Lille (5).

C'est également la doctrine qui prévalait en Normandie, si nous nous en rapportons au commentaire de Flaust (6) et au discours prononcé par l'avocat général Le Baillif Mesnager (7), à propos d'un arrêt célèbre en date de 1761. D'après cet arrêt, la clameur de haro ne peut être poussée qu'en cas d'urgence et d'évident péril. Malgré les admonestations de la justice, les sergents normands paraissent néanmoins jusqu'à la fin de l'ancien régime trop enclins à entamer la procédure du haro, afin d'augmenter leurs honoraires.

Notons en dernier lieu que la Coutume d'Orléans occupe une place à part, en ce qui concerne la revendication mobilière. De témoignages précis remontant à la seconde moitié du dix-huitième siècle, il résulte que l'entiercement est effectué, sans l'autorisation préalable de la justice (8).

(1) Boucheul, *Coutumier général et corps et compilations de tous les Commentaires sur la Coutume du Poitou*. Paris, 1727, note sur l'art. 404, n° 16, tome II, p. 669.

(2) Valin, *Commentaires sur la Coutume de la Rochelle et du pays d'Aunis*. La Rochelle, 1756, note sur art. 20, tome I, p. 675.

(3) Boucheul, *op. et loc. cit.*

(4) Lange, *La Nouvelle pratique civile, criminelle ou bénéficiale ou le Nouveau praticien français*. 15me édition. Paris, 1755, liv. III, ch. II, p. 212.

(5) Patou, *Commentaire sur les Coutumes de la ville de Lille et de sa châtellenie*. Lille, 1788-1790, tit. VIII, *des Hypothèques*, art. 25, n° 5, tome II, p. 287.

(6) *Explication de la Coutume de Normandie*. Rouen, 1781, note sur l'art. 54, tome II, p. 3.

(7) Cité par Flaust

(8) *Répertoire de Guyot*, 2e édition. Paris, 1785, v° *Revendication*, tome XV, p. 619. Pothier, *Traité du domaine de propriété*, IIe partie, chap. Ier, art. 2, n° 309.

SECTION II. — *Fins de non-recevoir qui peuvent être opposées au propriétaire du meuble soustrait frauduleusement.*

Tandis qu'au seizième siècle les meubles furtifs sont imprescriptibles, Pothier repousse la règle de la loi des Douze Tables, comme n'étant pas imposée par le droit naturel (1). Sous certaines conditions, le possesseur actuel du meuble volé sera protégé contre la victime du délit, pourvu, bien entendu, que sa bonne foi ne soit pas douteuse.

Si ce premier point est tenu pour certain par les jurisconsultes de notre époque, ils se divisent au contraire sur les conditions auxquelles échouera la revendication du propriétaire. Tous s'accordent à autoriser la revendication même si le tiers est de bonne foi ; aucun d'eux même ne soutient que la propriété est acquise au bout d'un an de possession comme au temps du Livre de Justice et de Plet. Cependant plus nous nous rapprochons de 1789 et plus s'accuse la tendance nouvelle ; sans sacrifier les intérêts de l'ordre public, les magistrats et les commentateurs sont préoccupés du trouble apporté dans les transactions par les revendications mobilières et ils s'efforcent de protéger dans une certaine mesure les acquéreurs de bonne foi des meubles volés. Tantôt le propriétaire rentrera en possession de son bien à la condition de rembourser le prix d'achat à son adversaire ; tantôt l'acquéreur conservera l'objet volé. Examinons d'abord à quelles conditions l'obligation de restituer le prix sera imposée au demandeur. On se souvient qu'au moyen âge un grand nombre de Coutumes accordent cette faveur à ceux qui ont acheté en plein marché. Après avoir disparu à peu près complètement au seizième siècle, cette doctrine triompha de nouveau deux cents ans plus tard, à un

____

(1) *Traité de la prescription*, IIᵉ partie, art. 3, n° 202, tome IX, p. 387. Notons cependant que certains auteurs du dix-huitième siècle enseignent encore sur ce point la doctrine romaine. Augeard, *Arrêts notables des différents tribunaux du royaume*, Paris, 1756, tome I, p. 3. Raviot, *Arrêts notables du parlement de Dijon*, question 287, n° 6, tome II, p. 462. Voyez également dans le même sens, Delalande, *Coutume d'Orléans*, 1705. Commentaire sur l'art. 260, tome I, p. 534.

moment, où une loi du Digeste n'était plus considérée comme un argument sans réplique et où l'on tenait compte des conditions modernes de la vie. Remarquons-le cependant, plusieurs jurisconsultes restèrent fidèles jusqu'à la fin à l'enseignement du Corpus Juris, et à leur tête il convient de citer Pothier (1). Malgré ces résistances individuelles, la pratique des tribunaux entra résolûment dans la voie que nous avons indiquée (2). On assimila même à la vente conclue en foire ou en marché la vente faite par un marchand vendant des choses semblables à l'objet volé (3). Cette dernière innovation était fort importante et elle eut pour conséquence de protéger d'une manière efficace les acquéreurs prudents et honnêtes.

S'il était juste d'éviter au possesseur actuel toute perte d'argent, cela ne parut pas suffisant aux magistrats de notre époque. Le propriétaire du meuble volé échouera d'une façon complète.

a. — Si l'action est intentée après la vente judiciaire (4). C'est là une fin de non-recevoir qui n'avait pas été imaginée par les auteurs des siècles précédents et qui ouvre un jour intéressant sur l'esprit de la jurisprudence immédiatement antérieure au Code civil.

b. — Si la prescription est accomplie. La lutte terminée sur la question de savoir si les choses furtives peuvent être prescrites dure encore relativement au délai de l'usucapion. Plusieurs proposent le délai de trente ans (5). Pothier

---

(1) *Traité des Cheptels*, section Ire, art. 4, § 3, n° 40, tome IV, p. 355.

(2) Boucheul, *Commentaire de la Coutume du Poitou*, note sur art. 404, n° 18, tome II, p. 668; Louis de Saint-Vast, *Commentaire de la Coutume du Maine*, note sur l'art. 435, tome IV, p. 85. Cottereau, *Le droit général de la France et le droit particulier à la Touraine et au Lodunois*, Tours, 1781, n° 3142 (tome I, p. 252). *Encyclopédie méthodique* (édition Panckoucke). Jurisprudence, v° *Cheptel*, Paris, 1783, tome II, p. 586. Denisart, *Collection de jurisprudence*, au mot *Vol*, n° 17. Dunod, *Traité des prescriptions*. Dijon, 1730, part. II, ch. II, p. 132. Soulatges, *Coutumes de la ville, gardiage et viguerie de Toulouse*. Toulouse, 1770, p. 245.

(3) Voir la plupart des auteurs cités à la note précédente.

(4) Dupineau, *Coutumes du pays et duché d'Anjou*. Paris, 1725, note sur art. 420, colonne 1367. Pothier, *Traité des cheptels*, section Ire, art. 4, § 3, n. 49, tome IV, p. 355. De Saint-Vast, *Commentaire de la Coutume du Maine*, note sur art. 434, tome IV, p. 86.

(5) Auroux des Pommiers, *Coutume du Bourbonnais*. Riom, 1780

est plus hardi et pense que la l. 1 C. Liv. VII, t. XXXI, doit être appliquée aux meubles volés (1). Au bout de trois ans la chose sera acquise au possesseur de bonne foi qui s'appuie sur un juste titre. Enfin Denisart (2) nous cite un arrêt du 10 décembre 1766 qui consacre la même doctrine dans une hypothèse où l'objet litigieux avait été acheté dans une foire.

En résumé, les réformes accomplies au dix-huitième siècle dans l'intérêt du commerce s'appliquèrent au cas de soustraction frauduleuse comme au cas d'abus de confiance. A la vérité, la nécessité de sauvegarder l'ordre public ne permettait pas de protéger d'une façon aussi complète le possesseur du meuble volé. Néanmoins c'est à la pratique des dernières années de l'ancien régime que remonte le § 2 de l'art. 2279 C. civ. aussi bien que le § 1.

Section III. — *Fins de non-recevoir qui peuvent être opposées à l'action en revendication dans le cas où le meuble litigieux n'a pas été volé.*

Dans un article inséré au répertoire de Guyot (3), Merlin de Douai constatait en 1785 que le droit commun de la France restait le même qu'au seizième siècle ; dans les Coutumes muettes, la propriété des meubles ne sera acquise qu'au bout de trente ans de possession. C'est également à cette conclusion qu'arrive Flaust dans le commentaire publié en 1781 sur la Coutume de Normandie (4) ; cet auteur cite Denisart pour repousser son opinion. Enfin un praticien de Limoges, Mallebay de la Mothe (5), s'élève vive-

tit. III, art. 23, p. 63. De Saint-Vast, note sur art. 434 du Maine, tome IV, p. 89. Ce dernier auteur enseigne que la prescription est acquise au bout de vingt ans « quand l'action pour revendiquer lse choses volées se trouve incidente et accessoire à l'accusation du crime de vol ».

(1) *Traité des prescriptions*, II⁰ partie, art. 3, n. 204 et suiv., tome IX, p. 388. Dupineau, *Coutume d'Anjou*, note sur art. 420.

(2) *Collection de jurisprudence*, v⁰ *Vol*, n. 19.

(3) V⁰ *Prescription*, section II, § 5, tome XIII, p. 357.

(4) Note sur art. 522, tome II, p. 657.

(5) *Questions de droit, de jurisprudence et d'usage des provinces de droit écrit du ressort du Parlement de Paris*. Limoges, 1787, v⁰ *Prescription*, p. 291 : « mais elle est fausse (l'opinion de Ferrière et de Du Rousseaud), contraire au droit commun de toute la France et à la pratique de nos provinces de droit écrit, ne paraissant ni juste ni raisonnable qu'on

ment en 1787 contre la tentative de Ferrière et de Rousseaud de Lacombe et proteste que la prescription de trente ans, en matière mobilière, est conforme au droit commun des pays de droit écrit et de la France tout entière (1),

Si nous consultons en second lieu les commentateurs des Coutumes qui admettent expressément l'usucapion de trois ans, nous verrons également que la jurisprudence ne s'était pas modifiée depuis la rédaction officielle accomplie en vertu de l'ordonnance de Montilz les Tours. En 1779, Louis de Saint-Vast (2) exige le juste titre, comme le faisait François Mingon cent cinquante ans auparavant. En ce qui concerne la preuve du juste titre, l'ordonnance de 1667 est appliquée purement et simplement ; le défendeur établira le fait de l'acquisition par témoins si la valeur de l'objet litigieux n'excède pas 100 livres, par écrit dans le cas contraire. Étant données les habitudes des hommes du dix-huitième siècle, cette doctrine de Louis de Saint-Vast équivalait en fait le plus souvent à la suppression de l'usucapion de trois ans.

Ainsi leur droit municipal semblait tolérable à la plupart des jurisconsultes des pays où l'usucapion de trois ans était formellement admise (3). En sens inverse beaucoup de praticiens vivant sous l'empire de coutumes muettes protestèrent contre la législation qui résultait de la combinaison

puisse prescrire un mobilier considérable dont l'action en partage dure trente ans, dans un espace de temps aussi court que celui de trois ans, comme le veulent ces deux auteurs. »

(1) En ce sens, Auroux des Pommiers, *Coutume du Bourbonnais*. Riom, 1780, note sur l'art. 23 du titre III, p. 67 ; consultez aussi l'*Arrêt de la grande chambre du Parlement de Paris*, en date du 11 juillet 1738. Cet arrêt est analysé par Merlin dans le passage cité plus haut. En ce qui concerne les pays de droit écrit, aucun doute ne peut subsister. Voyez les nombreux textes cités par Merlin (*loc. cit.*) et Ortlieb, *op. cit.* Ces deux auteurs admettent une exception pour la Provence. Nous ne voyons pas que leur doctrine soit justifiée à cet égard et il nous paraît certain qu'en Provence, au dix-huitième siècle, la prescription n'était accomplie qu'après trente ans de possession. Julien nous semble formel en ce sens (*Éléments de jurisprudence selon les lois romaines et celles du royaume*. Aix, 1785, liv. II, t. V, *De la prescription*, n. 4, p. 181, et *Nouveau commentaire sur les statuts de Provence*. Aix, 1778, tome II, p. 415.

(2) *Commentaire de la Coutume du Maine*, note sur art. 484, tome IV, p. 85.

(3) Voyez cependant l'opinion de M. de Parence rapportée ci-dessous.

des textes romains, des vieilles traditions françaises et enfin des dispositions de l'ordonnance de 1667 en matière de preuve. Si le mal était évident, quel remède allait-on imaginer ? A cet égard, les idées furent très divergentes et nous allons énumérer plusieurs méthodes qui furent préconisées au dix-huitième siècle et entre lesquelles les rédacteurs du Code civil avaient la faculté de choisir.

a. — Opinion de M. de Parence (1). Dès l'année 1709 ce magistrat proposait de résoudre le problème en contraignant le propriétaire victime de la mauvaise foi du dépositaire ou du créancier gagiste, à restituer le prix de vente à l'acheteur de bonne foi. Comme on le sait, le Parlement de Paris avait déjà imaginé en 1636 cette transaction entre les deux intérêts en présence, et la théorie de M. de Parence n'eut pas plus de succès que la jurisprudence inaugurée en 1636. Le système de M. de Parence ne fut même pas connu en dehors des limites de sa province ; car son commentaire sur la coutnme du Maine resta manuscrit.

b. — Système de Ferrière (2), de Rousseaud de Lacombe, etc. (3). Beaucoup de praticiens crurent protéger suffisamment l'acheteur en substituant à la prescription de trente ans l'usucapion romaine de trois ans. L'autorité du Digeste ne leur permit pas d'ailleurs d'adopter la théorie intermédiaire qui avait prévalu à Amiens, à Melun, à Clermont en Argonne, à Sedan, et ils exigèrent en principe, indépendamment de la bonne foi, l'existence du juste titre. Comment dès lors l'existence du juste titre serait-elle établie ? On se trouvait en présence de la difficulté que nous

---

(1) *Commentaire manuscrit sur la Coutume du Maine*, cité par de Saint-Vast (note sur art. 161 de la *Coutume du Maine*, tome I, p. 342). « M. de Parence dit, à la date du mois d'avril 1705, que si le meuble avait été prêté il y a de l'équité que le maître du meuble rende l'argent à l'acheteur, parce qu'il doit s'imputer la faute d'avoir prêté à un infidèle. »

(2) *Dictionnaire du Droit français*, édition 1771, v° *Immeubles*.

(3) *Recueil d'arrêts*, p. 255. Dans le même sens, Chabrol, *Coutume d'Auvergne*, note sur l'art. 1 du chap. XVII, tome II, p. 660. Patou, *Coutumie de Lille*, note sur le tit. VI, art. 1, glose 4, n° 1 (tome II, p. 21). Hénrion, article inséré dans l'*Encyclopédie méthodique* (édition Panckoucke), Jurisprudence 1786, v° *Prescription*, tome VI, p. 675. Boucheul, *Coutume du Poitou*, sur l'art. 372, n° 12, tome II, p. 565. Cottereau, *Le droit général de la France et le droit particulier de la Touraine et du Lodunois*, n° 3146, tome I, p. 262. Pothier, *Traité de la Prescription*, IIᵉ partie, art. 3, n° 202, tome IX, p. 387.

avons signalée plus haut, en analysant le livre de Louis de Saint-Vast. Pothier (1) crut impossible de concilier l'ordonnance de 1667 avec les nécessités de la pratique et il permit dans tous les cas au défendeur de prouver la vérité de son dire, en faisant intervenir des témoins. Ferrière et Boucheul vont encore plus loin et se contentent de l'affirmation du possesseur ; si ce dernier prétend qu'il a acheté le meuble, on le croira sur sa parole, à moins que sa mauvaise foi ne soit démontrée (2). En réalité ces auteurs se conforment seulement en apparence aux prescriptions de la L. 1, C. L. VII, t. XXXI.

c. — Opinion de Pothier, Denisart, Cottereau, etc. Les jurisconsultes et les magistrats s'aperçurent assez vite de l'insuffisance de la doctrine précédente. Sans abandonner celle-ci, quelques-uns la complétèrent en modifiant le système de preuve, en dépit de l'ordonnance de 1667. Le désir de défendre des acheteurs et des donataires de bonne foi qui, étant données les mœurs, se trouvaient dans l'impossibilité complète d'établir leur qualité soit par écrit, soit même par témoins, tel fut le mobile de La Peyrère (3), de Gabriel

(1) *Traité de la Prescription*, IIe partie, art. 3, n° 205, tome IX, p. 388. Dans son *Traité des donations entre mari et femme*, Ire partie, chap. I, art. 2, n° 67, tome VII, p. 473, le même jurisconsulte va encore plus loin dans la même voie. « Outre cette différence de temps pour la prescription entre les meubles et les immeubles, il y en a une autre qui est que pour l'usucapion des meubles par une possession de dix ans ou vingt ans, il faut que le possesseur rapporte le titre par écrit de son acquisition : à l'égard des meubles, comme il est d'usage que les ventes, les donations et les autres genres d'aliénations des meubles s'exécutent et se consomment par la tradition qui s'en fait de la main à la main, sans en dresser acte par écrit, le possesseur, pour cette prescription, doit être cru de ce qu'il alléguera du titre auquel il dit avoir la chose, pourvu que ce qu'il allègue soit vraisemblable. »

(2) *Coutume du Poitou*, note sur art. 372, n° 13, tome II, p. 565. « La *Coutume du Maine*, en l'art. 434 et autres cy-dessus requièrent pour donner lieu à la prescription du meuble par trois ans, que la possession en soit publique, de bonne foy et à juste titre, c'est-à-dire, que l'on ne fasse pas voir que le possesseur est de mauvaise foy ; car autrement, selon que de Ferrière l'a observé au lieu cy-dessus, celui qui a le meuble n'est pas tenu de rapporter un titre de sa possession, parce qu'ordinairement l'on ne fait pas d'acte pour les meubles particuliers dont on dispose. » (De Ferrière, sur art. 118, *Coutume de Paris*, glose 6, nombre 4.)

(3) *Décisions notables* (édition de 1808), v° *Revendication*, t. II, p. 651, v° *Prescription*, t. II, p. 508.

Dupineau (1), de Pothier (2), de Denisart (3), de Cottereau (4), de Houard (5), de Desessarts (6), de La Chesnaye (7).

D'après les principes généraux du droit, le possesseur d'un meuble ou d'un immeuble en est présumé le propriétaire en ce sens que le revendiquant est tenu au préalable de démontrer qu'il a été titulaire du droit. Une fois cette preuve faite, le défendeur à l'action en revendication immobilière prend à son tour l'offensive et combat la preuve de son adversaire en remontant d'aliénation en aliénation la série de ses auteurs successifs. Comme, en matière immobilière, les transferts sont, dans l'usage, toujours constatés par écrit,

(1) *Coutume d'Anjou*, note sur 421.

(2) *Coutume d'Orléans*. Introduction au titre *de la prescription*, art. prélimin., sect. II, n° 4, tome I, p. 331. « Il est rare qu'il y ait lieu à la question, le possesseur d'un meuble en étant présumé le propriétaire, sans qu'il soit besoin d'avoir recours à la prescription, à moins que celui qui le réclame et s'en prétend propriétaire ne justifiât qu'il en a perdu la possession par quelque accident comme par un vol qui lui en aurait été fait. »

(3) Denisart, *Collection de Jurisprudence*, v° *Meubles*, n° 32. « Celui qui possède des meubles en est réputé le propriétaire ; il ne lui faut pas d'autre titre que sa possession » v° *Prescription*, n° 40. « Celui qui est en possession de meubles en est réputé propriétaire, s'il n'y a titre au contraire. »

(4) *Le droit général de la France et le droit particulier de la Touraine.* Tours, 1781, n° 7279, tome Ier, 644. « Il faut trois ans avec titre et bonne foi pour prescrire les meubles : ce qui est bon pour le for intérieur ; pour le for extérieur la possession seule décide. » N° 6409, tome Ier, p. 209. « Non seulement la chose déposée mais la chose volée peut être revendiquée. Bourjon, tome II, p. 566, observe, que le dépôt doit être bien constaté et le vol juridiquement prouvé ; autrement la possession déciderait. Par rapport aux effets mobiliers, elle vaut titre. » Comme nous le verrons, Cottereau a mal entendu Bourjon, il n'a même pas pu supposer que ce dernier distinguât, en matière civile, entre l'abus de confiance et le vol. L'opinion de Cottereau était néanmoins importante à recueillir.

(5) *Dictionnaire du droit normand*, v° *Meubles*.

(6) Article inséré dans le Répertoire de Guyot. 2e édition. Paris, 1785, v° *Meubles*, tome XI, p. 501. « Celui qui possède des meubles en est présumé le propriétaire, il n'a pas besoin d'autre titre que sa possession ; cependant on peut réclamer les meubles et effets mis en dépôt ou confiés à des ouvriers pourvu qu'il n'y ait aucune fraude et la possession ne peut être opposée dans ces deux cas, parce que c'est une possession apparente, puisque le véritable propriétaire des effets déposés ou confiés a toujours conservé la sienne. »

(7) Article inséré dans l'*Encyclopédie méthodique* (édition Panckoucke), Jurisprudence, v° *Meubles*, tome VI, p. 25. « Celui qui possède des meubles en est présumé le propriétaire, il ne lui faut d'autre titre que la possession d'après cette maxime connue : « En fait de meubles, possession vaut titre ».

il suffit au possesseur de présenter au tribunal son propre
titre et ceux qui ont dû lui être remis au moment de l'acquisition. Au contraire, relativement aux mutations mobilières, on ne dresse guère d'acte instrumentaire. Les donations de meubles ont souvent lieu de la main à la main et
sans aucune publicité. Enfin, s'il s'agit d'une vente de
meubles ayant une valeur égale ou inférieure à cent livres,
l'acheteur pourra encore quelquefois démontrer par témoins
l'existence de son juste titre, mais il en sera différemment
du titre de son auteur. En conséquence, grâce aux dispositions de l'ordonnance de 1667 combinées avec les principes
généraux du droit, un ancien propriétaire du meuble avait
la chance de rentrer en possession, contre toute justice, au
détriment des héritiers de l'acheteur ou d'un sous-acquéreur de bonne foi. Les donations mobilières devenaient en
outre révocables et un donataire n'était jamais certain de
conserver un bien régulièrement acquis.

Les inconvénients que je viens de mettre en lumière devaient vivement frapper et à très juste titre les avocats et
les magistrats du dix-huitième siècle. C'est uniquement
afin d'y remédier qu'ils en arrivèrent à formuler le principe suivant : « Celui qui possède des meubles en est réputé
le propriétaire ; il ne lui faut pas d'autre titre que la possession » ou sous une autre forme : « en fait de meubles possession vaut titre ».

Cet axiome nouveau signifie que le défendeur ne sera
pas tenu d'établir par écrit ni même par témoins l'existence
de la vente ou de la donation ; son affirmation suffira. Il
est bien évident du reste que le titre sur lequel s'appuie le
plaideur devra être un titre translatif de propriété ; le débat
ne peut même pas s'engager si le possesseur reconnaît sa
qualité de créancier gagiste ou de dépositaire, c'est-à-dire la
précarité de la possession. Ainsi le défendeur soutient qu'il
a reçu le meuble de telle personne à titre d'achat ou de donation et que son auteur avait le droit de vendre ou de
donner le bien litigieux. Sa possession a pour conséquence
de rendre ses allégations vraisemblables et il est présumé
propriétaire.

Si cependant sa possession est considérée comme une

présomption en sa faveur, cette présomption disparaîtra devant la preuve contraire ; pour employer les termes usuels, cette présomption est une présomption *juris tantum* et non pas une présomption *juris et de jure*.

Le demandeur sera donc autorisé à détruire la première des affirmations du défendeur en présentant au tribunal une reconnaissance de dépôt signée de son adversaire ou la seconde de ses affirmations en faisant passer sous les yeux des juges un acte constatant que le meuble revendiqué avait été confié par lui à titre de dépôt ou de gage à la personne désignée par l'autre partie comme le lui ayant vendu.

Après avoir ainsi exposé la doctrine de Pothier et de plusieurs de ses contemporains, il nous reste à en examiner les conséquences pratiques.

Grâce à cette modification apportée à la théorie des preuves, le donataire de meubles était protégé contre le caprice du donateur et la mauvaise foi de ses héritiers (1); on évitait également les revendications frauduleuses des anciens propriétaires.

Au contraire la voie de la revendication mobilière restait ouverte notamment dans les hypothèses suivantes :

1º Le vendeur non payé contraindra un sous-acquéreur de bonne foi à lui restituer le meuble, si la première vente a été consentie sans terme (2). Conformément aux principes du droit romain, nos auteurs coutumiers enseignaient, en effet, que la tradition ne transfère pas la propriété dans cette hypothèse. Les magistrats et les commentateurs du dix-huitième siècle tendent d'ailleurs à limiter de plus en plus les droits du vendeur. Si la revendication n'est pas

____

(1) Merlin, *Questions de droit*, 4ᵉ édition. Bruxelles, 1829, vº *Donation*, § 6, tome VI, p. 51 : « Ce principe était universellement reconnu avant que l'art. 2279 C. civ., l'eût consacré... Aussi ai-je vu rendre au Châtelet, en 1777, une sentence contradictoire par laquelle le duc de la R.. fut déclaré non recevable à revendiquer sur un tiers des tableaux que celui-ci tenait d'une actrice qui prétendait les avoir reçus du duc de la R.. à titre de donation. »

(2) Cottereau, *Le droit général de la France et le droit particulier de la Touraine*, nº 6423, tome I, p. 560 : « Le vendeur sans terme peut revendiquer la chose qui se trouve dans le même état des mains de celui qui achetée de bonne foi du premier acheteur. »

intentée dans un bref délai après la vente, le vendeur sera considéré comme ayant tacitement accordé un terme (1). Notons au surplus que le revendiquant sera tenu de présenter un écrit, ou sinon le sous-acquéreur lui opposerait une fin de non-recevoir ; le paiement n'ayant pas eu lieu au moment de la livraison, un acte aura toujours été rédigé.

2° Le propriétaire est également autorisé à intenter une action en revendication contre celui qui a acheté le meuble litigieux du dépositaire, du créancier gagiste, du preneur à cheptel, de l'artisan auquel le meuble avait été remis pour le réparer (2). Dans tous ces cas, en effet, d'une part, la présomption de propriété est détruite, d'autre part, un vol a été commis au détriment du propriétaire et l'ordre public exige que le préjudice causé par le délit soit entièrement réparé (3).

Telle est cette doctrine de Pothier, de Denisart et d'un grand nombre d'autres auteurs. Elle avait l'avantage de ne pas constituer, au point de vue théorique, une dérogation trop grave aux règles romaines. Assurément elle ne protégeait pas d'une façon complète les acquéreurs de bonne foi ; mais nos anciens jurisconsultes pouvaient, à bon droit se poser la question de savoir s'il convenait de sacrifier dans une mesure plus large le droit de propriété mobilière. En tous cas, ils furent arrêtés par un scrupule et n'osèrent pas séparer, en matière civile, le vol et l'abus de confiance, que

---

(1) Auroux des Pommiers, *Coutume de Bourbonnais*, note sur l'art. 116 du tit. XIII, p. 184.

(2) En ce sens, le passage de Cottereau cité à la note 4 de la page 230 et le passage de Desessarts reproduit à la note 6 de la même page. Nous reconnaissons d'ailleurs que ce dernier jurisconsulte s'exprime d'une façon moins nette que le premier. Enfin Pothier consacre plusieurs pages à l'action en revendication accordée au propriétaire lorsque le fermier à cheptel a aliéné les bestiaux. *Traité des cheptels*, section Ire, art. 4, § 3, n° 4, t. IV, p. 355. Denisart accorde également une action en revendication au bailleur à cheptel (*Collection de jurisprudence*, v° *Cheptel*, § 1, tome IV, p. 533, 2e édition. Paris, 1786). Enfin le rédacteur anonyme de l'article *Cheptel* dans l'*Encyclopédie méthodique* (édition Panckoucke). *Jurisprudence*, v° *Cheptel* (tome II. p. 586) donne la même solution sans supposer même qu'une difficulté puisse naître à cet égard.

(3) Conformément aux principes que nous avons exposés plus haut, le revendiquant devra, pour triompher, présenter un acte constatant le contrat intervenu. La bonne foi de l'acquéreur est en outre indispensable ; dans le cas contraire, il pourrait être poursuivi comme ayant commis un recel.

le droit criminel de leur temps confondait sous une même dénomination (1).

d. *Jurisprudence du Châtelet de Paris et opinion de Bourjon* (2) *et de Valin* (3). — La dernière doctrine que nous ayons à étudier nous paraît se rattacher, au point de vue de l'origine, à celle que nous venons de faire connaître. Le Châtelet de Paris s'était d'abord borné à modifier le système de preuve, en matière mobilière, afin d'éviter les revendications frauduleuses. Plus tard l'intérêt du commerce parut justifier l'introduction d'une véritable fin de non-recevoir à l'action en revendication mobilière. L'acquéreur de bonne foi fut autorisé à repousser la demande du déposant, même dans le cas où ce dernier présente un acte instrumentaire constatant le dépôt; en d'autres termes, la revendication mobilière échouera dans la seconde des deux hypothèses que nous avons énumérées un peu plus haut.

En consacrant la jurisprudence nouvelle, que nous venons de résumer, les conseillers au Châtelet de Paris se laissèrent principalement entraîner par leur désir de faciliter la circulation des meubles. Il ne leur sembla pas d'ailleurs injuste de refuser au déposant une action accordée au propriétaire qui a vendu sans terme. Enfin un mauvais raisonnement d'avocat triompha de leurs derniers scrupules et ils n'hésitèrent pas à séparer en matière civile le vol et l'abus de confiance.

Si en introduisant notre fin de non-recevoir, la jurispru-

(1) Pothier, passage cité à la note 2 de la p. 233. « Plusieurs prétendent que le propriétairs *des bêtes dérobées* tel qu'est dans notre espèce le bailleur du cheptel... »

(2) *Le Droit commun de la France*, livre VI, tit. VIII, ch. III, sect. IV, n° 22, tome II, p. 566. « Si le dépositaire avait vendu ses meubles, le propriétaire d'i-celui ne peut le réclamer des mains de l'acheteur, parce qu'en matière de meuble la possession valant titre, la sûreté du commerce ne permet pas qu'on écoute une telle revendication, il faut donc en ce cas la rejeter. Telle est la jurisprudence du Châtelet, qui se fonde sur l'art. 182 qui veut que le dépôt soit en nature, ce qui cesse, lorsqu'il y a vente d'i-celui : ainsi cette jurisprudence a sa racine dans le texte de la Coutume. »

(3) Valin, *Commentaire de la Coutume de La Rochelle*, note sur l'art. 60, p. 240. « Le dépositaire qui abuse du dépôt et qui en dispose fait naturellement un vol a celui qui lui a confié ce dépôt ; cependant, ce dernier n'a pas droit de suivre la chose, dès qu'elle est hors de la possession du dépositaire ; la raison est qu'il a entièrement suivi la foi de ce dépositaire et que cette confiance ne peut pas nuire à un acheteur de bonne foi. »

dence du Châtelet de Paris alla plus loin que n'osèrent le faire Pothier et les autres partisans de la doctrine précédemment exposée, celle-ci resta néanmoins en faveur. Le système de preuve sera modifié en faveur du possesseur actuel, même si la revendication mobilière a été légitimement intentée. En d'autres termes, une théorie nouvelle vint en quelque sorte se superposer à la théorie primitive sans altérer cette dernière (1).

Dans son Droit commun de la France, Bourjon se servit des jugements qu'il avait vu rendre au Châtelet de Paris, et faisant œuvre de jurisconsulte, il formula des principes et déduisit des conséquences. Le travail personnel de cet avocat au Parlement eut en réalité une influence notable sur la formation de notre droit moderne et la lecture de son livre est indispensable pour comprendre plusieurs articles du Code civil et notamment les art. 2102-2°, 2279, 2280 du Code civil.

Envisageant dans leur ensemble les sentences diverses émanées du Châtelet, Bourjon détourna d'abord de son sens primitif la règle « En fait de meubles possession vaut titre » sans oser cependant admettre toutes les conséquences de son interprétation (2). Notre auteur fut dès lors frappé de l'analogie qui existait entre l'adage « En fait de meubles possession vaut titre » tel qu'il le comprenait et la vieille maxime coutumière « Les meubles n'ont pas de suite par hypothèque ». Revenant sans s'en douter à la formule en usage au quatorzième et au quinzième siècle, Bourjon fondit en une seule les deux règles que nous venons de rappeler et il crut s'exprimer d'une façon plus simple en disant « Les meubles n'ont pas de suite » (3). Enfin le Droit commun de la France tire une conséquence naturelle de cette fusion entre deux

---

(1) Bourjon, *Dr. commun de la Fr.*, l. VI, tit. VIII, chap. III, sect. II, n° 10, tome II, p. 566 : « ... elle (la femme séparée) pourrait les revendiquer ; la grande main du mari, la présomption de droit que tous les meubles qui sont dans son domicile lui appartiennent *cessant, lorsqu'il y a titre contraire*. » N° 21, même page : « Le propriétaire d'icelui le trouvant en nature le peut revendiquer, pourvu que le dépôt et le nantissement se trouvent juridiquement constatés, autrement il n'y aurait lieu à cette revendication, la possession seule déciderait. »

(2) Bourjon admet en effet la revendication du propriétaire qui a vendu le meuble sans terme. L. VI, t. VIII, ch. III, sect. IV, n° 26, t. II, p. 566.

(3) Liv. II, tit. I, chap. VI, section I, tome I, p. 124.

théories d'origine si différente, et il nous apprend d'une façon expresse que l'acquéreur de bonne foi sera seul protégé (1).

Notons en dernier lieu que l'excellent jurisconsulte Valin adopta la doctrine de Bourjon et l'exposa en quelques mots avec une précision et une lucidité remarquables.

Nous avons ainsi terminé l'examen des tentatives faites au dix-huitième siècle pour améliorer la législation du seizième siècle qui avait combiné assez malheureusement les principes romains et les traditions françaises. Au moment de la Révolution c'était, croyons-nous, le système de Pothier qui l'emportait parmi les praticiens de Paris et des provinces voisines de la capitale. Peut-être même le Châtelet de Paris en était-il revenu à sa jurisprudence primitive, depuis la publication du livre de Bourjon. Dans le Midi, l'ancienne prescription de trente ans s'était maintenue.

CONCLUSION.

Après cette analyse des sources juridiques du cinquième siècle à la fin du dix-huitième, il convient de jeter un rapide coup d'œil sur le chemin parcouru et de résumer l'histoire de l'action en revendication mobilière.

Pendant de longs siècles, les praticiens et les magistrats français ont absolument ignoré la classification romaine des actions en actions réelles et en actions personnelles; à ces époques reculées, il ne semblait pas indispensable d'attacher une action réelle à tout droit de propriété et les esprits étaient impuissants à comprendre la législation raffinée et savante des jurisconsultes classiques, législation qui n'aurait pas d'ailleurs été en harmonie avec les mœurs sociales. Si la victime du vol rentrait en possession de son bien en intentant une action criminelle contre celui entre les mains duquel elle le découvrait, le déposant en était réduit à poursuivre le dépositaire infidèle.

(1) L. II, t. I, ch. vi, sect. I, n° 2, t. I, p. 124; L. VI, t. VIII, ch. III, sect. IV, n° 24, t. II, p. 566. Comme on s'en souvient, les acheteurs de bonne foi étaient seuls protégés contre les poursuites des créanciers du vendeur d'après le droit commun coutumier

La naissance de l'action de chose adirée réalisa un premier progrès ; grâce à la séparation de l'élément criminel et de l'élément civil, le propriétaire du meuble dérobé n'aura plus à redouter, en cas d'échec, soit la peine du talion, soit l'amende de soixante sous. Ajoutons que cette réforme marque le commencement d'une période nouvelle dans l'histoire de la procédure. Lorsque les membres des tribunaux eurent l'habitude de voir les particuliers réclamer les objets volés « en formant demande civile, tendant seulement à la restitution de la chose », ils ne tardèrent pas à trouver le moyen de protéger d'une façon plus efficace les propriétaires de meubles même dans le cas où aucun vol n'a été commis. L'usage de notre action réelle attesté déjà par quatre coutumiers de la fin du treizième siècle se généralise de plus en plus pendant les deux siècles suivants. Si au moment de la rédaction officielle des Coutumes la tradition ancienne n'est pas encore oubliée et si la vieille règle « Les meubles n'ont pas de suite », a trouvé place dans les livres de plusieurs écrivains de la Renaissance, au moins est-il vrai de dire que le triomphe du droit romain n'est déjà plus douteux dans aucune province de la France. La revendication mobilière fut en effet bientôt accueillie par tous les tribunaux de notre pays, sans aucune exception. A la vérité, la conception primitive laissa dans notre droit national des traces certaines de son existence ; il est impossible d'expliquer le rejet des actions possessoires en matière mobilière et la disposition contenue dans l'art. 2119 du Code civil, sans remonter aux origines de notre droit sur ce sujet. Néanmoins, à partir du dix-septième siècle, la lutte subsista seulement dans les Palais de justice, sans aucune chance de succès pour les adversaires des principes romains, et aucun jurisconsulte digne de ce nom ne mit plus en doute les droits du propriétaire de meuble jusqu'au moment où une réaction se produisit dans l'intérêt des transactions commerciales.

Peut-être la législation romaine eût-elle suffi aux hommes du dix-huitième siècle si elle avait été admise en France dans son intégralité ; mais, par une singulière fortune, le rejet de la revendication mobilière à l'époque barbare et au moyen âge avait eu pour conséquence de substituer dans les temps modernes la prescription de trente ans à l'usucapion triennale de Justinien.

Aussi le mouvement de réforme inauguré en 1636 par l'arrêt du Parlement de Paris fut-il repris soixante ans plus tard, lorsque l'ordonnance de 1667 eût rendu encore plus difficile de concilier avec les nécessités de la pratique la législation existante.

Tandis que beaucoup d'auteurs se refusèrent à sortir du domaine de la preuve, le Châtelet de Paris, au moins à l'époque où Bourjon exerçait sa profession d'avocat, accorda à l'acheteur de bonne foi une fin de non-recevoir contre l'action en revendication du déposant et fit subir à ce dernier la peine de son imprudence. Cette jurisprudence peut-être passagère exerça une notable influence sur les délibérations des auteurs du Code civil, grâce au succès du livre de Bourjon. Enfin, en repoussant la règle romaine d'après laquelle le vendeur non payé reste propriétaire, si aucun terme n'a été accordé, les législateurs de 1804 diminuèrent encore les cas d'application de la revendication mobilière. En définitive l'art. 2279 du Code civil repose sur des motifs qui n'auraient pas été compris par les auteurs des Coutumiers du moyen âge et la doctrine qu'il consacre ne remonte pas au delà du dix-huitième siècle. C'est au contraire dans notre ancienne pratique qu'il convient de chercher l'origine de plusieurs articles du Code de procédure relatifs à l'exception de garantie.

BIBLIOGRAPHIE

Von Bar. — Beweisurtheil des germanischen Prozesses, 1866.

Bethmann-Hollweg. — Der Civilprozess des gemeinen Rechts in geschichtlicher Entwickelung, t. IV, der germanisch romanische Civilprozess. Bonn. 1868, §§ 8, 23 70.

Bourcart. — Des actions possessoires (Thèse de doctorat). Paris, 1880.

Brunner. — Das Wort und Form im altfranzösischen Prozess (Sitzungsberichte der kaiserlichen Akademie der Wissenschaften. Philosophisch-historische Classe, t. LVII. Heft 3). Vienne, 1867.

Brunner. — Die Entstehung der Schwurgerichte, 1872.

Bruns. — Das Recht des Besitzes im Mittelalter und in der Gegenwart. Tübingen, 1848, § 35, p. 203 et suiv.

Budde. — De vindicatione rerum mobilium germanica, dissertatio inauguralis. Bonnae, 1837.

Demarsy. — Du vol et de sa répression d'après les lois germaniques (Revue historique de droit français et étranger, t. XIII, p. 221).

Denyssen. — De parœmia juris hodierni quae vocatur « mobilia non habent sequelam. » Lugduni Batavorum, 1799, dissertatio inauguralis.

Ewers. — Das älteste Recht der Russen in seiner geschichtlicher Entwickelung dargestellt. Dorpat, 1826.

De Folleville. — De la possession des meubles et des titres au porteur. 2e édition, 1875.

Fournier. — Les officialités au moyen âge, organisation, compétence et procédure. Paris, 1880.

Franken. — Das Französische Pfandrecht im Mittelalter. Erste Abtheilung. Das Engagement. Berlin, 1879.

Garnier. — De la garantie. Thèse de doctorat. Toulouse, 1877.

Gerber. — System des deutschen Privatrechts. 1875.

Gerber. — Zeitschrift für Civilrecht und Process Neue Folge, t. XI, p. 25 et suiv.

De Gourmont. — Étude sur la possession des meubles. Thèse de doctorat. Caen, 1879.

Guillouard. — Recherches sur les colliberts. 1878.

Grimm. — Deutsche Rechtsalterthümer.

Heusler. — Die Beschränkung der Eigenthumsverfolgung bei Fahrhabe. Bâle, 1871. L'année suivante M. Heusler a résumé cette brochure dans un appendice à son traité sur la saisine. Die Gewere. 1872

Homeyer. — Die Haus und Hofmarken. Berlin, 1870.

Laband. — Die vermögensrechtlichen Klagen nach den sächsischen Rechtsquellen. 1869.

Löning. — Der Vertragsbruch im deutschen Recht. 1876.

Ortlieb. — De la possession des meubles. Thèse de doctorat. Nancy, 1871.

Pertile. — Storia del diritto italiano. Padova, 1874, t. IV, § 140, p. 239 et suiv.

Planck. — Das deutsche Gerichtsverfahren im Mittelalter. *Braunschweig*, 1879, t. I, p. 95 et suiv., t. II, p. 417 et suiv.

Raynaud. — De la règle en fait de meubles possession vaut titre. Thèse de doctorat. Paris, 1873.

Scherrer. — Zeitschrift für Rechtsgeschichte, t. XIII, ann. 1877, p. 267, 270.

Sohm. — La procédure de la *lex salica*. Traduction de l'allemand par M. Marcel Thévenin. Bibliothèque de l'école des hautes-études. Treizième fascicule, p. 35 à 78.

Sohm. — Staats und Gerichtsverfassung. 1871.

Siegel. — Geschichte des deutschen Gerichtsverfahrens. Giessen, 1857, §§ 6, 13, 37, p. 52 et suiv., 86 et suiv., 252 et suiv.

Stobbe. — Handbuch des deutschen Privatrechts. 1876.

Thévenin. — Die Mobilienvindication nach den altfranzösischen Rechtsquellen des Mittelalters (*Zeitschrift für Rechtsgeschichte*, ann. 1873-1874) (1).

Thévenin. — De la forme dans l'ancien droit germanique. (*Nouvelle revue historique du droit*, juillet-août 1879. Janvier-février 1880).

Tiphaigne. Étude sur la clameur de haro. Caen, 1880.

Del Vecchio. — Sulla rivendicazione dei beni mobili nell' antico diritto germanico (*Archivio giuridico*, t. XX 1878), p. 19 à 49 et p. 236 à 283).

---

(1) Cet article d'environ 16 pages forme le commencement d'un ouvrage qui n'a pas été achevé.

Wilda. — Das Strafrecht der Germanen, 1842.

Zoepfl. — Euua Chamavorum. Heidelberg, 1856, p. 73 à 88.

Zoepfl. — Deutsche Rechtsgeschichte, 1872, § 109, t. III, p. 195 et
suiv. (1).

SOURCES[2]

Actes du Parlement de Paris (édition Boutaric. Paris, 1863-
1868).

Archives administratives de la ville de Reims (édition Varin. Paris, 1841).

Archives législatives de la ville de Reims (édition Varin).

Archives d'Anjou (édition de M. Marchegay, 1843-1849).

Assises d'Antioche (édition de la Société mekhitariste de Saint-
Lazare. Venise, 1876) (3).

Assises de la Cour des bourgeois de Jérusalem (édition
Kausler. Stuttgard, 1839) (4).

Assises de la haute Cour de Jérusalem (livres de Philippe de
Navarre, de Jean et de Jacques d'Ibelin. Édition Beugnot. Paris,
1841, t. I).

**Abrégé du livre des assises de la Cour des bourgeois de
Jérusalem** (quatorzième siècle) (Beugnot, t. II).

Beaumanoir. — Coutume de Beauvoisis (édition Beugnot).

Bracton (Édition Travers Twiss, 1878-1880).

Britton (Édition Morgan Nichols, 1862).

Cartulaire de Notre-Dame de Paris (édition Guérard).

---

(1) J'avais espéré en outre mettre à profit l'étude de M. Bigelow sur la
procédure anglo-normande; mais le livre de ce savant jurisconsulte améri-
cain, annoncé depuis plusieurs mois, vient seulement de paraître, à un moment où l'impression de ce travail est déjà fort avancée.

(2) Ce tableau comprend seulement les sources antérieures au seizième
siècle.

(3) Les *Assises d'Antioche* ont été recueillies par sire Pierre de Ravendel
et par sire Thomas le maréchal sous Boemond V (1235-1253) ou sous
Boemond IV (1201-1235). Sempad le connétable en avait rédigé en 1265 une
traduction arménienne, et c'est une version française de cette traduction
arménienne qui a été entreprise et menée à bon terme par la Société
mekhitariste de Saint-Lazare.

(4) Si nous citons les *Assises de la cour des bourgeois de Jérusalem*
d'après l'édition Kausler, qui est la meilleure, nous reproduisons aussi le
numéro du chapitre correspondant de l'édition Beugnot.

Cartulaire de Saint-Père de Chartres (édition Guérard).

Cartulaire de l'abbaye de la Roë (diocèse d'Angers). (Bibliothèque nationale, manuscrit latin. Nouvelle acquisition, nº 1227) (1).

Charte communale d'Amiens (Bouthors, *Coutumes locales du bailliage d'Amiens*. Amiens, 1845, p. 66).

Charte communale d'Abbeville (Ordonnances du Louvre, IV, 53).

Charte communale de Bayonne. (Balasque et Dulaurens, Études historiques sur la ville de Bayonne, 1875, t. I, p. 463).

Charte communale de Compiègne (Ordonnances du Louvre, XI, p. 270).

Charte communale de Rouen (Ordonnances du Louvre, V, 671).

Charte communale de Roye (Ordonnances du Louvre, XI, 228).

Charte de la prévôté d'Amiens (Bouthors, t. I, p. 81).

Charte de commune paix de Valenciennes (édition L. Cellier. Valenciennes, 1867).

Coutume d'Agen (édition de M. Moullié. Recueil de la Société d'agriculture d'Agen, tome V. 1850).

Coutume d'Anjou (édition Beautemps-Beaupré. 1877-1879, 3 vol.).

Coutume d'Amiens (coutume du commencement du 13ᵉ siècle et coutume de la fin du 13ᵉ siècle). (Augustin Thierry. Documents pour servir à l'histoire du tiers État, tome I.)

Coutume d'Aubiet (1228) (Bladé. Coutumes municipales du Gers, 1864, p. 60).

Coutume d'Apt (Giraud. Essai sur l'histoire du dr. fr. Paris, 1856, tome II, p. 84).

Coutume d'Arles (Giraud, tome II, p. 185).

Coutume d'Avignon (édition René de Maulde. Nouv. rev. hist. du dr., 1877 et 1878).

Coutume de Bayonne (édition Balasque et Dulaurens. Voir plus haut).

Coutume de Bergerac (Bourdot de Richebourg, IV, p. 1005).

Coutume de la ville et septène de Bourges (Bourdot de Richebourg, III, p. 875).

Coutume de Bordeaux (13ᵉ siècle) (Las costumas de la villa de Bordeü, édition des frères Lamothe. Bordeaux, 1768, tome I).

______

(1) Ce manuscrit est une copie de l'original faite en 1848 par M. Marchegay.

Coutume de Bretagne (Très ancienne coutume). Bourdot de Richebourg, IV, p. 199).

Coutume de Cahors (édition de M. Emile Dufour. La commune de Cahors au moyen âge. Cahors, 1846).

Coutume de Cazères (vicomté de Marsan) (Bladé. Coutumes municipales du Gers, p. 5).

Coutume d'Eauze (Bladé, p. 202).

Coutume de Laroque-Timbaud (Rev. hist. du dr. 1865).

Coutume de Limoges (Leymarie. Le Limousin historique. Limoges, 1837, tome II).

Coutume de Luzech (Bulletin de la Société des Etudes du Lot, tome Ier, 1873-1874).

Coutume de Mirande (comté d'Astarac) (Bladé, p. 230).

Coutume de Marseille (Méry et Guindon. Histoire de Marseille, 1843).

Coutume de Montauban (édition Devals aîné, Histoire de Montauban, tome I). Montauban, 1855.

Coutume de Montpellier (1204) (Petit Thalamus de Montpellier publié par la Société archéologique de cette ville, 1841).

Coutume de Montcuq (Revue historique, 1861).

Coutume de Montriçoux (1277) (édition de M. Devals aîné. Bulletin de l'Académie des sciences de Toulouse, année 1864. Toulouse, 1864).

Coutume de Mulhouse (1231-1234) (édition Fr. Stephan. Neue Stofflieferungen für die deutsche Geschichte. Erstes Heft. Mulhouse, 1846, p. 32 et suiv.).

Coutume de Perpignan (publiée par la Société archéologique de Montpellier. Montpellier, 1848).

Coutume de Polastron (vicomté de Gimois) (1276) (Bladé, cout. municip. du Gers, p. 74).

Coutume de Prayssas (1276) édition de M. Moullié (Revue historique de dr. Mars-avril 1860).

Coutume de Saint-Dizier (édition Beugnot. Olim., tome III, p. 691).

Coutume de Saint-Gilles (édition de M. de Lamothe. Bulletin de la Société scientifique et littéraire d'Alais, année 1872).

Coutume de la Sauvetat (comté de Gaure) (Bladé, coutumes municipales du Gers, p. 185).

Coutume de Toulouse (Bourdot de Richebourg, tome IV, p. 1037).

Coutume de Villefranche (comté d'Astarac) (Bladé. Coutumes municipales du Gers, p. 32).

Coutume de Villefranche de Conflent (Revue historique de dr. 1862).

Coutumes notoires (Brodeau. Commentaire de la Coutume de Paris, tome II, p. 527).

Les anciennes constitutions du Châtelet de Paris (Laurière, Coutume de Paris, III, p. 203).

Très ancien coutumier de Normandie (édition Marnier. Paris, 1839).

Grand coutumier de Normandie (Bourdot de Richebourg, tome IV, p. 1).

Grand coutumier de France (édition Laboulaye et Dareste, 1868).

Colebrooke. Digest of hindu law, 1801.

Décisions de Jean des Mares (Brodeau, tome II, p. 559).

Diplomata et Chartæ (édition Pardessus, 1841).

De Fontaines (Pierre). — Conseil à un amy (édition Marnier. Paris, 1846).

Établissements de saint Louis (édition Laurière. Ordonnances du Louvre, t. I).

For général de Béarn (Mazure et Hatoulet. Les Fors de Béarn. Pau, 1845, p. 31).

For de Morlaas (Mazure et Hatoulet, p. 176).

For d'Ossau (Mazure et Hatoulet).

For de Guizerix (de Lagrèze. Histoire du droit dans les Pyrénées, p. 458).

Gengler. — Germaniche Rechtsdenkmäler, 1875.

Glaber (dans Duchesne, *Historiæ Francorum Scriptores*. Paris, 1641, t. IV).

Gragas (édition Schlegel avec traduction latine. Havniœ, 1829).

Hanoteau et le Tourneux. — La Kabylie et les coutumes kabyles. Paris, 1873.

Jacobi (14e siècle) Aurea practica libellorum. Coloniœ Agrippinœ apud Gervinum Calenium. 1525.

Jydske Lovbog (édition Kofod Ancher. Lex cimbrica antiqua lingua danica. Hafniœ, 1783).

Jugements de l'échiquier de Normandie (édition de M. Léopold Delisle. 1864).

Kolderup Rosenvinge. — Danske gaardsretter og Stadsretter. 1827.

Li Livres de Jostice et de Plet (édition Rapetti. Paris, 1850. Docum. inéd.).

Le Livre des Serfs de Marmoutiers (édition Salmon), t. XVI des publications de la Société archéologique de Touraine. Tours, 1863.

Li Livres de Droiz et commandement d'office et de Justice (édition Beautemps-Beaupré. Paris, 1865).

Li Livres des usaiges et anciennes coustumes de la conté de Guysnes (édition Tailliar. Publication de la Société des antiquaires de la Morinie. (Saint-Omer, 1856).

Li Livre Roisin (Coutumier lillois des dernières années du douzième siècle, édition Brun-Lavainne. Lille, 1842).

Li Usage de Borgoigne (édit. Marnier, 1858).

Coustumes et stilles gardés au duché de Bourgoigne (Giraud, t. II, p. 268).

Lex Francorum Chamavorum (édition Gaupp).

Lex Salica (édition Behrend, 1874).

Loersch et Schroeder (Urkunden zur Geschichte des deutschen Privatrechts. Bonn., 1874).

Libellus de verbis legalibus (édition Fitting. Juristische Schriften des früheren Mittelalters. Halle, 1876).

Loy de Beaumont (édition Defourny. Reims, 1864).

Lois anglo-saxonnes (édition Schmid, Die Gesetze der Angelsachsen, 1858).

Liger (Claude) (édition Beautemps-Beaupré, Jnstitutions de l'Anjou, t. II).

Masuer. — Practica forensis (édition Guenoys).

Ménard. — Histoire de Nismes. Paris, 1744, tome 1. Preuves.

Miroir de Souabe (édition Matile).

Monumenta germaniœ historica (édition Pertz. Leges).

De Montfaucon (Gérard). — Commentaire de la Coutume de Reims du quinzième siècle (Archives législatives de Reims, tome I).

Ordonnances des majours de Metz (édition Prost. nouv. rev. hist. du dr. 1878).

Olim (édition Beugnot).

Placita anglo-normannica (édition Bigelow, 1879).

Privilèges de Lourdes (de Lagrèze. Histoire du droit dans les Pyrénées).

Registre criminel de la Justice de Saint-Martin-des-Champs (édition Tanon. Paris, 1877).

Règlement d'Arrens (de Lagrèze. Histoire du droit dans les Pyrénées).

Somme rurale de Jean Bouteiller (édition Charondas le Caron. Paris, 1612).

Stylus Curiæ Parlamenti de Dubreuil (Dumoulin. Opera omnia, t. II).

Teulet. — Layettes du Trésor des Chartes, t. II. Paris, 1866).

Sveciæ regni Leges provinciales (édition Loccenius (1). Holmiæ, 1872).

Walter. — Corpus Juris germanici. 1824.

(1) L'ouvrage de Loccenius contient la traduction latine des deux anciens coutumiers suédois du treizième siècle, le *Coutumier du roi Christophe* et le *Droit commun des villes de Suède*.

TABLE ALPHABÉTIQUE

FIN DE LA TABLE ALPHABÉTIQUE.

TABLE DES MATIÈRES

PREMIÈRE PÉRIODE

Époques mérovingienne et carlovingienne.

DEUXIÈME PÉRIODE

Moyen âge, XIe, XIIe, XIIIe siècles.

TROISIÈME PÉRIODE

Époque de transition. XIVe et XVe siècles.

QUATRIÈME PÉRIODE

Époque coutumière proprement dite. XVIe, XVIIe et XVIIIe siècles.

FIN DE LA TABLE DES MATIÈRES,

2127-80 — Corbeil. Typ. et stér. Crété.